中华人民共和国史研究文库

当代中国史编研理论与方法论稿

宋月红 主编

2020年·北京

图书在版编目(CIP)数据

当代中国史编研理论与方法论稿 / 宋月红主编 . -- 北京：当代中国出版社，2020.9
ISBN 978-7-5154-1059-3

Ⅰ.①当… Ⅱ.①宋… Ⅲ.①中国历史—现代史—历史编纂学—文集 Ⅳ.① K270.7-53

中国版本图书馆 CIP 数据核字（2020）第 167444 号

出 版 人	曹宏举
责任编辑	隋　丹　焦晓萍
责任校对	康　莹
印刷监制	刘艳平
封面设计	胡椒书衣
出版发行	当代中国出版社
地　　址	北京市地安门西大街旌勇里 8 号
网　　址	http://www.ddzg.net　邮箱：ddzgcbs@sina.com
邮政编码	100009
编 辑 部	（010）66572264　66572154　66572132　66572180
市 场 部	（010）66572281　66572161　66572157　83221785
印　　刷	北京润田金辉印刷有限公司
开　　本	720 毫米 ×1020 毫米　1/16
印　　张	21.5 印张　2 插页　320 千字
版　　次	2020 年 9 月第 1 版
印　　次	2020 年 9 月第 1 次印刷
定　　价	68.00 元

版权所有，翻版必究；如有印装质量问题，请拨打（010）66572159 转出版部。

《中华人民共和国史研究文库》
编辑委员会

编 委 会

主　任：姜　辉

副主任：武　力　李正华　管明军　曹宏举

编　委：张星星　张金才　郑有贵　钟　瑛　欧阳雪梅　刘　仓
　　　　李　文　姚　力　吴　超　王巧荣　宋月红　王爱云
　　　　刘志男　于俊霄　杨文利　徐国林

办 公 室

办公室主任：于俊霄

成　　员：狄　飞　王　宇　王　敏

《中华人民共和国史研究文库》
总　序

　　历史研究是一切社会科学的基础，重视历史、研究历史、借鉴历史是中华民族5000多年文明史的优秀文化传统。中国共产党继承了这一优秀文化传统，积极倡导学习历史、研究历史，尤其是学习中共党史、中华人民共和国史（或简称"新中国史"）、改革开放史和社会主义发展史。习近平总书记指出："重视历史、研究历史、借鉴历史，可以给人类带来很多了解昨天、把握今天、开创明天的智慧。"

　　党的历史、新中国的历史，是中国共产党为中国人民谋幸福、为中华民族谋复兴的奋斗史，是我们党、国家和民族的宝贵精神财富。中华人民共和国的成立，开启了中华民族发展进步的历史新纪元。从那时起，即有学者开始对中华人民共和国史进行研究。1956年6月，黄炎培在一届全国人大三次会议上提出，应"及时收集和保存建国史料"，并"加以整理"。

　　党的十一届三中全会后，伴随党的思想路线的重新确立和对中华人民共和国正反两方面历史经验的深刻总结，新中国史研究逐渐引起党和国家以及学术界的高度关注。经过多年的艰辛探索与开拓创新,新中国史研究取得了众多学术成果,成为中国历史研究中一个最年轻的学科。

党的十八大以来,以习近平同志为核心的党中央高度重视历史,特别是党史和新中国史。习近平总书记强调:"历史是最好的教科书。学习党史、国史,是坚持和发展中国特色社会主义、把党和国家各项事业继续推向前进的必修课。这门功课不仅必修,而且必须修好。"在开展"不忘初心、牢记使命"的主题教育中,党中央专门印发通知,要求各地区各部门各单位把学习党史、新中国史作为主题教育重要内容,不断增强守初心、担使命的思想自觉和行动自觉。

当代中国研究所于1990年6月28日经中共中央批准成立,研究和编纂中华人民共和国史,收集和编辑国史资料,出版国史研究著作,是当代所的主要职责,也是当代所人的崇高使命。当代中国研究所成立30年来,撰写并经中央审定出版了《中华人民共和国史稿》序卷和一至四卷,目前正在撰写五至七卷;编纂出版了每卷100万字的《中华人民共和国史编年》,该书为集资料性、研究性和学术性为一体的大型编年史书。在此期间,当代中国研究所和其主管的当代中国出版社,还参与组织编辑出版了152卷、210册、总计1亿字的大型史料性丛书——《当代中国》丛书;与中国大百科全书出版社合作编写了《中华人民共和国国史百科全书》。为迎接新中国成立70周年,受中央委托,当代中国研究所组织编写出版了《新中国70年》《中华人民共和国简史(1949—2019)》《新中国社会主义发展道路70年》等新中国史基本著作和六卷本《中华人民共和国史研究丛书》。此外,为了普及国史知识和消除历史虚无主义的影响,还编写出版了大众读物《中华人民共和国史小丛书》,并计划到 2022 年出版 80 种,向党的二十大献礼。上述图书均在国内外产生了重要影响,树立了新中国史研究的学术标杆,成为全国干部群众学习新中国史的基础性教材。

今天,我们已经进入中国特色社会主义新时代,正在向着社会主义现代化强国迈进,并日益走近世界舞台的中心,为整个人类社会做出越来越大的贡献。新中国的发展不是一帆风顺的,在探索建设社会主义的过程中,中国共产党遇到许多困难,也遭遇不少挫折。一些别有用心的人抓住新中国史上的曲折失误不放并夸大渲染,使一些领域成为历史虚无主义的重灾区。当代中国正经历着我国历史上最为广泛、深刻而急剧的社会变革,也正进行着人类历史上最为宏大而独特的实践创新。习近平总书记指出:"当代中国是历史中国的延续和发展。新时代坚持和发展中国特色社会主义,更加需要系统研究中国历史和文化,更加需要深刻把握人类发展历史规律,在对历史的深入思考中汲取智慧、走向未来。"

历经 30 年不懈努力,当代中国研究所已经成为以马克思主义为指导、具有一流学术水平、汇聚一流科研人才的国史研究基地。30 年来,当代所人始终以为国家写史、为人民立传为己任,牢记党和人民重托,真实记录中国共产党带领全国人民进行社会主义革命、建设和改革的光辉历程,全面反映中华民族从站起来、富起来到强起来的历史性进步,科学总结新中国每个历史阶段各方面建设的经验教训。

今年是当代中国研究所的"而立之年",为进一步落实中央赋予当代中国研究所"存史、资政、育人、护国"的神圣职责,当代中国研究所决定设立《中华人民共和国史研究文库》(以下简称《文库》),为当代中国研究所以及国内外从事新中国史研究的专家学者提供一个发表学术成果的平台。入选本《文库》的标准为：以毛泽东思想、邓小平理论、"三个代表"重要思想、科学发展观和习近平新时代中国特色社会主义思想为指导，坚持辩证唯物主义和历史唯物主义的立场、观点、方法，坚持实事求是、论从史出的原则，书写和记录中国共产党领导中国人民进行社会主义和新中国建设与发展的理论创新和伟大实践，总结历史经验。《文库》的目标是打造一个能够充分展示中华人民共和国史研究成果，发挥经世致用、资政育人功能的高端权威学术平台。

"装点此关山，今朝更好看。"伴随着新中国前进的步伐，中华人民共和国史研究空间广阔，任重道远。我们希望中华人民共和国史研究工作者继承优良传统，以高度的历史自觉和历史意识、宽广的历史视野和唯物史观、强烈的文化自信和历史担当，总结历史经验，揭示历史规律，把握历史趋势，服务当代，垂鉴后世，承先启后，继往开来。当代中国研究所作为党中央赋予职能、中国社会科学院直接领导的专门研究中华人民共和国史的科研机构，有责任努力构建中华人民共和国史的学科体系、学术体系、话语体系，打造史学研究的中国学派。这一目标的实现，不仅有赖于所内全体人员的不懈奋斗，也需要所外各个方面的支持和参与。本《文库》就是这样一个服务于上述目标的开放的、持久的学术成果基地，我们期待所内外的学者写出无愧于时代和人民的历史著作并列入本《文库》，在存史、资政、育人、护国工作中做出更大贡献。

姜　辉

2020年5月22日

目 录

前　言 …………………………………………………………………（1）

理论探讨

用唯物史观指导中国当代史理论研究的开展 ……………………（3）
当代中国史研究的理论范畴与方法论 ……………………………（32）
站在新时代的历史高度贯通总结和研究
　　新中国70年历史经验 ………………………………………（48）
新中国的70年是为中华民族伟大复兴而奋斗的新长征 …………（62）
讲好70年砥砺奋进的壮丽史诗 ……………………………………（76）

学科建设与编研方法

进一步加强马克思主义中国当代史的学科理论建设……………（89）
马克思历史辩证法与中共党史研究的发展………………………（117）
马克思社会发展理论与中共党史研究的发展……………………（129）
中共党史研究中的"范式"问题探讨………………………………（144）
如何客观公正地评价党史人物……………………………………（162）
学习陈云看待历史问题的正确态度和方法………………………（175）
陈云的国史观及其对国史研究理论与方法的启示………………（184）
胡乔木与国史编研
　　——为纪念胡乔木诞辰一百周年而作…………………………（198）

一本注意妥善处理改革开放前后两个历史时期
　关系的新中国史书……………………………………………（212）
"做"口述历史的实践规范与理论探讨 ……………………………（218）

批驳历史虚无主义与构建当代中国史话语体系

国史研究要重视同历史虚无主义思潮的斗争 …………………（233）
在回应历史虚无主义思潮的挑战中推动中国当代史研究的
　理论创新和话语体系建设 ………………………………………（242）
用党的初心校准改革开放的实践 ………………………………（248）
新中国 70 年的变与不变 ……………………………………（294）
坚持党的思想路线是坚持党的基本路线的根本 ………………（305）
全面看待我国社会主要矛盾的变化 ……………………………（312）
当前对待马克思主义的几个误区 ………………………………（316）
发挥知史爱国、凝聚力量的重要作用 …………………………（322）

后　记 …………………………………………………………（326）

前　言

学习、研究、编纂和宣传当代中国史，离不开科学理论的指导。习近平总书记指出："要坚持用唯物史观来认识和记述历史，把历史结论建立在翔实准确的史料支撑和深入细致的研究分析的基础之上。"[①] "坚持以马克思主义为指导，是当代中国哲学社会科学区别于其他哲学社会科学的根本标志，必须旗帜鲜明加以坚持。"[②] "加快构建中国特色社会主义历史学学科体系、学术体系、话语体系。"[③] 中国特色社会主义进入新时代，赋予了当代中国史编研理论和方法以新的时代内涵，需要国史编研工作者坚定"为国家写史，为人民立传"的马克思主义立场，丰富和发展国史编研理论与方法，努力构建当代中国史编研的学科体系、学术体系和话语体系，推动和引领国史编研向纵深发展。

2020年是当代中国研究所（以下简称"当代所"）建所30周年。

[①] 习近平：《让历史说话用史实发言　深入开展中国人民抗日战争研究》，《人民日报》2015年8月1日。
[②] 习近平：《在哲学社会科学工作座谈会上的讲话》，《人民日报》2016年5月19日。
[③] 习近平：《总结历史经验揭示历史规律把握历史趋势　加快构建中国特色历史学学科体系学术体系话语体系》，《人民日报》2019年1月4日。

30年来，当代所的国史编研工作由初创、成长到逐渐成熟起来，成绩显著，其中理论与方法研究也颇多建树，比较有代表性的著述主要是：朱佳木著《历史经验总结与中国当代史》《当代中国史理论问题十二讲》，宋月红、王爱云著《中华人民共和国史研究的理论与方法》等。为庆祝建所30周年，总结并推动新时代当代中国史编研理论与方法向纵深发展，当代所理论研究室特编辑《当代中国史编研理论与方法论稿》，收录当代所原所长、中华人民共和国国史学会会长朱佳木先生和室内青年科研工作者近些年来公开发表、未收入其他文集的国史编研理论与方法的代表性文章23篇，主要内容涉及国史编研的指导思想、国史理论、国史学理论与方法、国史编研和宣传中的实际问题等，按内容分为"理论探讨""学科建设与编研方法""批驳历史虚无主义与构建当代中国史话语体系"三个部分。

理论探讨部分，收录文章5篇，主要内容和观点包括：（一）中国当代史的理论研究与其他史学研究相比，具有更强烈的现实性和政治性。唯有坚持以唯物史观为指导，才能科学地推动这一研究广泛而深入地发展，加快构建其学科体系、学术体系和话语体系，更有力地批判和抵制历史虚无主义思潮。（二）运用人类历史发展阶段最终决定于社会形态的理论，回答当代中国史分期问题；运用社会变迁和人的动机最终决定于物质生产发展的理论，回答新中国由新民主主义向社会主义社会提前过渡的问题；运用人们是在既定条件下创造历史和历史运动的本质最终决定于主要矛盾和矛盾的主要方面的理论，回答改革开放前后历史主流的问题；运用上层建筑最终决定于经济基础的理论，回答新中国坚持中国共产党领导制度的问题；运用阶级社会的意识形态领域斗争本质上反映的是阶级斗争的理论，回答历史虚无主义性质的问题。（三）新中国70多年发展虽然有许多变化，但也有许多不变。一是在国家发展目标的具体提法上有过变化，但是要用50年到100年的时间，实现工业化、现代化这个大目标，始终没有变过，并且一代代人在围绕着大目标而不懈奋斗。二是在经济建设的方针、政策和经济体制、政治体制上有许多变化，但是坚持社会主义的基本制度，由社会主义向共产主义前进的大方向，以及一切从实际出发、最大限度地调动人民群众积极性的指导思想，始终没有变过，并且一旦出现偏差，总能及时加以纠正。三是在执政党自身建设的具体形式、做法上存在不少变化，但是坚持全心全意为人民服务的宗旨，坚持党的领导、人民当家作主与依法治国的有机统一，坚持党与人民群众的血肉联系，坚持从严治党的方针，始终没有变过，并且注重总结经验与教训，以期在不妨碍经济建设这个中心的前提下，使党的建设不断得到加强。四是在国际问题、对外关系和维护祖国统一、领土完整的具体提法、做法上有不少变化，但是顺应时代发展趋势、争取和维护世界和平、捍卫自身核心利益、永远不称霸的决心，始终没有变过，并且随着形势的不断发展而愈益坚定。（四）新中国成立70多年来，发生了翻天覆地的变化，取得了无比辉煌的成就，这是新中国几代人为实现中华民族伟大复兴而进行新长征的结果。坚持和发展社会主义，全力以赴建设工业化、现代化国家，坚定不移维护自身权益和争取世界和平，构成了新中国新长征路的三条主线。中国特色社会主义进入了新时代，使科学社会主义在21世纪的中国焕发出新的生机与活力，也使我们比历史上任何时期都更接近中华民族伟大复兴的目标和世界舞台的中央。中国的现代化发展道路也给世界上那些既希望加快发展又希望保持自身独立性的国家和民族提供了全新选择，为解决人类问题贡献了中国智慧和中国方案。

学科建设与编研方法部分，收录文章10篇，主要内容和观点包括：（一）当代中国史的编研在时间上大体与新中国史同步，但严格意义上的国史编研是从1981年制定《关于建国以来党的若干历史问题的决议》后开展起来的。经过几十年的发展，无论从文献资料、科研成果的角度看，还是从研究力量、学术活动的角度看，都可以认为当代中国史编研已达到了相当可观的程度。但是，马克思主义指导的当代中国史学科体系、学术体系、话语体系，至今还未完全建立起来，或者说还很不系统、很不完备。这与当代史编研的现状是不相适应的，也不利于其编研工作的进一步发展和社会功能的进一步发挥。（二）构建当代中国史的学科体系，固然需要有足够的文献资料、研究力量做支撑，也需要设置分支学科和编辑文献目录，等等，然而，与这些相比更显重要的是，创立属于当代中国史的学科理论。（三）当代中国史编研是以马克思主义为指导的，因此，创立当代中国史的学科理论，必须要坚持和运用马克思主义的基本理论，同时还要兼收并蓄中国古代史学和西方现代史学理论精华，丰富和发展马克思主义史学理论。（四）无论马克思主义的基本理论，还是马克思主义的史学理论，都不可能代替当代中国史的学科理论。当代中国史学科理论的创立，只能是在运用马克思主义基本理论和马克思主义史学理论从事当代史编研过程中，对一系列重大历史问题给予理论回答的结果。因此，加强这一理论的建设，既离不开马克思主义的理论指导，也离不开当代中国史编研的具体实践，必须把二者有机地结合在一起。

批驳历史虚无主义与构建当代中国史话语体系部分，收录文章8篇，主要内容和观点包括：（一）自党的十八大以来，以习近平同志为核心的党中央高度重视意识形态领域的斗争，尤其重视对历史虚无主义的批判。历史虚无主义思潮在国史研究领域的表现主要集中在三个方面：一是虚无新中国建立的历史正义性、合理性、合法性；二是虚无新中国的成立及其对中国乃至世界发展进步的伟大意义；三是虚无新中国改革开放前后两个历史时期的内在一致性。我们要认清历史虚无主义思潮的实质，树立同历史虚无主义思潮斗争的自觉性，增强同历史虚无主义思潮斗争的韧性。（二）要针对历史虚无主义思潮中形成的一些重点、难点、热点问题，用马克思主义的立场、观点和方法进行深入分析，为增强说服力而进行理论创新，形成主体性、原创性的话语。（三）为批驳和抵制历史虚无主义思潮而不断发现、研究、解决新出现的问题，揭露这股思潮的危害性和欺骗性，还原历史、解疑释惑、明辨是非，既是当代中国史编研发挥自身社会功能的体现和展示资政、育人、护国作用的机会，也是推动当代中国史编研理论创新，形成主体性、原创性话语的难得机遇和有效途径。

历史是理论的重要源泉，历史编研是历史学理论与方法建设和发展的重要基础。当前，学习研究新中国史，同学习研究党史、改革开放史、社会主义发展史统称为学习"四史"，为当代中国史编研提供了更加广泛的历史基础和认识基础，也推动当代中国史编研理论与方法的建设和发展与之相适应。在加快构建中国特色哲学社会科学中，构建当代中国史编研理论与方法大势所趋，大有可为。我们深知任重而道远，唯有坚定奋力前行，才能迎来当代中国史编研学术繁荣发展的美好明天。

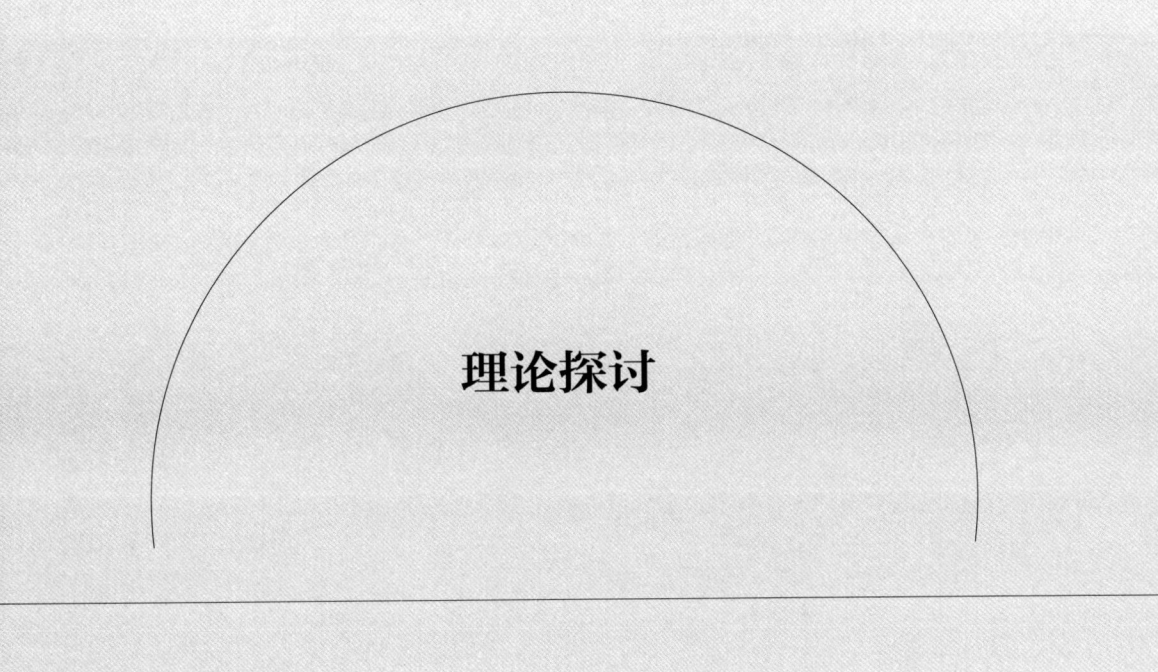

理论探讨

用唯物史观指导中国当代史理论研究的开展

朱佳木

史学工作大体分为历史编纂和历史研究两类,历史研究又大致分为对历史过程的研究和对历史原因、规律、经验及研究的理论与方法等理论问题的研究。这种分工不是绝对的,相互之间会有交叉,但无论哪类工作、哪种研究,都离不开特定历史观对史学者的支配,区别在于有人自觉、有人不自觉。

自从历史学产生以来,出现过天命史观、循环史观、英雄史观、进化史观、人道主义史观等形形色色的史观。这些说到底都是唯心史观,是与马克思创立的唯物史观相对立的。中国共产党领导的史学者之所以自觉选择唯物史观作为自己的指导思想,不仅因为马克思主义是我们党的根本指导思想,而且因为唯物史观是迄今为止最为科学的史观。所以,凡选择唯物史观作为自己指导思想的史学者,也被称为马克思主义史学者。

史学当然要对历史过程包括历史细节进行研究,对此,马克思主义史学者从来没有反对过,而且始终把搞清历史事实视为全部史学工作的基础。马克思主义史学者反对的只是否定以科学的史观作指导,鼓吹所谓"价值判断中立",主张用历史细节研究代替对历史概貌和历史原因、规律、经验及研究的理论与方法等研究的"碎片化"倾向,认为这种倾向既妨碍人们认清历史真相,也不利于从历史中汲取智慧。事实一再告诉我们,如果说在唯物史观出现前,史学家们在各种唯心史观和朴素唯物主义思想支配、影响下也不乏积极成果的话，那么，在唯物史观创立后的今天，无论从事历史编纂还是历史研究的学者，要取得世人公认的成果，不管自觉不自觉，都不可能离开唯物史观的支配和影响。

中国当代史理论研究的对象是当代史的规律和经验以及事件的原因、人物的评价、研究的理论与方法等理论层面的问题。由于当代史是中国共产党领导中国人民进行社会主义革命、建设、改革的历史，是马克思主义与中国社会主义实践探索相结合的历史，而且是仍然在继续生长的历史，所以，对它的研究，尤其是对其中理论问题的研究，现实性、政治性要比其他史学研究更加强烈。对于这一历史的研究至今虽不到 70 年，但需要研究和回答的问题，包括理论问题已经相当多。如果不能加强这方面的研究，不能正确回答这些问题，不仅不利于中国当代史，特别是当代史理论研究的深入和学科体系、话语体系的构建，而且不利于对历史虚无主义思潮的批判和抵制。而要正确回答这些问题，更加需要唯物史观的指导。下面，我就举几个例子，对此做点分析和说明。

一、只有运用人类历史发展阶段最终决定于社会形态的理论才能正确回答中国当代史分期的问题

对历史进行分期，即给历史断限，是史学者为便于自己研究和引导人们认识历史发展阶段性特征的研究方法，也是史学研究的重要理论问题之一。且不说对不同社会形态的历史进行分期，即使对同一社会形态的历史进行分期，史学者也往往会有不同意见。这些不同意见大多属于学术分歧，理应通过学术争鸣进行平等讨论。但对其中原则性的分歧，尤其涉及是否承认唯物史观关于构成社会形态的生产力与生产关系、经济基础与上层建筑的矛盾运动推动人类社会从低级向高级发展的理论是非问题，则必须以唯物史观为指导来解决。给中国当代史分期，就存在这样的问题。

自从唯物史观传入中国后，马克思主义史学者们便力图依据这一理论对中国历史进行大阶段的划分。将 1840 年鸦片战争作为中国由封建社会进入半殖民地半封建社会的起点，以此划分中国古代史和近代史，便

是其中的一个成果。如果仍然运用这一理论，本应把1949年中国由半殖民地半封建社会进入新民主主义和社会主义社会，作为区分中国近代史和现代史的分水岭。可是新中国成立后，我国史学界、教育界却继续把1919年五四运动爆发作为中国现代史的开端。这样划分近代史和现代史，本来是为了区别民主主义革命史上的新旧阶段，用作划分国家史的阶段显然不合适。对此，当时就有学者提出不同意见。不过，那时新中国刚刚成立不久，国史研究还没有被提上日程，这样划分产生的矛盾并不突出，所以没有引起各方面的重视。

自20世纪80年代国史研究开展以来，人们为避开现代史原有定义的既成事实，给新中国成立后的历史起名为当代史，使这一矛盾被暂时掩盖了起来。但随着新中国历史的延续和国史研究与教学的深入，现代史原有定义在学术上乃至政治上的弊端日益显现。长期以来，国家学科、专业目录隶属历史学的二级学科里，只有中国近现代史专业，而没有中国当代史或中华人民共和国史专业，给国史研究与教学造成一定困难。为解决这个问题，有关部门又把国史、当代史放到了中国近现代史专业中。应当说，这两种做法都不妥当，尤其后者更不妥当。因为，中国现代史原有定义是以1919年作为起点的，在不改变这个定义的情况下，把国史或当代史并入现代史，势必抹杀、淡化1949年中华人民共和国成立对于中国社会形态变革的划时代意义。

怎样分期才是正确的呢？我认为，首先应当根据唯物史观关于社会形态的理论，统一中国历史阶段划分的标准，即将近代史下限由原来的1919年改为1949年，将现代史的起点由原来的1919年推至1949年。在这个前提下，再把中国现代史与国史、当代史的概念合并。合并后，1949年后的历史可以称为中华人民共和国史，也可以称为中国现代史或当代史。但不管称什么，都应当把中国现代史从现有中国近现代史概念中独立出来，并取消近现代史专业。目前，史学界已有越来越多的人以1949年作为划分中国近代史与现代史的分水岭。被高校政治理论课作为教材的《中国近现代史纲要》，使用的就是这种划分方法。遗憾的是，目前高校历史专业使用的"中国近现代史"教材，仍然把中国现代史上限定在1919年。

历史分期是动态性的，不会一成不变，随着时间的延续，中国现代史、当代史的上下限势必发生相应改变。例如，再过100年，可能需要从中国现代史中分出一个独立的当代史来。不过，即使到那时，中国现代史的起点仍然应当是1949年，而不能是1919年。这不仅是学术问题，而且是重大原则问题，是政治上的大是大非问题。

对于1949年后中国当代史的分期，目前虽有多种划分方法，但在以1978年12月中共十一届三中全会为界分为改革开放前后两个历史时期这一点上，意见基本一致。问题在于有人主张把改革开放前后的历史，分别称为现代史和当代史。这就又涉及唯物史观关于社会形态的理论了。

把改革开放前后的历史分别称为现代史和当代史，实际是把这两段历史与中国近代史放在了同一层次上。从表面上看，这样称谓好像是在抬高改革开放的历史地位，然而深入分析一下就会发现，这其实是个理论"陷阱"。前面已经说过，唯物史观划分人类历史的大阶段，是依据社会形态的理论。人们之所以把新中国成立前后的历史分别称为近代史和现代史，是因为这两个历史的社会形态不同。如果把改革开放前后的历史也分别称为现代史和当代史，等于说这两个历史时期的社会形态也是不同的，从而导致一种悖论：如果改革开放前是社会主义社会，改革开放后就不是；反之，如果改革开放后是社会主义社会，改革开放前就不是。显然，无论哪种结果，对于改革开放前后的社会性质都是一种歪曲。习近平总书记2013年1月5日在新进中央委员会的委员、候补委员学习贯彻党的十八大精神研讨班开班式上的讲话（以下简称"一·五"讲话）中指出：改革开放前后两个历史时期"是两个相互联系又有重大区别的时期，但本质上都是我们党领导人民进行社会主义建设的实践探索"[①]。就是说，改革开放前后都是社会主义社会，它们之间的区别与新中国成立前后的区别是完全不同性质的两码事。因此，把改革开放前后的历史称谓同新中国成立前后的历史称谓放在一个层次上，平起平坐，这在理论上、政治上都是十分荒谬和错误的。

[①] 《十八大以来重要文献选编》（上），中央文献出版社2014年版，第111—112页。

二、只有运用社会变迁和人的动机最终决定于物质生产发展的理论才能正确回答向社会主义提前过渡的问题

中国共产党是工人阶级政党，革命的目的是要在中国推翻半殖民地半封建的社会、建立社会主义社会，这从党一成立就是明确的，从来没有变过。但在新中国成立前夕和成立之初，毛泽东、刘少奇等领导人鉴于当时中国现代工业只占全部经济的10%左右的实际，决定先用10年到15年时间实行新民主主义，以利用私人资本主义工商业的积极性积累资金，同时发展教育，培养大学生和科技与管理人才，等大规模工业化建设条件成熟后，再"用一早上进入社会主义"（刘少奇语）。然而，过了不到三年，毛泽东又提出马上向社会主义过渡。这是为什么呢？这个决策究竟对不对呢？要正确回答这些问题，同样需要唯物史观的指导。

恩格斯说："一切社会变迁和政治变革的终极原因，不应当到人们的头脑中，到人们对永恒的真理和正义的日益增进的认识中去寻找，而应当到生产方式和交换方式的变更中去寻找；不应当到有关的时代的哲学中去寻找，而应当到有关的时代的经济学中去寻找。"[①] 列宁也说："……以往的历史理论至多只是考察了人们历史活动中的思想动机，而没有研究产生这些动机的原因，没有探索社会关系体系发展的客观规律性，没有把物质生产的发展程度看作这些关系的根源。"[②] 只要人们回顾一下从1950年起国内外形势发生的一系列重大变化便会看到，中国物质生产落后局面的变更已经刻不容缓，而且客观上也遇到了这种变更的难得机遇。这一系列形势变化主要体现在三件事情上。

第一，1950年6月朝鲜战争爆发，美军入侵朝鲜，进行军事干预，并乘机越过"三八线"，向中朝边界推进，使我东北重工业基地暴露在美军炮火之下，也使我国随时有被美军入侵的危险。为此，党中央于1950

[①]《马克思恩格斯选集》第3卷，人民出版社2012年版，第654—655页。
[②]《列宁选集》第2卷，人民出版社2012年版，第425页。

年10月派出了志愿军抗美援朝，并在很短时间里把美军由鸭绿江赶回到"三八线"。然而，尽管如此，交战双方无论国力还是军力相差都过于悬殊，从而使我国发展建立在重工业基础上的现代国防工业的任务显得日益紧迫。

第二，从1951年下半年起，有关部门和领导同志在编制第一个五年计划的过程中经过反复讨论，一致认为计划必须从发展原材料、能源、机械制造等重工业入手，就是说，要以优先发展重工业为方针。

第三，1952年8月，中央派周恩来、陈云等组成的代表团去莫斯科，同斯大林会谈苏联帮助中国进行"一五"计划建设一事。斯大林明确表示，同意在工业资源勘察、工业设备设计和制造、技术资料提供，以及派遣经济、技术顾问和接受留学生、实习生等方面，对中国进行全面援助。

1952年9月24日，周恩来、陈云回国。当晚，中央召开书记处（相当于今天的政治局常委）会议，一是听取他们关于同苏联会谈情况的汇报，二是讨论确定"一五"计划的方针任务。就是在那次会上，毛泽东提出："我们现在就要开始用10年到15年的时间基本上完成到社会主义的过渡，而不是10年或者以后才开始过渡。"对他的这个主张，其他领导同志没有提出异议。[①]《毛泽东传》中也说："这是一次十分重要的会议。毛泽东这个讲话表明，他关于由新民主主义向社会主义转变的步骤、方法，同原来的设想，发生了变化。"[②] 可见，决定向社会主义提前过渡，同"一五"计划以优先发展重工业为方针、苏联答应帮助我们的"一五"计划建设，是紧密相关的三件事。因此，这个决定绝非出于毛泽东主观上急于搞社会主义，而是党中央领导集体根据变化了的国际国内形势，经过深思熟虑作出的。

优先发展重工业为什么需要向社会主义提前过渡呢？这是因为：第一，形势虽然迫使我们决定"一五"建设要以重工业为重点，苏联虽然答应全面援助我国的"一五"建设，但这些并不等于我国经济基础薄弱

---

① 薄一波：《若干重大决策与事件的回顾》（上），中共党史出版社2008年版，第151页。
② 《毛泽东传（1949—1976）》（上），中央文献出版社2003年版，第237页。

和资金、原材料、人才短缺的情况因此而改变了（1952年，中国现代工业仍然只占全部经济的18%）。相反，由于要优先发展重工业，使这些问题更加突出。在这种情况下，要想保证以重工业为重点的"一五"建设顺利进行，只能采取生产资料国有化、集体化以及计划经济的办法，从而把有限的资金、原材料、人才最大限度地集中到国家手中。而要这样做，就不能再实行新民主主义政策了，必须改行社会主义政策。

第二，当年对我国进行经济援助的国家，都是实行生产资料公有制和计划经济体制的社会主义国家，要把援助与接受援助衔接好，用今天的话说有一个体制接轨的问题。而要这样做，也不能再实行新民主主义政策了，必须改行社会主义政策。

世界上的任何事情都有利有弊，关键看利大还是弊大。实行重工业优先发展战略，生产资料国有化、集体化，以及高度集中的计划经济体制，这些在当时显然利大于弊。其中的弊，主要是信息收集手段、干部管理水平、物质奖励条件等都有限，容易造成生产不够灵活、经营不够精细、激励不够有力等问题。正是针对这些弊病，我们党在"一五"建设后期曾提出过体制改革和农轻重比例调整的设想，并最终在20世纪70年代末实行了改革开放，改变了重工业过于突出的发展战略，也改革了公有制一统天下的所有制结构，并将计划经济逐步过渡到了社会主义市场经济。

回顾那段历史，应当看到几个事实。第一，我们党在新中国成立前夕设想先搞一段新民主主义，只是说搞10年或15年，并不是说永远搞新民主主义。提出马上开始向社会主义过渡，并用10年或15年完成过渡，这与原来的设想，在时间上并无本质区别。至于后来仅用3年时间就完成了过渡任务，是另外的问题。第二，实行改革开放并非新民主主义的回归。仅以土地制度为例，新民主主义时期是允许土地私有的，城市房产主有地契，农村初级社也是社员土地入股。而改革开放后，土地维持的是社会主义革命后的公有制，即城市土地一律归国家所有，农村土地一律归集体所有，这与新民主主义的土地制度显然不同。第三，我们今天都懂得抓住机遇加快发展的道理，当年决定提前向社会主义过渡，同样是为了抓住机遇。当苏联答应全面援助中国工业化建设时，我们为什么不应该抓住这个千载难逢的历史机遇，让中国工业化建设实现跨越式发展呢？在那之前和之后，世界历史上还没有哪个工业国肯对一个经济落后的国家采取这种全面援助的做法。而我国独立完整的工业体系的基础，主要就是那个时候由苏联援助的156个建设项目打下的。还要看到，既然是机遇，就有可能稍纵即逝。1960年赫鲁晓夫召回专家、撕毁合同，机遇不就消失了吗？

对于由新民主主义提前向社会主义过渡这一历史事件，党中央在改革开放后始终是给予高度评价的。1981年制定的《关于建国以来党的若干历史问题的决议》（以下简称《历史决议》）明确指出，过渡时期总路线"反映了历史的必然性""是完全正确的""促进了工农业和整个国民经济的发展，这的确是伟大的历史性胜利"。[①] 习近平总书记在纪念毛泽东同志诞辰120周年大会上也指出："新中国成立后，以毛泽东同志为核心的党的第一代中共领导集体带领人民，在迅速医治战争创伤、恢复国民经济的基础上，不失时机提出了过渡时期总路线，创造性地完成了由新民主主义革命向社会主义革命的转变，使中国这个占世界四分之一人口的东方大国进入了社会主义社会，成功实现了中国历史上最深刻最伟大的社会变革。新民主主义革命的胜利，社会主义基本制度的确立，为当代中国一切发展进步奠定了根本政治前提和制度基础。"[②] 这段话在论述由新民主主义向社会主义转变的过渡时期总路线时，用的关键词是"不失时机""创造性地完成""成功实现"，作出的评价是"完成了中华民族有史以来最为广泛而深刻的社会变革"。可见，历史事实和历届党中央的评价都说明，优先发展重工业和提前向社会主义过渡，不仅不是什么决策错误，相反是以毛泽东同志为核心的党的第一代中央领导集体为中华民族赶超世界先进水平抓住了一次千载难逢的历史机遇；不仅不是什么走了"弯路"，相反是使我国在工业化建设上抄了一条近路。

---

① 《三中全会以来重要文献选编》（下），人民出版社1982年版，第799、800、801页。
② 《十八大以来重要文献选编》（上），中央文献出版社2014年版，第690—691页。

三、只有运用人们是在既定条件下创造历史和历史运动的本质最终决定于主要矛盾的主要方面的理论才能正确回答改革开放前历史主流的问题

关于新中国成立至 2017 年 68 年历史的评价，从学术界和舆论界看，对改革开放后的历史，多数人以正面为主；而对改革开放前的历史，相当多的人或明或暗认为失误和错误是主要的，评价也以负面为主。

大量事实说明，凡是怀疑和反对改革开放的，往往会用改革开放前的历史否定改革开放后的历史；凡是怀疑和否定四项基本原则的，往往会用改革开放后的历史否定改革开放前的历史；凡是把中国特色社会主义看成"新民主主义的回归"和"民主社会主义""社会民主主义"，或者看成"资本主义复辟"的，必然会把这两个历史时期加以割裂和对立；同样，凡是把这两个历史时期加以割裂、对立、相互否定的，也必然会反对或曲解中国特色社会主义道路。即使在能够正确认识中国特色社会主义的人中，也有许多人对如何认识这两个历史时期的关系感到拿不准，不敢理直气壮地说它们的主流是正面的，担心这样说会抬高改革开放前，贬低改革开放后。可见，如何评价改革开放前的历史，不仅是一个历史研究领域的问题，也是现实性和政治性都很强的问题。

唯物史观认为，历史是人们自己创造的，但他们是在制约着他们的一定环境下，在确定的前提和条件下创造的，而且经济的前提和条件归根到底是决定性的。马克思曾在《路易·波拿巴的雾月十八日》中指出："人们自己创造自己的历史，但是他们并不是随心所欲地创造，并不是在他们自己选定的条件下创造，而是在直接碰到的、既定的、从过去承继下来的条件下创造。"① 另外，唯物史观是马克思主义创始人用辩证唯物主义观察人类历史的产物，因此，许多范畴是辩证唯物主义与历史研究相结合而形成的。比如，历史运动中的量与质、现象与本质，便是这类范畴。马克思说：一切现象都隐藏在本质后面，前者是表面的，可以为

---

① 《马克思恩格斯选集》第 1 卷，人民出版社 2012 年版，第 669 页。

人所感知，而"后者却是要由科学来发现"①。如果不是这样，"科学究竟有什么用处呢？"②他还说过，黑格尔在《逻辑学》中发现的规律性是正确的，"即单纯的量的变化到一定点时就转变为质的区别"③。后来，毛泽东用对立统一规律研究社会事物的本质，指出："事物的性质，主要地是由取得支配地位的矛盾的主要方面所规定的。"④"每一物质的运动形式所具有的特殊的本质，为它自己的特殊的矛盾所规定。"⑤这些论述都告诉我们，要正确认识某个具体历史运动的本质，不仅要看到它的前提条件，而且要透过它的表面现象看到它的本质，这就要注意区分量与质的关系，抓住运动中的主要矛盾的主要方面，把握这一运动与其他运动的区别，不被现象牵着走。

正是根据上述原理，习近平同志在2010年全国党史工作会议上提出了历史主题、主线、主流、本质的概念，指出："研究和宣传党的历史，要牢牢把握党和国家历史发展的主题和主线、主流和本质。"就是说，要旗帜鲜明地揭示和宣传中国共产党在中国的领导地位和核心作用形成的历史必然性，中国人民走上社会主义道路的历史必然性，通过改革开放和社会主义现代化建设实现中华民族伟大复兴的历史必然性，党在革命、建设、改革各个历史时期领导人民所取得的伟大胜利和辉煌成就，党在长期奋斗中积累的宝贵经验、形成的光荣传统和优良作风。他强调，一定要坚决反对任何歪曲和丑化党的历史的错误倾向。⑥在党的十八大后，他在"一·五"讲话中又提出改革开放前后两个历史时期不能互相否定的概念，指出"对改革开放前的社会主义实践探索，要坚持实事求是的思想路线，分清主流和支流"；"中国特色社会主义是在改革开放历史新时期开创的，但也是在新中国已经建立起社会主义基本制度并进行了二十多年建设的基础上开创的"。"如果没有一九四九年建立新中国并进行社

---

① 《资本论》第1卷，人民出版社1957年版，第669页。
② 《马克思恩格斯选集》第4卷，人民出版社2012年版，第474页。
③ 《马克思恩格斯选集》第2卷，人民出版社2012年版，第197页。
④ 《毛泽东选集》第1卷，人民出版社1991年版，第322页。
⑤ 《毛泽东选集》第1卷，人民出版社1991年版，第309页。
⑥ 《全国党史工作会议在京举行》，《人民日报》2010年7月22日。

会主义革命和建设,积累了重要的思想、物质、制度条件,积累了正反两方面经验,改革开放就很难顺利推进。"因此,改革开放前后"决不是彼此割裂的,更不是根本对立的";"不能用改革开放后的历史时期否定改革开放前的历史时期,也不能用改革开放前的历史时期否定改革开放后的历史时期"①。这就为我们正确认识改革开放前历史的主流及其与改革开放后历史的关系,提供了重要指南。

对于改革开放前历史的主流,党中央在改革开放后的不同时期都有过论述,观点是明确的,也是始终一贯的。

例如,1981年,《历史决议》指出:中华人民共和国成立以后的历史,"总的说来,是我们党在马克思列宁主义、毛泽东思想指导下,领导全国各族人民进行社会主义革命和社会主义建设并取得巨大成就的历史。社会主义制度的建立,是我国历史上最深刻最伟大的社会变革,是我国今后一切进步和发展的基础"。"三十二年来我们取得的成就还是主要的,忽视或否认我们的成就,忽视或否认取得这些成就的成功经验,同样是严重的错误。"②

1979年邓小平在理论务虚会上的讲话中指出:"社会主义革命已经使我国大大缩短了同发达资本主义国家在经济发展方面的差距。我们尽管犯过一些错误,但我们还是在三十年间取得了旧中国几百年、几千年所没有取得过的进步。"③

1989年江泽民同志在庆祝新中国成立40周年大会上的讲话中指出:"中华人民共和国成立以来的40年,是中国历史发生翻天覆地变化的40年,是经历艰难曲折、战胜种种困难、不断发展进步的40年,是中华民族扬眉吐气、独立自主、在国际事务中日益发挥重要作用的40年。"④

2012年胡锦涛同志在党的十八大报告中指出:"以毛泽东同志为核心的党的第一代中央领导集体带领全党全国各族人民完成了新民主主义革命,进行了社会主义改造,确立了社会主义基本制度,成功实现了中国

---

① 《十八大以来重要文献选编》(上),中央文献出版社2014年版,第111、112页。
② 《三中全会以来重要文献选编》(下),人民出版社1982年版,第794、798页。
③ 《邓小平文选》第2卷,人民出版社1994年版,第167页。
④ 《十三大以来重要文献选编》(中),人民出版社1991年版,第611页。

历史上最深刻最伟大的社会变革,为当代中国一切发展进步奠定了根本政治前提和制度基础。在探索过程中,虽然经历了严重曲折,但党在社会主义建设中取得的独创性理论成果和巨大成就,为新的历史时期开创中国特色社会主义提供了宝贵经验、理论准备、物质基础。"①

在党的十八大后,习近平总书记不仅强调要正确看待改革开放前后两个历史时期的关系,而且对改革开放前取得的历史成就也做过多次高度评价。例如,他在庆祝中国共产党成立95周年大会上指出:从新中国成立到改革开放前,"我们党团结带领中国人民完成社会主义革命,确立社会主义基本制度,消灭一切剥削制度,推进了社会主义建设。这一伟大历史贡献的意义在于,完成了中华民族有史以来最为广泛而深刻的社会变革,为当代中国一切发展进步奠定了根本政治前提和制度基础,为中国发展富强、中国人民生活富裕奠定了坚实基础,实现了中华民族由不断衰落到根本扭转命运、持续走向繁荣富强的伟大飞跃"②。

从上述历届中央领导人的评价可以看出,党中央从来都认为改革开放前后两个时期是一个有机的整体,从来都认为新中国的历史是光辉的历史。我们只要把党中央指出的改革开放前的主要成就,同那个时期的失误、错误,包括"大跃进"和"文化大革命"那样的严重错误放在一起比较,孰重孰轻、谁主谁次便会一目了然;只要站在新中国和中国绝大多数人的立场,采取客观辩证的方法,就必然会得出那个时期的成就是历史主流的结论。

这样说是不是淡化了那个时期的失误、错误,肯定了"以阶级斗争为纲"的方针呢?不是的。对那个时期的失误、错误绝不能掩饰,更不能否定,否则不仅不符合实际,也不利于总结经验、吸取教训。但对失误、错误绝不能以偏概全,更不能无限夸大,而应当实事求是地加以分析。比如,分析失误和错误是普遍的、全局的现象,还是个别的、局部的现象;存在失误和错误的工作中是否也有正确的、合理的成分,这些正确成分对此后工作是否起到了一定积极作用;犯错误和犯错误的时期

---

① 《坚定不移沿着中国特色社会主义道路前进 为全面建成小康社会而奋斗——胡锦涛同志代表第十七届中央委员会向大会作的报告摘登》,《人民日报》2012年11月9日。
② 习近平:《在庆祝中国共产党成立95周年大会上的讲话》,《人民日报》2016年7月2日。

是否是一回事，某个时期犯了错误，是否等于那个时期的工作都错了。尤其要采取历史唯物主义的态度，把失误和错误放在特定历史条件下分析，把当时可以避免的和由于客观条件限制难以避免的事情加以区分。

历史主义的思想早在古代史学中就有，19世纪初期的欧洲哲学家将其系统化，强调要从历史事件产生的历史条件中去理解历史。马克思、恩格斯对这一思想进行了批判改造，把历史的独特性与历史的规律性相统一，强调要从历史发展的上升趋势理解和评判历史，重视历史与一定政治、经济、社会制度之间的联系，批判地继承一切优秀的历史文化遗产，从而形成了马克思主义的历史唯物主义。列宁对此给予了进一步概括，指出："在分析任何一个社会问题时，马克思主义理论的绝对要求，就是要把问题提到一定的历史范围之内。"① 历史虚无主义鼓吹者歪曲、否定国史，诋毁、丑化革命领袖和英雄模范，其认识论上的要害，就在于脱离特定历史条件臧否历史事件和历史人物。

2015年，中国人民大学出版社出版了一本名为《高思在云》的书，作者朱云汉虽然是台湾大学政治学系教授、蒋经国基金会秘书长，并不信仰唯物史观，但他在对中印两国20世纪50年代初以来发展情况进行比较这一点上，却基本符合历史唯物主义的观点。书中写道："一般流行的看法都认为，从1949年新中国成立到1978年'改革开放'这前面30年都浪费掉了，走了很长的冤枉路，甚至可以说完全是'黑暗时期'。这个认知并不正确，至少是以偏概全。""如果拿中国与印度相比，政治与社会体制对经济结构转型的提振或制约作用就很明显了。1950年代的中国与印度几乎处于相同的贫穷与落后状态，但经过一甲子之后，在联合国开发计划署编列的'人类发展'（human development）所有指标上，中国的长期表现明显优于印度。"

书中还写道："1978年之前的30年，中国建设了动员能力特别强的现代国家体制，这个体制在中国历史上、在这片土地上从来没有出现过，其动员、渗透的能力达到社会的最底层。中国建立了非常强的国家意识，可以将社会中多数人的意志力凝聚在需要最优先发展的目标上；在民族

---

① 《列宁选集》第2卷，人民出版社2012年版，第375页。

复兴的大旗帜下，中央政府享有调动全国资源集中使用的正当性。另外，中国完成了一场相当彻底的社会主义革命，它把私有财产权，尤其是最重要的土地资本与工业资本国有化或集体化。除了农村土地外，这个庞大国家的集体资产大部分是国有资产，这成为中国后来30年快速发展的资本。其他很多国家没有走这条激进的革命道路，很难复制这个历史条件。"①

无独有偶。清华大学出版社2016年也出了一本名为《伟大的中国工业革命》②的书，作者文一是美国联邦储备银行分行助理副行长、清华大学讲席教授。书中说，英国和欧洲的工业革命并不像过去宣传的那样起源于对私有权的保护、市场经济、民主制度，而是靠政府力量支持乡镇企业、扩大海外市场、保护原料产地，进一步解决交通、能源、机械制造、通信等问题逐步兴起的。中国改革开放后的工业革命之所以成功，恰恰在于不自觉地走了这条路。而改革开放前30年取得的国家独立统一、社会稳定，建立的以中国共产党为核心的政治制度，以及广大农村的土改、合作化和社队企业，为这场工业革命奠定了基础。他的观点虽然有可以商榷之处，但指出英国工业革命成功的原因不在于所谓西方民主道路，中国改革开放前打下的基础对改革开放的成功有重要作用，这些无疑是很有见地的。

改革开放后的国内国际形势越来越清楚地证明，如果当初没有改革开放，新中国历史的确难以为继；但如果没有改革开放前历史打下的基础，改革开放也是难以起步的；起步后如果抛弃了改革开放前树立的根本指导思想、建立的基本社会制度，改革开放也不可能顺利进行，相反，很可能中途夭折，导致出现苏联那种党下台、国分裂的局面。

还应当看到，虽然我国改革开放前各项事业的发展和人民生活的改善远没有改革开放后那么显著，但这绝不表明那段历史是无足轻重的、可有可无的。相反，对人民群众在那段历史中付出的牺牲应当大书特书。因为，如同盖楼一样，打地基时不容易让人看出成绩，但楼房盖得快、

---

① 朱云汉：《高思在云》，中国人民大学出版社2015年版，第124—126页。
② 文一：《伟大的中国工业革命——"发展政治经济学"一般原理批判纲要》，清华大学出版社2016年版。

盖得高，反过来证明地基打得牢。

四、只有运用上层建筑最终决定于经济基础的理论才能正确回答新中国实行共产党领导制度的问题

当代中国政治制度史是中国当代史的重要组成部分，这一制度的核心是中国共产党对国家工作的领导。因此，关于党的领导制度的合理性、合法性及其意义的问题，也是当代史研究的重大理论问题。

常识告诉我们，人们论证一个观点，往往采用两种方法，一为逻辑的方法，二为历史的方法。国内外敌对势力为了反对中国共产党领导，特别是反对党对军队的绝对领导，采用的也是这两种方法。例如，他们在逻辑上的"理由"是说中国实行共产党领导，不符合"西方宪政""普世价值"，"没有登记注册""没有经过选举"，"是专制独裁"，等等；在历史上的"理由"则是历史虚无主义那一套，即历数中国共产党从建党到革命到新中国成立到改革开放的所谓"种种罪行"。对于他们的这些谬论，我们同样要用逻辑的和历史的方法加以驳斥。

唯物史观认为，经济基础决定上层建筑。一个国家实行什么样的政治制度、政党制度，归根结底是由这个国家实行的经济制度决定的。中国实行中国共产党领导的多党合作、政治协商的政党制度而不实行多党轮流执政，军队由中国共产党领导而不搞"国家化"，这一切最深刻的根源在于中国实行的是公有制为主体、多种所有制经济共同发展的基本经济制度，在于社会主义全民所有制经济是中国国民经济的主导力量。这种经济制度决定了人民内部的根本利益是一致的，并且不允许任何势力破坏这种利益的根本一致性。所以，建立在这种经济制度之上并为之服务的政治制度，只能是工人阶级领导的以工农联盟为基础的人民民主专政；政党制度只能是由代表最大多数人民根本利益的中国共产党一党执政。也就是说，在社会主义国家实行共产党领导而不实行多党竞争、轮流执政的政党制度，归根结底是社会主义经济基础决定的，是与社会主义经济制度联系在一起的。

资本主义国家之所以实行多党竞争、轮流执政的政党制度，同样是

由它们的经济基础决定的。在那种制度里,生产资料是私人占有的,掌握生产资料的资产阶级内部是分为不同利益集团的。这就决定了在资本主义制度里,需要有两个以上代表不同利益集团的政党,并实行多党轮流执政,而不能只有一个党执政,否则其他利益集团的利益就得不到保障;同时,军队也不能由哪一个政党单独领导,而必须实行国家化,否则多党轮流执政就玩不转。

在社会主义市场经济条件下,人民内部也会有不同利益的矛盾,但公有制的主体地位决定了这种矛盾是要受到限制的。就是说,在中国特色社会主义社会,人民内部的矛盾同样不允许发展到根本利害冲突的程度,仍然只能由代表人民整体利益的中国共产党一党执政,而不允许有与人民根本利益相对立的利益集团存在,不需要有代表特殊利益集团的政党出来同中国共产党之间相互竞争、轮流执政。既然如此,军队当然也必须由而且只能由中国共产党一党绝对领导,而不能实行所谓的"国家化"。否则,中国共产党的执政地位就会被架空,人民的根本利益就无法得到维护,党和人民的团结统一就有可能遭到破坏。

我们党也有犯错误的时候,党的高级干部中也出现过叛徒、野心家、腐败分子等形形色色的坏人,但这些都没有改变我们党的无产阶级先锋队的性质。原因就在于,我们党始终没有代表哪个特殊利益集团的利益,制定政策也好、出台决定也罢,不管完善与否,都是从人民整体利益出发的,而不是从特殊利益集团利益出发的。因此,不能由于党内出了少数坏人就削弱党的领导,相反,更要加强党的领导、党的建设、党的监督,全面从严治党,不断清理腐败分子;更要改善党的领导,不断提高党的各级干部的领导水平。

坚持四项基本原则是我们党在社会主义初级阶段基本路线中的两个基本点之一。邓小平在1993年说过:"社会主义市场经济优越性在哪里?就在四个坚持。四个坚持集中表现在党的领导。……党的领导是个优越性。没有人民民主专政,党的领导怎么实现啊?四个坚持是'成套设备'。"[①]他接着说:"十二亿人口怎么实现富裕,富裕起来以后财富怎

---

① 《邓小平年谱(1975—1997)》(下),中央文献出版社2004年版,第1363页。

样分配,这都是大问题。……我们讲要防止两极分化,实际上两极分化自然出现。""少部分人获得那么多财富,大多数人没有,这样发展下去总有一天会出问题。分配不公,会导致两极分化,到一定时候问题就会出来。这个问题要解决。过去我们讲先发展起来。现在看,发展起来以后的问题不比不发展时少。"①他还说过:"如果走资本主义道路,可能在某些局部地区少数人更快地富起来,形成一个新的资产阶级,产生一批百万富翁,但顶多也不会达到人口的百分之一。"②"共同致富,我们从改革一开始就讲,将来总有一天要成为中心课题。"③这些论述说明,我们坚持党的领导、坚持人民民主专政的一项重要任务,就是防止改革开放后出现两极分化,产生新的资产阶级。

至于有人用所谓"中国共产党还没有进行政党登记"为由,妄图否定中国共产党领导的合法性,更是荒唐可笑的。对马克思主义国家学说稍有常识的人都知道,社会主义国家同资本主义国家的重大区别之一,就是前者公开声明自己实行无产阶级专政,由无产阶级政党领导,不允许代表资产阶级利益的政党与自己分享政权;而后者表面上把自己打扮成"全民国家",实际上实行的却是资产阶级专政。马克思说过:"革命是人民权利的法律依据。"④列宁也说过:"无产阶级的革命专政是由无产阶级对资产阶级采用暴力手段来获得和维持的政权,是不受任何法律约束的政权。"⑤这就告诉我们,无产阶级革命以及革命胜利后建立的无产阶级政权,都是不受资产阶级法律限制的,因此不能用资产阶级法律的狭隘眼界来看待无产阶级的政党设置和政党登记问题。

社会主义国家不受资产阶级法律限制,不搞政党登记,不等于实行无产阶级政党的领导就没有法律依据。比如新中国,早在人民政治协商会议第一届全体会议通过的《中国人民政治协商会议共同纲领》(以下简称《共同纲领》)第一章总纲中就明确规定:"中华人民共和国为新民主

---

① 《邓小平年谱(1975—1997)》(下),中央文献出版社2004年版,第1364页。
② 《邓小平文选》第3卷,人民出版社1993年版,第208页。
③ 《邓小平文选》第3卷,人民出版社1993年版,第364页。
④ 《马克思恩格斯全集》第6卷,人民出版社1961年版,第130页。
⑤ 《列宁选集》第3卷,人民出版社2012年版,第594—595页。

主义即人民民主主义的国家，实行工人阶级领导的，以工农联盟为基础的、团结各民主阶级和国内各民族的人民民主专政。"这里说的实行工人阶级领导，自然意味着实行工人阶级的政党——中国共产党的领导；团结各民主阶级，自然意味着团结各民主阶级的政党——各民主党派和无党派民主人士。所以，无论中国共产党的执政地位，还是拥护中国共产党的民主党派和无党派民主人士的参政资格，都是新中国成立伊始即在具有临时宪法性质的《共同纲领》中得到确定的，根本不存在还要通过什么政党登记来确认的问题。从1954年到1982年的四部《中华人民共和国宪法》序言，也都明确指出中华人民共和国是中国共产党领导各族人民经过长期革命斗争后建立的，今后各族人民要继续在中国共产党领导下进行社会主义建设，各民主党派和各人民团体参加的爱国统一战线也要继续在共产党的领导下巩固和发展。可见，实行中国共产党领导既是中国人民在长期实践中选择的结果，是确保社会主义制度不改变性质的需要，也是中国社会主义法律明确规定的，具有无可置疑的合法性。以所谓"没进行政党登记"来否定中国共产党领导的合法性，不过是用资本主义政党制度来剪裁社会主义国家政党制度的借口，是不值一驳的。

一些人总认为中国共产党领导的制度不民主，这是因为他们把西方政党轮流执政和一人一票的选举制度当成了"普世价值"，拿来作为衡量是否民主的唯一检验标准。然而，现在包括西方学者在内，已有越来越多的人看清了这种制度不过是以金钱为后盾的利益集团尤其是大财团之间的游戏罢了，对大多数人来说并没有实际意义。实行社会主义民主当然也要选举，但那不过是民主的一种形式，更重要更经常的是各级领导深入群众，同群众座谈，下基层调研，到群众中走访，和不同阶层的代表协商，以及接待来信来访等，通过这些形式与广大群众保持密切联系，使执政党能听到群众特别是基层群众的意见，能和不同阶层、不同层次的群众交换意见，从而保证政策和决策能从大多数群众的利益出发，能尽可能符合实际情况。所以，只要站在广大人民整体利益的立场上看问题就会明白，实行中国共产党领导不仅不是什么"一党专制"，相反，是人民当家作主的体现，是人民民主的实现形式，是比西方以金钱为主的所谓"民主"不知有效多少倍的真正民主。现在少数地方出现人代会选举贿选和舞弊现象，恰恰从反面说明，如果让金钱在选举中起作用，就不可能有真正的民主。

《高思在云》一书对印度和中国的政治制度也做了比较，书中说："西方媒体总是给印度冠上'世界上最大的民主国家'这个头衔，但印度的民主只是空有其表，无法有效增进大多数民众的福祉；大多数印度百姓的人身安全（尤其是妇女与穆斯林）与基本需求仍得不到保障，还必须长年忍受贪污横行、效率极低的官僚体制。尽管印度过去15年的经济发展速度十分亮眼，但是在减少城市贫困人口，解决农村土地分配严重不均，消除贱民阶级与妇女受到的社会歧视，化解族群间暴力冲突，消弭黑社会对贫民窟的渗透与宰制等问题上，进展十分缓慢。大多数在中国与印度两地均深入做过田野考察的学者都承认，中国的政治体制在引导社会追求'最佳的选择'，以及在增进社会绝大多数群体的福祉上，要比印度更具优势、更具效能。"① 这一评论从侧面说明，一种政治制度是否符合民主原则，归根到底要用社会实践来检验，而不能采取先验的唯心的评判标准。

最近，网上流传对英国《金融时报》(*Financial Times*)副主编、首席经济评论员马丁·沃尔夫（Martin Wolf）一篇言论的报道。他说，中国在中国共产党领导下出现的奇迹，不能不让人思考，体制上的优劣究竟以什么为标准。西方人不是不明白，中国如果实行西方民主，肯定会一盘散沙、四分五裂、战争四起，只是不愿承认罢了。西方人已习惯用他们的方式统治世界，很明显，中国将改变这一切。这一评论同样说明，即使西方一些头脑比较清醒、立场相对客观的人也已经认识到，一味用西方制度作标准评判中国的实践，是行不通的。

五、只有运用阶级社会的意识形态领域斗争本质上反映的是阶级斗争的理论才能正确回答历史虚无主义性质的问题

邓小平早在1982年就说过："我们要向资本主义发达国家学习先进

---

① 朱云汉：《高思在云》，中国人民大学出版社2015年版，第126页。

的科学、技术、经营管理方法以及其他一切对我们有益的知识和文化，闭关自守、故步自封是愚蠢的。但是，属于文化领域的东西，一定要用马克思主义对它们的思想内容和表现方法进行分析、鉴别和批判。……现在有些同志对于西方各种哲学的、经济学的、社会政治的和文学艺术的思潮，不分析、不鉴别、不批判，而是一窝蜂地盲目推崇。"[1]邓小平当年批评的这个问题，后果近些年已逐渐显现，突出表现就是"新自由主义""社会民主主义""普世价值""西方宪政"等思潮的泛滥。而在这些思潮中，有一种西方国家自己并不实行却在我们这里格外猖獗，那就是历史虚无主义思潮。如何解释这个现象呢？它究竟是学术思潮还是政治思潮呢？如果是政治思潮，我们又应当如何对待它呢？回答这些问题，同样要用唯物史观为指导。

恩格斯在马克思《路易·波拿巴的雾月十八日》第三版序言中指出："一切历史上的斗争，无论是在政治、宗教、哲学的领域中进行的，还是在其他意识形态领域中进行的，实际上只是或多或少明显地表现了各社会阶级的斗争。"他认为，这个规律是"马克思用以理解法兰西第二共和国历史的钥匙"[2]。列宁继承和发展了马克思主义的阶级斗争理论，指出："马克思主义提供了一条指导性的线索，使我们能在这种看来扑朔迷离、一团混乱的状态中发现规律性。这条线索就是阶级斗争的理论。"[3]毛泽东运用这一理论，进一步观察了社会主义社会思想领域中的阶级斗争问题，指出："在我国，资产阶级和小资产阶级的思想，反马克思主义的思想，还会长期存在。社会主义制度在我国已经基本建立。我们已经在生产资料所有制的改造方面，取得了基本胜利，但是在政治战线和思想战线方面，我们还没有完全取得胜利。无产阶级和资产阶级之间在意识形态方面的谁胜谁负问题，还没有真正解决。我们同资产阶级和小资产阶级的思想还要进行长期的斗争。"[4]

众所周知，毛泽东在阶级斗争问题上犯过错误，主要是社会主义革

---

[1] 《邓小平文选》第3卷，人民出版社1993年版，第44页。
[2] 《马克思恩格斯选集》第1卷，人民出版社2012年版，第667页。
[3] 《列宁选集》第2卷，人民出版社2012年版，第426页。
[4] 《毛泽东文集》第7卷，人民出版社1999年版，第281页。

命完成后，仍然强调"以阶级斗争为纲"。党的十一届三中全会停止使用这个不适用于社会主义社会的口号，把工作重点重新转回到了社会主义现代化建设上。但这并不意味着我们党认为社会主义社会特别是社会主义社会意识形态领域不存在阶级斗争了，党内也不存在资产阶级思想了。邓小平就说过："阶级斗争虽然已经不是我们社会中的主要矛盾，但是它确实仍然存在，不可小看。"①"中国在粉碎'四人帮'以后出现一种思潮，叫资产阶级自由化，崇拜西方资本主义国家的'民主'、'自由'，否定社会主义。"②"自由化的思想前几年有，现在也有，不仅社会上有，我们共产党内也有。"③《中华人民共和国宪法》序言和《中国共产党章程》总纲中对于社会主义时期阶级斗争问题也有完整的表述，指出在剥削阶级作为阶级消灭以后，我国社会存在的矛盾大多数已不具有阶级斗争的性质，但"由于国内的因素和国际的影响，阶级斗争还在一定范围内长期存在，在某种条件下还有可能激化"④。

所谓虚无主义是唯心主义哲学的一个学派，最早流行于欧洲。它主张人类生存没有意义、没有目标。引入史学领域的虚无主义认为，人类历史无规律可循，也无所谓本质和主流、糟粕和精华，人在历史潮流中无可选择、无能为力，决定历史走向的是地理、气候等客观环境，等等。这些理论正确与否，人们可以在学术层面上继续讨论和争论。然而，自20世纪七八十年代以来主要在社会主义国家中流行的历史虚无主义，并非这类学术流派。对此，我们只要看看习近平总书记的"一·五"讲话就清楚了。他指出："古人说：'灭人之国，必先去其史。'国内外敌对势力往往就是拿中国革命史、新中国历史来做文章，竭尽攻击、丑化、污蔑之能事，根本目的就是要搞乱人心……苏联为什么解体？苏共为什么垮台？一个重要原因就是意识形态领域的斗争十分激烈，全面否定苏联历史、苏共历史，否定列宁，否定斯大林，搞历史虚无主义，思想搞乱了，各级党组织几乎没任何作用了，军队都不在党的领导之下了。最后，

---

① 《邓小平文选》第2卷，人民出版社1994年版，第370页。
② 《邓小平文选》第3卷，人民出版社1993年版，第123页。
③ 《邓小平文选》第3卷，人民出版社1993年版，第124页。
④ 《中国共产党章程》，人民出版社2017年版，第4页。

苏联共产党偌大一个党就作鸟兽散了,苏联偌大一个社会主义国家就分崩离析了。"① 他还说过:"历史虚无主义的要害,是从根本上否定马克思主义指导地位和中国走向社会主义的历史必然性,否定中国共产党的领导。"② 这些论述告诉我们,先在苏联后在中国泛滥的历史虚无主义思潮,矛头是专门对准无产阶级革命的,手段是攻击、丑化、污蔑革命历史、革命领袖,目的是否定马克思主义的指导地位和中国共产党的领导,实质是国内外敌对势力在意识形态领域同我们进行斗争的工具,后果是搞垮了苏联共产党和苏联。这还不叫政治思潮,什么叫政治思潮?!

说历史虚无主义思潮的制造者中既有国内敌对势力也有国外敌对势力,这是因为资本从来是有国际联系的,尤其进入经济全球化时代,这种联系更加紧密。列宁说过:"在无产阶级专政下,剥削者阶级……还有国际的基础,即国际资本,他们是国际资本的一个分支。"③ 在无产阶级专政的国家里,资产阶级的强大"在于国际资本的力量,在于它的各种国际联系牢固有力"④。邓小平也说过:"整个帝国主义西方世界企图使社会主义各国都放弃社会主义道路,最终纳入国际垄断资本的统治,纳入资本主义的轨道。"⑤ 他还指出:"美国现在有一种提法:打一场无硝烟的世界大战。我们要警惕。资本主义是想最终战胜社会主义,过去拿武器,用原子弹、氢弹,遭到世界人民的反对,现在搞和平演变。"⑥ 对此,再看看以下事实就更加清楚了。

第一,西方资产阶级政治家从来都是这么说的。

第二,西方资本主义大国在对外输出意识形态方面也一向是这么做的。

第三,污蔑、抹黑中国共产党及其领导人的书籍、网站都是在西方国家和西方支持的境外势力那里炮制、出版、推销的。

---

① 《十八大以来重要文献选编》(上),中央文献出版社2014年版,第113页。
② 中共中央党史研究室:《历史是最好的教科书——学习习近平同志关于党的历史的重要论述》,《人民日报》2013年7月22日。
③ 《列宁选集》第4卷,人民出版社2012年版,第67页。
④ 《列宁选集》第4卷,人民出版社2012年版,第135页。
⑤ 《邓小平文选》第3卷,人民出版社1993年版,第311页。
⑥ 《邓小平文选》第3卷,人民出版社1993年版,第325—326页。

第四，反对社会主义制度、分裂祖国的形形色色人物往往是往西方国家跑的，也历来是被西方国家所支持、邀请、收留和颁发大奖的。

毛泽东对马克思主义的一个重要发展，是提出了要正确区分和处理社会主义社会存在的敌我和人民内部两类不同性质矛盾的学说。改革开放前，我们犯"左"的错误，原因之一在于混淆了不同性质的矛盾，把人民内部矛盾当成了敌我矛盾。改革开放后，我们纠正了"左"的错误，对这个问题比较警惕了。然而，又出现了另一种倾向，就是往往把敌我矛盾当成人民内部矛盾。这同样是对两类不同性质矛盾的混淆，同样违背客观存在的事实，同样会受到客观规律的惩罚。习近平总书记说，国内外敌对势力搞历史虚无主义是要从根本上否定中国共产党领导。这还不是敌我矛盾，什么是敌我矛盾？！当然，毛泽东也说过："对抗性矛盾如果处理得当，可以转化为非对抗性矛盾，可以用和平的方法解决这个矛盾。"[①]问题在于，要把我们同历史虚无主义思潮之间的这种敌我矛盾转化为非对抗性矛盾，首先要对它进行"处理"，而且要"处理得当"。根据习近平总书记的一系列讲话精神，笔者认为对这股思潮要"处理得当"，应当特别注意以下三点。

一是增强斗争韧性。当前，一些同志对于同历史虚无主义思潮的斗争，存在两种情绪。一种是看到这股思潮的蔓延，感到积重难返了，因而产生消极情绪；另一种是态度虽然积极，但总想通过一两次斗争就把这股思潮打退，因而产生急躁情绪。这两种情绪说到底，都源于对历史虚无主义思潮的背景，以及这场斗争的长期性、复杂性，缺少足够的认识，因而缺乏斗争的韧性。而要具备韧性，首先要深刻理解马克思主义的基本原理，其次要对社会主义和共产主义有必胜的坚定信念，最后要对社会主义同资本主义两种制度的长期斗争有足够的清醒认识。

自从东欧剧变、苏联解体后，世界社会主义运动进入低潮；近些年我国综合国力明显上升，但经济科技军事上的西强我弱态势并未根本改变。历史虚无主义思潮的蔓延，与这种形势不无关系。因此，我们同这股思潮的斗争不可能是短时间的事，必须做长期斗争的准备。然而，这

---

① 《毛泽东文集》第7卷，人民出版社1999年版，第206页。

并不是说我们要等到世界社会主义运动高潮到来的时候，等到经济科技军事上我强西弱的时候才开始斗争。天底下的任何胜利，不靠艰苦奋斗，靠消极等待都是等不来的。我们既要看到同历史虚无主义思潮斗争的长期性、艰巨性，更要看到这场斗争的必要性、必胜性；既要看到斗争中会有阻力有曲折，更要看到通过斗争一定会不断积小胜为大胜，直至取得最后胜利。中国革命的胜利、社会主义制度的巩固，从一定意义上都来自中国共产党斗争的韧性。据媒体报道，1989年政治风波幕后黑手之一的万润南在英国也说："我们犯的最大错误是，低估了难度，低估了共产党的韧性。"① 同历史虚无主义思潮作斗争，同样要有韧性。我们不能因为斗争的长期性而悲观失望、丧失信心、"刀枪入库"、"解甲归田"；也不要寄希望于一两个回合就"得胜回朝"，更不能奢望"毕其功于一役"。

二是做到敢于亮剑。对于受历史虚无主义思潮影响的人，我们要通过摆事实、讲道理，心平气和地做他们的思想转化工作，帮助他们划清是非界限，澄清模糊认识。然而，对于那些别有用心地起劲鼓吹这股思潮的人，特别是那些"吃共产党的饭、砸共产党的锅"的人，则不是做思想工作的问题，而是要进行坚决批判，并且要依法依规处理。

习近平总书记指出："要警惕和抵制历史虚无主义的影响，坚决抵制、反对党史问题上存在的错误观点和错误倾向。"② 党的十八大后制定的《中国共产党纪律处分条例》规定："通过信息网络、广播、电视、报刊、书籍、讲座、论坛、报告会、座谈会等形式，公开发表坚持资产阶级自由化立场、反对四项基本原则，反对党的改革开放决策的文章、演说、宣言、声明等的，给予开除党籍处分。"③ 党的十八届六中全会审议通过的《关于新形势下党内政治生活的若干准则》也强调："对在大是大非问题上没有立场、没有态度、无动于衷、置身事外，在错误言行面前不抵制、不斗争，明哲保身、当老好人等政治不合格的坚决不用，已在领导

---

① 单仁平：《"万爷在巴黎"的讲述令人感慨万千》，《环球时报》2014年8月13日，转引自英国《金融时报》中文网。
② 习近平：《坚决抵制、反对党史问题上存在的错误观点》，《人民日报》2013年7月22日。
③ 《中国共产党纪律处分条例》，《人民日报》2015年10月22日。

岗位的要坚决调整,情节严重的要严肃处理。"① 这些都说明,在意识形态领域不能借口不争论而回避斗争。事实告诉我们,邓小平说的"不争论",指的是在改革开放的具体问题上不要由于争论而耽误时间,绝对不是说在重大政治原则问题上,在关系改革开放大方向的问题上也不争论。他曾说过:"某些人所谓的改革,应该换个名字,叫作自由化,即资本主义化。他们'改革'的中心是资本主义化。我们讲的改革与他们不同,这个问题还要继续争论的。"②

习近平总书记指出:"一个政权的瓦解往往是从思想领域开始的,政治动荡、政权更迭可能在一夜之间发生;但思想演化是个长期过程。思想防线被冲破了,其他防线很难守住。"③为此,他反复强调宣传舆论工作的领导权、管理权、话语权,必须牢牢掌握在真正的马克思主义者手里,要求"党校必须姓党","党校要旗帜鲜明、大张旗鼓讲马克思主义、讲中国特色社会主义、讲共产主义,旗帜鲜明、大张旗鼓讲党的性质、讲党的宗旨、讲党的传统、讲党的作风"④。他还要求:党的新闻舆论工作"必须把政治方向摆在第一位,牢牢坚持党性原则";"党的新闻舆论工作坚持党性原则,最根本的是坚持党对新闻舆论工作的领导。党和政府主办的媒体是党和政府的宣传阵地,必须姓党"⑤。

现在有人反对"党媒姓党"的科学论断,说什么人民性高于党性,党媒首先应当"姓人民"。这是对唯物史观无知的表现,是对党性和人民性关系的颠倒。习近平总书记指出:"我们党作为马克思主义政党,讲政治是突出的特点和优势……我国曾经有过政治挂帅、搞'阶级斗争为纲'的时期,那是错误的。但是我们也不能说政治就不讲了、少讲了,共产党不讲政治还叫共产党吗?"⑥"看待政治制度模式,必须坚持马克思主

---

① 《关于新形势下党内政治生活的若干准则》,《人民日报》2016年11月3日。
② 《邓小平文选》第3卷,人民出版社1993年版,第297页。
③ 《习近平的执政理念》,《学习时报》2014年9月19日。
④ 习近平:《在全国党校工作会议上的讲话》,人民出版社2016年版,第2、8页。
⑤ 人民日报社评论部:《论学习贯彻习近平总书记新闻舆论工作座谈会重要讲话精神》,人民出版社2016年版,第4、5页。
⑥ 《习近平总书记重要讲话文章选编》,中央文献出版社、党建读物出版社2016年版,第225页。

义政治立场，首先就是阶级立场，进行阶级分析。"[①] 我们看待"党媒姓党"的问题，同样离不开政治立场，离不开阶级分析。在阶级社会，人民内部是分为不同阶级和阶层的，而政党是阶级的政治代表，党性来自特定政党所代表的那个阶级的阶级性。中国共产党是工人阶级政党，因此，共产党的党性来源于并高于工人阶级的阶级性。但正如《共产党宣言》所说，工人阶级既与最先进的生产力联系在一起，又处在社会的最底层，因此它必须消灭一切人剥削人的制度才能彻底解放自己。就是说，工人阶级只有解放全人类，才能获得自身解放。这就决定了共产党既要代表工人阶级的利益，同时也要代表最大多数人民的利益；一个共产党员只有把工人阶级的阶级性上升到党性，他才能同时代表最大多数人民的根本利益。我们说"党媒必须姓党"，是说它必须首先要具有党性，才能真正具有人民性；我们说"党媒要做党的喉舌"，是说它必须首先代表党说话，才能真正代表人民说话，才能做人民的喉舌。这个关系不能颠倒，否则就混淆了人民、阶级、政党的关系，违背了唯物史观的基本原理，就会使一些人浑水摸鱼，打着"人民性"的幌子损害人民的根本利益。

习近平总书记在2016年2月新闻舆论工作座谈会上的讲话中，先强调"党和政府主办的媒体必须姓党"，然后才强调媒体"要与人民同呼吸、与时代共进步"，提出要"宣传党的主张、反映人民呼声"，要"坚持党性和人民性相统一"。这正是对党性与人民性、党的喉舌与人民喉舌相互关系的准确阐释，不仅完全合乎唯物史观的基本理论，而且具有很强的现实针对性。那些反对"党媒必须姓党"的声音，不就是把党和人民对立起来了吗？他们口口声声说媒体要"为人民说话"，其实不过是拿"人民"当幌子，骨子里想的是让媒体代表少数特殊利益集团和反对中国特色社会主义道路的势力说话。可见，赞成还是反对"党媒姓党"，实质不在于"党媒"要不要代表人民说话，而在于"党媒"是代表人民中的绝大多数人说话，还是代表其中少数既得利益者说话。

三是切实加强网管。历史虚无主义思潮近年来之所以在我国迅速蔓

[①] 转引自刘世军：《中国政治学研究新时代的到来》，《文汇报》2014年6月30日。

延，原因之一是网络技术发展快而网络管理意识和手段相对滞后。习近平总书记曾指出，互联网已经成为舆论斗争的主战场。西方敌对势力一直妄图利用互联网"扳倒中国"，一些西方政治家甚至扬言："有了互联网，对付中国就有了办法"；声称："社会主义国家投入西方怀抱，将从互联网开始"。我们在互联网这个战场上能否顶得住、打得赢，直接关系我国意识形态安全和政权安全。因此，要打退历史虚无主义思潮的进攻，必须把网上舆论工作作为宣传思想工作的重中之重来抓。现在，我国网民有7亿，手机网民有5亿多，微博用户达到4亿多，越来越多的人特别是大部分年轻人是从网上获取信息的。我们应当正视这个现实，加大力量投入，尽快掌握互联网战场上的主动权。

我们国家是中国共产党领导的人民民主专政的国家，网络中涉及意识形态、宣传舆论的内容自然要由党和国家有关部门负责监管。这种监管是党管宣传舆论工作的体现，也是人民民主专政的体现。网络监管当然要依法进行，但按照唯物史观的观点，法律体现的只能是统治阶级的意志。《宪法》规定，我国是工人阶级领导的、以工农联盟为基础的人民民主专政的社会主义国家，社会主义制度是我国的根本制度，禁止任何组织和个人破坏社会主义制度。因此，我国有关网络管理的法律必须体现人民民主专政的原则。对网络上出现的有损社会主义制度的现象，国家有关部门不仅要管，而且要加强管理。

现在有人一方面在网上疯狂攻击中国共产党、丑化党和国家形象、诬蔑党和国家领导人及英雄模范、歪曲党史国史国际共产主义运动史，另一方面又指责网管部门加强网络管理侵犯了言论自由。我们要讲清楚世界上究竟有没有抽象的、绝对的言论自由；同时要用人民民主专政和全面依法治国的理论，帮助群众正确看待网络管理的问题。

言论自由是宪法赋予每个公民的权利，必须加以保障，包括保障错误言论的自由。我们过去在这方面有过教训，应当记取。但同时也要明确，世界上从来没有抽象的、绝对的自由，言论自由在任何国家、任何时候都不是无边无际的。网络是新媒体，是虚拟空间。但只要是媒体，就会产生社会作用，就不能是法外之地。在它上面发表言论，同样要受到法律、党纪、道德的制约。首先，公民的言论自由要受法律的制约。

其次，8800万共产党员的言论自由还要受到党纪的制约。最后，言论自由还要受到道德的制约。可见，所谓言论自由，是指在法律、道德允许范围内的自由；对于共产党员来说，还要加上党纪允许的范围。那种认为言论自由就是不受任何约束、想说什么就说什么的观点，是毫无根据的。

在当前西方反共势力和社会主义国家打的这场"没有硝烟的战争"中，互联网是主战场之一。打仗要有武器、弹药，在"没有硝烟的战争"中，"武器""弹药"的载体基本上是言论。媒体、书刊、戏剧、电影等，都离不开言论。在一定意义上讲，意识形态领域尤其是互联网上的斗争，主要是言论之间的斗争。正因如此，国内外敌对势力总喜欢拿"言论自由"说事。他们这样做，说穿了，就是给"没有硝烟的战争"做掩护。

按照西方流行的观点，历史虚无主义思潮属于一种软实力，但它到了一定火候，也会显示出很硬的一面。比如，在苏联解体、苏共下台的过程中，这种思潮就起过"很硬"的作用。媒体报道，俄罗斯最新民调结果显示多数俄罗斯人痛惜苏联解体，希望社会主义体系和苏联回归。然而，世界上从来没有后悔药。国家政治体制改革不像布置客厅那样，想怎么改就怎么改。一旦改错了，后悔了，要想再改回来，在一个相当长的时间里是没有可能性的。我们国家经过60多年的奋斗，经济总量已经跃居世界第二位，中华民族距离伟大复兴的目标从来没有像现在这样接近过。国内外敌对势力当然不会让我们顺顺当当地实现这个目标，一定会想尽办法诱使人们跟着他们的魔笛起舞。我们要接受苏联解体的前车之鉴，绝不能让那里发生过的悲剧在中国重演。根据中国的国情，如果我们也出现东欧剧变、苏联解体那种局面，后果不知要比它们严重多少。而要想不出现那种局面，一个重要工作就是以习近平总书记的系列重要讲话精神为指引，积极开展同历史虚无主义思潮的斗争，绝不能任其自由泛滥。

我举以上五个例子，是要说明开展中国当代史理论研究之所以必须用唯物史观指导的道理。为了论证方便，在论述上基本采取的是唯物史观一个理论观点对应当代史一个理论问题的方法。然而，中国当代史的理论问题纷繁复杂，唯物史观的理论更是博大精深，在实际研究中，情况不会像我讲得这么简单。我们要丰富发展中国当代史研究的理论，并通过当代史理论研究丰富发展马克思主义的史学理论，需要继续带着当代史理论研究中的实际问题，老老实实地研读马克思主义经典著作，深入钻研唯物史观的基本理论，并继续加强当代史学界和史学理论界学者的通力合作。今后，马克思主义当代中国史理论论坛将本着习近平总书记在哲学社会科学工作座谈会上重要讲话的精神，更加积极地促进中国当代史理论研究与马克思主义史学理论研究的结合，更加自觉地面向高校思想政治和马克思主义教学的实际，不断推动马克思主义当代中国史理论学科体系、话语体系建设在应用和创新中向前发展。

［原载《渭南师范学院学报》2017年第8期］

当代中国史研究的理论范畴与方法论

朱佳木

当代中国史研究(以下简称"当代史研究")的理论范畴,从本质上讲,与马克思主义史学研究的理论范畴是一致的。比如其中都有历史发展的动力、一般规律与特殊规律、目的性与客观性、确定性与选择性、必然性与偶然性、连续性与阶段性、人民群众的作用与杰出人物的作用,以及整体与局部、现象与本质、原因与结果等基本概念。只不过这些范畴放在当代史研究中,会有一些内容和表述的变化。我过去在当代史的理论研究中,比较多的是讲这一研究的属性,以及当代史的分期、主线、主流和发展原因,等等。这些概念,实际上都是马克思主义史学理论范畴在当代史研究中的具体运用。

一、关于当代史研究的属性

这个问题涉及当代史的概念和学科。中国历史教学中的中国近现代史,在过去很长时间里是把现代史的上限定在1919年,下限延伸到新中国成立之后。如果说这种界定在新中国成立之初还情有可原的话,那么,在新中国成立已经10年、20年、30年之后仍然这样界定,问题就大了。因为,根据马克思主义关于历史发展一般规律的学说,人类社会由低级向高级发展的标志是社会形态的演化。而1919年对于中国来说,只是民主主义革命的性质发生变化，即由旧民主主义革命变为了新民主主义革命，但社会形态并没有变，仍然是半殖民地半封建社会。社会形态发生变化，是在1949年中华人民共和国成立后的事情。因此，把1919年作为中国近代史与现代史的分界线，既不符合马克思主义关于历史发展一般规律理论，也违背了马克思主义的史学理论范畴。正确的划分方法应当是，把1949年作为中国近代史与中国现代史的分界线，把1949年后的历史称为现代史，并把它与人们为避开中国近现代史原有概念而设立的当代史学科合并。至于再过若干年，比如100年后，现代史中是否需要分出一个独立的当代史，是那个时候研究的问题，可以留待那时解决。

当人们提出中国近现代史学科应当改革，把现代史独立出来，设立中国现代史或当代史学科时，出现了另外一些不正确的看法和做法。比如，认为中共党史与当代史大同小异，主张不必另外再设当代史学科；或者把当代史与现代史合并后，仍放在中国近现代史专业，作为其中一个部分。我认为这些看法和做法违背了马克思主义关于历史发展特殊规律的理论，同样不符合马克思主义史学的理论范畴。

毫无疑问，中共党史在当代史中具有核心地位，当代史研究绝对离不开党史研究。但党史毕竟是当代史的一个部分，尽管这个部分在当代史中起着主导性的作用；党史研究毕竟属于专史性质，与作为通史的当代史研究之间在研究角度、范围、重点上都有很大不同，即使在学科理论与方法上也有一定差别。因此，应当说当代史研究与党史研究各有各的属性，谁也代替不了谁。现在有些当代史的著作与党史书之间存在内容近似的问题，并不表明当代史研究可有可无，而恰恰反映了这两门学科在各自学科建设上都存在需要进一步深化的问题。至于把当代史和现代史合并后仍放在近现代史专业中，这种做法就更不合适了。因为，这在客观上会淡化新中国成立在中国历史上的划时代意义，混淆了两种历史发展的特殊规律。

另外，这里还有一个当代史、现代史与新中国史三者概念的联系与区别的问题。应当说，当代史、现代史就是新中国的国史。但说到编研，则有广义与狭义之分。广义的国史编研与当代史、现代史编研的内涵、外延是一致的，但狭义的国史编研专指对新中国历史的宏观性、整体性编研，一般不涉及地方史、部门史、行业史，除非这些历史中的某些内容与国史全局有关。然而，当代史、现代史编研是包括地方史、部门史、行业史等各种专史的。目前出版的国史，无论叫什么名字，大多属于狭义国史编研的范畴，即人们平时说的通史著作。

有人认为，当代史距离现实太近，研究者、著史者容易受到现实利益和认识上的局限，难以做到客观公正，所以，古人有"当代人不写当代史"的说法。还有人认为，当代史由政府设立的机构编撰也是难以做到客观公正的，所以，欧美一些国家的历史都由历史学家个人独立编撰。对此，我的看法是：首先，古人所说的当代、前代是以帝王姓氏为标志的朝代来划分的。在那种专制社会里，史家要写当朝史，当然颇多忌讳，所以一般只有等到改朝换代后才写前朝史。然而，当代中国实行的是人民民主制度，古人写当朝史的那些忌讳已不存在，相反，人们迫切需要通过当代史编研了解历史、总结经验。其次，交通、通信、印刷、信息技术的发达，使史料的收集、鉴别、传递、运用比起古代不知要便利多少倍，这就更为当代人写当代史提供了现实可能性。最后，即使在古代，也并非完全不写当代史，《史记》《三国志》《续资治通鉴长编》中，都有那时的当代史内容；每个朝代写的实录、起居注、国史、志书等，也都是当代史，只不过有的是史书的半成品罢了。

至于当代史究竟应当由政府机构还是史家个人编撰，这个问题不仅与社会制度有关，也涉及不同国家的文化传统，并非判断史书是否客观公正的决定因素。中国自古就有官修历史的传统，而且正是这一传统，使中华文明在少数几个古代文明中始终没有中断过。受到中国传统文化影响的国家和地区，也有一些至今仍由政府机构负责国史编撰。事实说明，只要尊重历史，政府机构编撰的史书照样可以做到客观公正，反之，即使由学者个人编撰，照样难以做到客观公正。例如，由日本军国主义思想、"台独"思想严重的学者独立写史，要做到客观公正就很难。

说到客观公正，还有一个关于客观公正的标准问题。在国家和阶级存在的社会，不可能有超国家、超阶级的客观公正。比如，"述而不论"是修志的一条原则，但即便如此，站在不同国家和阶级的立场上，对同一件事的记述，遣词用字也会不同。例如，对"八一五"事件，站在中国立场上肯定会写"日本宣布投降"或"抗日战争胜利",而站在日本立场上往往会写"终战"或"战败"。再如,对解放战争中傅作义将军打开北平城门这件事,站在共产党和人民立场上肯定会写"北平和平解放",而站在国民党反动派立场上肯定会写"北平沦陷"或"落入共军之手"。

当代史作为史学的分支学科,不仅有一般史学所具备的意识形态属性和突出的认识功能、社会功能等学科特点,而且由于它的研究对象的特殊性,即中华人民共和国史是工人阶级领导、以工农联盟为基础的人民民主专政国家的历史,相对于当今世界占统治地位的资本主义制度是属于"另类"的历史,因此,其意识形态属性势必更强,社会功能也会更大。

龚自珍说过:"灭人之国,必先去其史。"这在阶级社会中是一个带规律性的现象,是史学特有的意识形态属性和社会功能所决定的。当年日本帝国主义为永久霸占中国东三省和台湾省,曾在教科书中把东北和台湾历史从中国历史中剥离出去。今天"台独"分子要搞"台独",也是采取先把台湾史从中国史中剥离,再把没有台湾史的中国史放入世界史中的办法。这种把历史当作"灭人之国"工具的现象,在当代史研究领域显得尤为突出。我们常说,"帝国主义亡我之心不死",他们"亡我"的策略之一,同样是用散布历史虚无主义的办法,诋毁中国共产党和中华人民共和国的历史,以此动摇人民群众对党和国家的信心和热爱。习近平总书记早在2013年就提醒我们:"国内外敌对势力往往就是拿中国革命史、新中国历史来做文章,竭尽攻击、丑化、污蔑之能事,根本目的就是要搞乱人心。"他还指出:"苏联为什么解体?苏共为什么垮台?一个重要原因就是意识形态领域的斗争十分激烈,全面否定苏联历史、苏共历史,否定列宁,否定斯大林,搞历史虚无主义,思想搞乱了,各级党组织几乎没任何作用了,军队都不在党的领导之下了。最后苏联共产党偌大一个党就作鸟兽散了,苏联偌大一个社会主义国家就分崩离析了。这是前车之鉴啊!"①这些都说明对历史特别是对国家历史的解释,在与敌对势力的斗争中具有特殊的作用。

---

① 《十八大以来重要文献选编》(上),中央文献出版社2014年版,第113页。

正因为当代史有这种特殊性质，所以1989年政治风波之后，中央决定设立专事国史编研的当代中国研究所；党的十八大之后，党中央更是反复强调加强对党史国史的教育；最近中央在"不忘初心、牢记使命"主题教育中又专门发文，要求把学习党史和新中国史与主题教育相结合。也正因为当代史有这种特殊性质，所以我曾提出，国史编研除了有资政、育人的社会功能之外，还有"护国"的功能；既然敌人要"灭我之国，必先毁其史"，我们也可以反其道而行之，做到"卫己之国，必先护其史"。

二、关于当代史的分期

这个问题，涉及马克思主义史学关于历史发展的连续性和阶段性的范畴。我们对中国古代史、近代史与当代史的划分，根据的都是社会形态的变迁，而对每个历史里不同时期的划分，则往往根据带有阶段性特征的事件。至于哪些事件带有阶段性特征，不同学者由于持有不同的史观和不同的编研目的，站在不同的角度，拥有不同的学识，看法是会有所不同的。当代史至今只有70多年，时间并不长，但学者为了便于自己研究和引导人们学习、认识历史，也在进行分期或断限工作，而且存在不同的分期方法。其原因，除了在史观、研究目的、分析问题的角度和学识上存在差异之外，与这个历史还在不断成长发展，学者进行分期或断限时所处的时间节点有先有后，也是不无关系的。

从目前已有的上百部当代史著作看，分期或断限的方法不下几十种。这些不同的分期，大多是学术性的，应当在学术范围内讨论切磋。比如，我在2003年论述当代史分期时，曾主张分为五个时期，即从新中国成立到中共八大之前的7年，为新民主主义向社会主义过渡的时期；中共八大至十一届三中全会之前，为探索中国自己的社会主义道路的时期，其中包括"大跃进"和"文化大革命"这两个不成功的或失败的探索；十一届三中全会到中共十四大之前，为开创中国特色社会主义道路的时期；中共十四大到十六大之前，为拓展中国特色社会主义道路的时期；中共十六大之后，为中国特色社会主义科学发展的时期。中共十八大之后,我重新审视了这种分期,认为前四个时期的划分方法仍然是站得住脚的,但对第五个时期的起点,产生了新的认识。原因在于,中共十六大之后科学发展观的提出虽然具有标志性,但 10 年走下来,并没有得到很好的落实,所以历史上未能呈现出明显的阶段性特征。而中共十八大之后的几年,无论是在社会的主要矛盾上,还是在党的治国方略上,都有很大变化,呈现出了明显的阶段性特征。所以,2015 年,我将第四、五两个时期的分界线作了调整,把第五个阶段的起点由党的十六大改为了党的十八大之后。

不过,也要看到,在当代史分期方法上的不同意见中,不完全都是学术问题。有人打着分期的幌子,实际表达的却是反对或曲解社会主义的政治诉求。例如,有人说中国自 1911 年以后的历史应以 1978 年为界,分为共和时期和改革开放时期。还有人说,应当把 1949 年至 1978 年的历史称为现代史,把 1978 年以后的历史称为当代史。这两种所谓分期方法,在政治上都把改革开放同社会主义制度相对立,在理论上都违背了马克思主义关于不同社会形态历史的本质和历史发展连续性与阶段性的范畴,因此都是不可取的。

三、关于当代史发展的主线

这个概念在一般史学研究中比较少见,基本上是马克思主义史学工作者根据历史发展的目的性与客观性、确定性与选择性、必然性与偶然性等理论范畴所创造出来的,旨在探寻历史发展的规律,认清历史发展的走势。马克思说:"人们自己创造自己的历史,但是他们并不是随心所欲地创造,并不是在他们自己选定的条件下创造,而是在直接碰到的、既定的、从过去承继下来的条件下创造。"[①] 恩格斯说:"历史是这样创造的:最终的结果总是从许多单个的意志的相互冲突中产生出来的,而其中每一个意志,又是由于许多特殊的生活条件,才成为它所成为的那样。这样就有无数互相交错的力量,有无数个力的平行四边形,由此就产生

[①]《马克思恩格斯选集》第 1 卷,人民出版社 2012 年版,第 669 页。

出一个合力，即历史结果。"① 我在这里所说的当代史主线，就是在人的各种动机中，贯穿当代史迄今为止全部历史的人民群众的基本动机及其结果。

当代史主线究竟有几条、都是什么，在这个问题上，同样存在各种不同看法。我的看法是：影响当代史发展结果的动机虽然有许多，但基本上是三个，即第一，坚持、建设和探索中国的社会主义；第二，争取早日实现中国的工业化和现代化；第三，维护中国的国家主权和领土完整。这三个动机虽然互有联系，但不能相互代替，因为许多重大历史事件只用一个动机是解释不通的。比如，提前向社会主义过渡的动机，就不能用坚持、建设和探索社会主义来解释，否则就变成了为搞社会主义而提前进入社会主义。事实上，作出这一决策的动机是早日实现中国的工业化。再有，我们曾在边境地区进行过几次自卫反击战，这个动机也很难单纯用坚持、建设和探索社会主义或争取早日实现工业化、现代化来解释，否则就可能产生为什么建设社会主义和工业化就要和周边国家，特别是其中的社会主义国家打仗的问题。事实上，作出这些决策的原因，是受到另一个动机的支配，即维护中国的国家主权和领土完整。上述三大动机及其结果就是贯穿当代史的三条主线。当代中国迄今为止发生的所有重大事件，几乎都可以从这三条主线中找到答案。抓住了这三条主线，不仅可以认清当代史发展的主要脉络，而且可以大致预测中国未来发展的基本趋势和基本走向。

四、关于当代史发展的主流

这个问题实际是对历史的价值判断，在其他的分支史学研究中也很少使用这个概念。当代史研究之所以使用这个概念，主要是因为遇到了如何看待"大跃进"和"文化大革命"这种全局性长时段错误的问题。就是说，对出现严重错误的时期应当如何评价，是以正面评价为主，还是以负面评价为主。当代史学者正是为了解决这个问题，提出了历史主

---

① 《马克思恩格斯选集》第 4 卷，人民出版社 2012 年版，第 605 页。

流的概念。而这个概念，正是根据马克思主义史学关于整体与局部、本质与现象和历史发展的连续性与阶段性等范畴而提出的。就是说，我们在评价一段历史时，必须分清哪些是整体和本质，哪些是局部和现象，并要把不同阶段联系起来看。

对当代史的评价，多数的当代史学者都是以正面为主的。但说到对改革开放前那段历史，由于其中存在"大跃进"和"文化大革命"那样的曲折，不少人感到拿不准，或明或暗地认为应以负面评价为主，甚至有个别人认为应当全盘否定。为什么会发生这个问题呢？我认为一个重要原因就在于把犯错误与犯错误的时期混淆了。在改革开放前近30年的历史中，"大跃进"和"文化大革命"时期不足其中一半；而且在那两段时期中所犯的错误也只是这两个时期中的一部分内容，其中还有各项建设，以及这些建设尽管受到不同程度的干扰，但仍然取得许多巨大成就的事实。例如，"大跃进"时期的水利建设，"文化大革命"时期的铁路建设和航天事业，等等。我们只要把包括这两个犯错误时期在内的改革开放前30年里，政治、经济、文化、社会、外交、国防等各个领域取得的巨大成就，与这些错误放在一起加以比较，孰主孰次就会一目了然了。

对于如何看待改革开放前后两个历史时期的关系，习近平总书记曾做过明确的论述。他说：这是"两个相互联系又有重大区别的时期，但本质上都是我们党领导人民进行社会主义建设的实践探索……两者决不是彼此割裂的，更不是根本对立的……不能用改革开放后的历史时期否定改革开放前的历史时期，也不能用改革开放前的历史时期否定改革开放后的历史时期"[1]。他还说："中国特色社会主义是在改革开放历史新时期开创的，但也是在新中国已经建立起社会主义基本制度并进行了二十多年建设的基础上开创的。"[2] 他的这些论述，十分清楚地回答了应当如何正确评价改革开放前历史时期的问题。

对于改革开放前后两个历史时期的评价，不仅仅是学术问题，在一定情况下，也是政治问题。事实说明，凡是怀疑和否定四项基本原则的，

---

[1] 《十八大以来重要文献选编》（上），中央文献出版社2014年版，第111—112页。
[2] 《十八大以来重要文献选编》（上），中央文献出版社2014年版，第112页。

往往会用改革开放后的历史否定改革开放前的历史；凡是怀疑和否定改革开放的，也往往会用改革开放前的历史否定改革开放后的历史；凡是把中国特色社会主义看成"新民主主义回归""民主社会主义""社会民主主义"的，或者看成"资本主义复辟"的，也必然会把这两个时期的历史加以割裂和对立。可见，如何看待改革开放两个历史时期的关系，不仅决定了能否正确评价当代史的主流，也决定着能否全面理解党在社会主义初级阶段的基本路线和中国特色社会主义道路，这是一个学术性、政治性都很强的问题。

五、关于当代史发展的原因

历史现象的原因和结果，是史学研究中普遍应用的范畴，只不过在马克思主义史学中，这一范畴与社会基本矛盾、历史运动的规律性、历史发展的一般规律与特殊规律、决定性与选择性、人民群众与个人作用等范畴，是相互联系的。

前面讲到当代史的主流是成就，具体说，这些成就包括新中国用了不到 30 年时间，就在落后农业国的基础上建立起了独立的完整的工业体系和国民经济体系；用了不到 50 年，就使钢产量由区区 60 万吨攀升到 1 亿吨，又用不到 10 年攀升到 8 亿吨，占世界钢产量的一半；用了仅仅 40 年就使 GDP 由世界各国排名之外进入前 10 名，又用了 10 年跃居世界第二；人均 GDP 更是由不足 50 美元，仅用 70 年就达到了 1 万美元。在短短 70 多年里，新中国由农业社会进入到工业社会，又开始跨进信息化社会。这种时空跨越，超过了中国古代几千年的变化，也经历了西方发达国家近代三四百年的变化。可以说，这样的变化速度，在人类历史上还从没有过。这就产生了一个问题，即这种发展变化的原因何在？我们研究当代史，不能不分析这个问题。

任何历史发展的原因都不可能是单一的，何况当代史的成就如此之大、发展如此之快，原因当然是多方面的。但我认为，最基本、最主要的原因，在于新中国走了一条既不同于当代世界大多数国家所走的资本主义道路，也不完全相同于当年苏联和许多东欧国家所走的社会主义道路，而是从一开始就走了一条有中国特点的社会主义道路；尤其在改革开放后，更是走出了一条日益成熟的中国特色社会主义道路。这条道路的优越性，说到底就在于领导人民建立了新中国的中国共产党，在领导人民建设新中国的过程中，继续秉持为绝大多数人民服务的宗旨和向人类最美好社会共产主义前进的理想，并结合中国的国情和国际形势的实际，坚持人民群众是历史前进动力的观点，创造并自觉运用社会主义社会仍然存在生产关系和生产力、上层建筑和经济基础矛盾的学说，充分发挥作为历史主体的人的历史能动性、主动性、选择性、创造性，从而呈现了人类社会发展普遍规律与特殊规律的完美统一。

现在国内外敌对势力集中攻击我们实行共产党领导的制度，这从反面说明，它恰恰是新中国成功的主要原因，说明我们做对了。那些人之所以指责它违背"普世价值""不民主""不合法""专制"，是因为他们是用资本主义国家政党制度的尺子来衡量社会主义国家的政党制度。马克思主义告诉人们，一个国家的上层建筑，特别是它的政治制度、政党制度，是由经济基础决定的。新中国之所以实行中国共产党领导的制度而不实行多党轮流执政，其根源就在于它的经济基础是公有制为基础、多种所有制经济共同发展的经济制度，而不是由多个大财团为主导的资本家所有制。在这个经济基础上，人民内部的根本利益是一致的，并且不允许有任何势力破坏这种利益的一致性。过去，党在国家中的领导地位是采用《宪法》序言叙述中国革命过程的形式加以体现的。党的十八大后，我们党进一步认识到，党的领导是中国特色社会主义的最大优势。因此，十三届全国人大一次会议根据实践发展的需要，索性将"中国共产党是中国特色社会主义最本质特征"，写进了宪法修正案总纲第一条。可见，实行中国共产党领导不仅有理可据，也是有法可依的。

共产党领导的政治制度之所以最适合经济上后进的国家追赶先进国家，关键在于这种制度有利于最大限度地减少不必要的政治内耗，最大限度地发动群众、调动资源、集中力量，最大限度地提高工作效率、加快建设效率，以此弥补自己的后进劣势。特别是像中国这样一个幅员辽阔、人口和民族众多，历史上长期存在封建割据、民族分裂、一盘散沙的国家，如果不实行这种制度，力量更不容易得到集中。我们党在实行这种政治制度的同时，十分注意依靠群众、尊重群众的首创精神，坚持从群众中来到群众中去的群众路线，并且重视处理党和非党、中央和地方的关系。比如，创立并坚持中国共产党领导的多党合作和政治协商制度，注意发挥各民主党派参政议政的积极性，在巩固中央统一领导的前提下，尽可能扩大地方权力，发挥地方积极性；在少数民族聚居的地方，建立民族自治区、自治州、自治县、自治乡。正是这些做法，更使这种由中国共产党领导的政治制度在追赶先进国家的过程中，显示出巨大的优越性和威力。

当然，实行这种政治制度必须有一个前提，那就是确保中国共产党始终把人民的利益放在首位，并确保自身不谋私利、不脱离群众、不改变颜色。改革开放前，我们党接二连三地搞党内整风和政治运动，尽管其中有的存在简单、粗暴、扩大化的错误，但目的正在于此。改革开放后，我们总结了经验教训，不再采取政治运动的形式，但整党和各种主题的党内集中教育一直没有停止，目的也在于此。

当代史成就大、发展快的原因，还在于中国特色社会主义采取了一种与众不同的经济体制。新中国成立之初，为了适应优先发展重工业的战略，采用了高度集中的计划经济体制，并相应进行了生产资料所有制的公有化改造。但由于缺少经验、要求过急，致使全民所有制和集体所有制一统天下，一定程度上限制了生产经营的多样性、灵活性和群众的积极性。后来，虽然也提出来要统筹兼顾国家、集体、个人三者利益；实行以国家和集体经营、计划生产、国家市场为主体，以个体经营、自由生产、自由市场为补充的体制，但由于种种原因而未能很好实行，有的完全没有做到。改革开放后，我们创立了社会主义初级阶段的理论，允许发展个体和私营经济，不断加强市场在资源配置中的作用，同时，始终坚持把土地、矿藏等重要自然资源和金融、交通、通信、能源等关系国计民生的行业，牢牢掌握在国家和国有企业手中，坚持发挥政府对经济的宏观调控作用。这种经济制度和经济体制，一方面，有利于调动人的积极性和快速反映社会需求，有利于让一切劳动、知识、技术、管理和资本的活力竞相迸发，让一切创造社会财富的源泉充分涌流；另一方面，有利于弥补市场自发性、盲目性、滞后性等局限性的不足，防止资本控制国民经济的命脉和左右政策的制定，抵制国际经济危机的冲击，有利于保证公平竞争，维护市场秩序，促进共同富裕，保护生态环境，推动可持续发展。

当前，探寻和总结当代史发展的原因，不仅是当代史学者的研究课题，也是理论界和实际工作者探讨的问题；不仅受到发展中国家的重视，也引起许多发达国家学者的兴趣，成为世界性的课题，有人甚至提出"中国模式"的概念。我认为，世界上不存在普世的发展模式。我们不赞成中国照搬别国经验，也不赞成别国照搬中国经验。如果说有一个"中国模式"，这个"模式"只能是社会主义制度中的一种模式。如果说这种"模式"具有普适的意义，这个意义只能是马克思主义的普遍真理与本国具体情况相结合。准确地说，所谓"中国模式"应当就是中国特色社会主义道路。这条道路是当代史发展的根本原因，也是当代史发展的基本经验。

关于当代史研究的方法论，我认为和马克思主义史学的方法论也是基本一致的，都是马克思主义历史观的统一体，是史学研究在这种历史观指导下形成的有关研究方法的理论体系。比如，马克思主义历史观认为，人的社会存在决定人的社会意识，历史发展是生产力与生产关系、经济基础与上层建筑相互作用的结果，阶级社会中的阶级斗争是历史发展的直接动力。在这种历史观指导下，当代史研究的方法论必然会主张：分析不同时期的理论和社会思潮的变化，要注意分析那个时期经济、政治、文化、国际关系以及群众生活的状况；分析不同时期的政治、经济、文化等方面的变化，要注意分析那个时期生产力与生产关系、经济基础与上层建筑的矛盾状况；分析不同时期的重大历史事件，要注意实事求是地进行阶级分析，等等。

为了进一步说明当代史研究的方法论的本质就是马克思主义历史观，这里再举两个具体例子。

第一，关于为什么要提前向社会主义过渡？

中国共产党的最高纲领是实现社会主义和共产主义，然而，在新中国成立前夕和初期，党的主要领导人毛泽东、刘少奇等都表示，新民主主义革命胜利之后，不可能马上进行社会主义革命，而要先经过一个新民主主义的过渡阶段，少则 10 年，多则 15 年。可是，新中国成立刚 3 年，毛泽东就提出要立即由新民主主义向社会主义过渡，并用 10 年到 15 年时间完成过渡。这个变化的原因究竟是什么？改革开放后，有人认为是毛泽东有强烈的社会主义情结，想尽快实现社会主义；还有人认为毛泽东有民粹主义思想，想跃过工业化搞社会主义。我认为，这些看法既不符合毛泽东本人的思想实际，也违背了历史变动最深刻根源在于经济而不在于人的思想的历史唯物主义基本观点。

还有一些看法，虽然作了一定的经济分析，但并没有能揭示出这一变化最直接的经济原因。例如，认为新中国成立初期资本家的"五毒"行为激化了阶级矛盾，促使新民主主义中的社会主义道路与资本主义道路的斗争被突出，导致了提前向社会主义过渡。再如，认为新中国成立初期经济恢复工作取得了超出预期的成效，工业产值在工农业产值中超过了一半，国营工商业的产值和收入超过了私营工商业，农业合作化运动形势迅猛，加入合作社的农户超过了个体农户，因此，具备了向社会主义提前过渡的条件，是水到渠成的结果。然而，这些分析忽略了一个基本事实，就是原本之所以决定先搞一段新民主主义的根据，是资金、物资、技术力量匮乏，需要利用民族资本主义工商业为大规模工业化建设做准备工作。而当 1952 年决定提前向社会主义过渡时，这种匮乏的情况并没有因为阶级矛盾的激化、经济恢复时期任务的完成发生实质性的变化。这一点从"一五"建设开始后，资金、物资、技术力量的供求紧张状况，也可以得到印证。

那么，提前向社会主义过渡的原因究竟是什么呢？分析这个问题，涉及当代史研究方法论中的一个重要观点，即一切社会变迁和政治变革的终极原因，"不应当到有关时代的哲学中去寻找，而应当到有关时代的经济中去寻找"[①]。这也正是马克思主义历史观的一个重要观点。只要按照这个观点分析就会看到，提前过渡的决定并不是毛泽东从自己主观愿望出发提出的，而是中国经济发展的客观需要、国内国际形势的变化，特别是中华民族当时遇到一个千载难逢的历史机遇，在他头脑中反映的

---

① 《马克思恩格斯选集》第 3 卷，人民出版社 2012 年版，第 797—798 页。

结果。这个机遇就是斯大林通过中国出兵抗美援朝，改变了过去对中国共产党半信半疑的态度，在中国政府考虑提前开展以重工业为重点的五年计划建设并请求苏联给予援助时，其答应从资源勘察到设备设计、制造、技术资料提供和派遣专家、培养留学者等各方面进行全面援助。如果当年苏联不答应援助，或者仅仅在某一方面援助，我们势必仍然按照原有设想，进行以轻工业为重点的五年计划经济，并继续实行新民主主义政策，为今后进行以重工业为重点的建设准备条件。然而，苏联既然答应了全面援助，我们在政策上就需要做出调整，以便适应这个变化，如借鉴苏联工业化时期用过的高度集中的计划经济体制，把有限的资金、物资、技术力量集中起来使用。要这样做，在生产资料所有制上就不能再实行利用资本主义工商业的政策，必须通过公私合营，将私营企业逐步改造为国营企业。这当然就不再是新民主主义，而是社会主义的政策了。所以，提前向社会主义过渡最深刻的原因，是为了适应工业化的需要。我们党当年制定的过渡时期总路线，提出"一化"是主题、"三改"是两翼，也证明了这一点。

第二，关于如何评价统购统销政策？

在新中国历史上，粮棉油等农产品的统购统销政策，推而广之，还有某些副食品的计划供应，某些轻工业品的统一分配制度，实行过很长时间。这一政策在改革开放后受到不少人的诟病，如有人认为中国"三农"问题长期得不到解决，出现城乡"二元结构"的原因，都源于实行统购统销政策，因此这是错误的政策。对此究竟应当如何看，同样是当代史研究一个绕不开的问题。要弄清这个问题，就要运用当代史研究方法论中的一个重要观点，即把历史问题放到特定历史条件下分析。这也就是列宁所说的："在分析任何一个社会问题时，马克思主义理论的绝对要求，就是要把问题提到一定的历史范围之内。"① 而这个观点，正是来源于马克思主义历史观关于一切历史事物都是特定历史环境产物的基本观点。

前面提到，当新中国决定抓住苏联答应全面援助以重工业为重点的"一五"建设时，我国资金、物资、技术力量匮乏的状况并没有缓解。相

---

① 《列宁选集》第 2 卷，人民出版社 2012 年版，第 375 页。

反,由于开展大规模工业化建设,这一矛盾显得更加尖锐,其中最紧缺的物资就是农产品中的粮棉油。中国历史上虽然是农业国,但农业生产条件并不好,单位面积产量一直不高,加之人口多,人均耕地少,商品粮率很低。在这种情况下,棉花、油料等经济作物自然也不可能多,旧中国有时还要进口。1949年,全国粮食总产量2200亿斤,亩产平均137斤,黄河以北还不到100斤,人均不过400斤。1953年,粮食总产量虽然提高到了3200亿斤,但人口增加更快,三年累计比1949年多出3000多万人。实行土地改革后,农民不用再向地主交租,本可以拿出更多的商品粮,但由于自己也要改善生活,还要多留储备粮,所以除了缴公粮,用来交易的粮食并不多。另外,新中国成立前的旧政权不管人民死活,新中国成立后,无论城市人民的吃饭问题还是乡村人民的吃饭问题,人民政府都要管。那时,约有1.5亿的经济作物、渔业、牧业、盐业、林业受灾和缺粮的农民,以及船工的口粮,需要政府返销,约占总销售量的1/3。加上抗美援朝战争还没结束,军粮需求庞大。大规模工业化建设就是在这种情况下开展的,粮食供应怎么可能不紧张。

搞工业就要建工厂,要招收工人,还要从国外进口设备。这势必要扩大城市人口,仅1953年一年城市人口就增加了600万人,必须相应增加城市商品粮和各种副食品以及棉布、油料的供应。苏联答应援助,但设备不是无偿援助,需要用出口矿产品、农产品来换。这些说到底,都离不开粮食。那时的粮食虽然基本上由国家经营,但由于实行新民主主义,允许小商小贩在农村收购粮食,也允许私人经营粮店和粮食加工、食品加工。在粮食紧张时,他们自然会囤积粮食、哄抬粮价。为了保证工业化建设顺利进行和物价基本稳定,在当时七八种应对办法中选择了统购统销。这种办法在征购数量和价格上,既考虑到国家的需要,也照顾到农民的利益,可以说是最佳选择,也受到广大农民的欢迎。原本设想统销是暂时措施,但后来由于工业化建设规模不断扩大,人民消费水平不断提高,致使粮棉油乃至其他农副产品的供需矛盾持续尖锐,统销政策不仅取消不了,而且品种不断增加。直到十一届三中全会后,中央下决心大量进口粮食,减少征购,并大幅度提高农产品收购价格,改变农村政策,推广包产到户、包干到户的双层经营体制,大大提高了农民生产积极性，加上改革开放前持续不断的农田基本建设，农业机械化和化肥生产能力不断提高，使粮食和其他农产品产量大幅度增加，从而逐渐缓解了供需矛盾，使统购统销政策于20世纪90年代初最终退出了历史舞台。

在消费类轻工业品的供需方面也存在类似情况。工业化建设初期，职工队伍不大，工资水平也不高，对消费品的需求还不很旺盛。但随着工业化建设规模的扩大，情况发生很大变化。然而，那时无论在生产能力上还是在原材料上，主要保证的是重工业，轻工业在次要地位，消费品更在其次。比如，那时木材首先要满足铁路枕木、煤矿坑木的需要，剩下的边角料才分配给家具厂制作床和衣柜等家具。钢材也是首先紧着设备制造用，每年只能拨出有限的钢材分给自行车厂。这就造成人们的日常生活用品，如家具、自行车的供需紧张。解决问题的办法无非三种，即放开价格，随行就市，实际上是谁钱多谁买；先来后到，卖完为止，实际上是谁有时间排队谁买；发放票证，自报公议，实际上是谁需要谁买。三种办法比较，显然第三种相对公平。现在有些人对此冷嘲热讽，这是因为他们没有把问题放到特定历史条件下来看的缘故。当然，后来票证越发越多，而且持续时间过长，也有工作中失误的原因，需要在当代史研究中总结教训。但从总的方面说，应当把改革开放前和改革开放初期在消费领域的抑制措施，放在为工业化打基础这个大背景下来分析和评价。

当代史研究在史学分支学科中是最年轻的学科之一，因此，它的学科体系、学术体系、话语体系建设相对滞后。但也要看到，与其他学科相比，当代史研究也有自己的优势。比如，史料相对丰富，有开展口述史研究的有利条件，研究者往往是历史的经历者，学术上更容易具备中国特色，社会功能更容易得到发挥，等等。所以，只要有志者潜心研究，加强交流，夯实基础，勇于创新，并借鉴其他学科的经验，一个以马克思主义为指导的体现中国特色、中国风格、中国气派的当代中国史研究的"三大体系"，是一定可以建立起来的。

[原载《广东党史与文献研究》2020年第1期]

站在新时代的历史高度贯通总结和研究新中国 70 年历史经验

朱佳木

在新中国迄今为止的 70 年历史中有许多不同阶段,其中最为基本的是两个阶段,即改革开放前和改革开放后。正如习近平总书记所说,这两个时期"在进行社会主义的思想指导、方针政策、实际工作上有很大差别"[①]。所以,我们总结和研究它们的历史经验,有时需要分别放在各自的历史时期中。例如,如何健全党委领导下的厂长(经理)负责制,如何做好统购统销工作,如何处理农村三级所有制经济之间的关系,如何做好城市消费品的计划供应工作等问题,基本发生在改革开放前。总结和研究这方面的历史经验,当然只能放在那个历史时期内。而如何发挥市场经济条件下的宏观调控作用,如何解决土地承包条件下的农田水利建设、农村环境污染问题,如何在青壮年大量涌入城市的情况下建设社会主义新农村,如何防止权钱交易,如何加强对互联网的监管,等等问题,改革开放前基本不存在。要总结和研究这方面的历史经验,也只适合放在改革开放后的历史时期内。

然而,也有一些问题,在改革开放前后两个历史时期都存在,或反复出现过。例如,如何把马克思主义普遍原理与中国社会主义建设的实际情况结合好,如何使国民经济既快又稳地向前发展,如何处理经济建

---

① 《十八大以来重要文献选编》(上),中央文献出版社 2014 年版,第 112 页。

设与政治、文化、社会各领域建设的关系，如何回应人民内部各利益群体的诉求、最大限度地激发社会创造力，如何正确区分和处理敌我与人民内部两类不同性质的矛盾，如何保证党特别是党的各级领导干部不脱离群众等，就是两个历史时期都存在的问题；急于求成、走极端、"大呼隆"、"一刀切"，以及机关办企业等现象，也是两个历史时期都出现过的现象。如果仅仅把总结和研究这方面问题的经验局限于一个历史时期，显然不利于对经验的认识。

马克思主义哲学告诉我们，物质运动的存在形式是时间和空间。要认清某个事物，观察的时间越长、空间越大，越有利。习近平总书记2013年的"一·五"讲话，在阐释中国特色社会主义的本质时，就是把社会主义运动放在世界范围内和它的全部历史过程来观察的，其中包括欧洲空想社会主义的产生和发展，马克思、恩格斯创立科学社会主义理论体系，列宁领导十月革命胜利并实践社会主义，苏联模式的逐步形成，新中国成立后对社会主义的探索和实践，开创和发展中国特色社会主义等六个时间段，前后跨度500年。然而，我们过去在总结和研究国史经验时，要么只局限于改革开放前的历史时期，要么只局限于改革开放后的历史时期，很少把它们打通。之所以出现这种情况，一个主要原因是前一阶段在对改革开放前后两个历史时期相互关系的认识上，存在某种误区和禁忌。然而，这种误区和禁忌早已被习近平总书记2013年的"一·五"讲话澄清和打破了。他在那篇讲话中指出，改革开放前后两个历史时期尽管有重大区别，但"本质上都是我们党领导人民进行社会主义建设的实践探索"；并强调"两者决不是彼此割裂的，更不是根本对立的"，而是坚持、改革、发展的关系，不能相互否定。[①] 既然如此，总结和研究新中国历史经验，当然也不应当再在这两个历史时期之间设置人为的障碍，相反，应当理直气壮地把它们联系和贯通起来。

现在，一方面，新中国已经有了70年历史，使我们有了能在较长时间段里总结和研究新中国历史经验的客观条件。另一方面，党的十八大后，党和国家事业发生历史性变革，我国发展站到了新的历史起点上，

---

① 《十八大以来重要文献选编》（上），中央文献出版社2014年版，第111—112页。

中国特色社会主义进入了新的发展阶段，即新时代中国特色社会主义；尤其形成了系统回答坚持和发展什么样的中国特色社会主义、怎样坚持和发展中国特色社会主义的习近平新时代中国特色社会主义思想，使我们有了站在新中国70年螺旋式上升运动中更高一级螺旋的高度，能通盘审视过去70年历史、贯通总结和研究这70年历史的主观条件。在这种条件下，我们更应当注重把改革开放前后两个历史时期的经验贯通起来总结的方法。这对于今后全面建设小康社会和建设社会主义现代化强国过程中少走弯路、少付"学费"，是十分重要的。

如何把新中国70年历史经验贯通起来总结和研究，是一个无比重大而严肃的课题，由一个人或少数人，用一篇或几篇文章，都是不可能讲全面讲深刻的。但为了说明这种总结方法的必要性和可能性，可以采用举例的方式。我在这里所要举的例子，概括起来可以用上下、左右、长短、多少、虚实、表里、快慢、革守这16个字形容。

一、所谓上与下，是指处理上级与下级、中央与地方、政府与群众等的关系

在这个问题上，70年里有许多相同和类似的经验教训可以总结。毛泽东早在1956年《论十大关系》的讲话中，就谈到过正确处理国家、生产单位和生产者个人的关系，中央和地方的关系，党和非党的关系。他指出，必须兼顾国家、集体和个人三方面的关系，发挥中央和地方两个积极性，保留民主党派并发挥它们的作用，同时坚持和加强共产党的领导和无产阶级专政。后来的实践一再说明，国家发展得顺利与否，很大程度上就取决于这些关系处理得是否恰当。改革开放前，有过权力过于集中的情况，也有过该集中的权力集中不够的情况。改革开放后，吸取了"文化大革命"时期的教训，着力解决权力过于集中的问题，在政治上推进政治体制改革，实行党政分开；经济上推进经济体制改革，实行放权让利，对发扬民主、克服官僚主义、调动各方面积极性、搞活经济，都起到了积极的促进作用。但与此同时，也带来了权力过于分散和党的集中统一领导在某种程度上被削弱的问题，有令不行、有禁不止的现象

比较普遍，有时甚至比较严重。所以，党的十八大以来，在继续坚持发扬民主、调动各方面积极性的同时，突出强调保证党领导人民有效治理国家，切实防止出现群龙无首、一盘散沙、民族隔阂、相互掣肘、内耗严重等现象。习近平总书记指出："坚持中国特色社会主义政治发展道路，关键是要坚持党的领导、人民当家作主、依法治国有机统一"①；"党政军民学，东西南北中，党是领导一切的，是最高的政治领导力量"②；"我国人民民主与西方所谓的'宪政'本质上是不同的。中国共产党领导是中国特色社会主义最本质的特征"③。这些论述，就是贯通总结新中国70年历史经验而作出的结论。

二、所谓"左"与右，是指处理带全局性问题时出现的"左"与右两种倾向的关系

刘少奇在新中国成立之初说过，领导就像开汽车，方向盘不可能一点不偏，关键在于发现偏向要及时调整，不要让偏向过大。"文化大革命"中，毛泽东也提出，要防止一种倾向掩盖另一种倾向。遗憾的是，改革开放前的历史时期，有些事明明已经很"左"了，还要坚持反右，结果导致"左"的倾向进一步发展，给党和国家造成严重损害。例如，1959年开展的"反右倾"斗争，1974年开展的"批林批孔"运动，都是典型事例。十一届三中全会后，我们党吸取了过去的教训，重点纠正"左"的错误，同时对资产阶级自由化和精神污染等右的倾向也没有视而不见，没有一股劲地坚持反"左"，而是提出有"左"反"左"、有右反右。党的十八大后，党中央没有再讲"左"和右的问题，但强调"要高度重视苗头性、倾向性问题"④，并实事求是地提出了各领域存在的主要倾向。例如，在体制改革的问题上，明确反对把改革开放定义为西方的"宪政"和"普世价值"，强调改革的"实质是改什么、不改什么，

---

① 《十八大以来重要文献选编》（上），中央文献出版社2014年版，第88—89页。
② 《习近平关于社会主义政治建设论述摘编》，中央文献出版社2017年版，第30页。
③ 《习近平关于社会主义政治建设论述摘编》，中央文献出版社2017年版，第27—28页。
④ 《习近平关于总体国家安全观论述摘编》，中央文献出版社2018年版，第111页。

有些不能改的，再过多长时间也是不改。我们不能邯郸学步"①。在意识形态问题上，强调对于重大原则，"不要躲躲闪闪、含糊其辞"②，"不当绅士，不做'骑墙派'和'看风派'，不能搞'爱惜羽毛'那一套"③，要"敢抓敢管，敢于亮剑"④，"要增强阵地意识"⑤，"坚持党性原则"⑥。在党风建设问题上，强调"革命理想高于天"，防止精神上的软骨病，提出"现在的主要倾向不是严了，而是失之于宽、失之于软"⑦。这些都说明，在反倾向的问题上，我们党注意总结和汲取新中国成立以来各个历史时期的经验教训，切实做到了从实际出发，分类指导，有什么倾向反对什么倾向，切实防止一种倾向掩盖另一种倾向，不再把反对某种主要倾向凝固化和扩大化。

三、所谓长与短，是指处理人民长远利益、根本利益与眼前利益、局部利益的关系

新中国成立初期，面对旧中国积贫积弱的状态，是先重点发展轻工业、农业，在较快改善人民生活的同时，为今后重点发展重工业准备条件好呢？还是优先发展重工业，把有限的资金、物资、人才集中用于工业化建设，人民生活水平提高虽然慢一些，但为今后大发展奠定坚实基础好呢？如何抉择，就涉及人民眼前利益与长远利益的权衡。以毛泽东同志为核心的第一代中央领导集体，在新中国刚成立时，鉴于当时资金、物资、技术极度匮乏的实际，一度决定先实行一段新民主主义政策，以便充分利用资本主义工商业，重点发展轻工业和农业，为今后重点发展重工业积累条件。但是，当美帝国主义出兵侵略朝鲜，对我国安全构成严重威胁，使优先发展重工业变得十分迫切，而苏联又表示要全面援助

---

① 《习近平关于总体国家安全观论述摘编》，中央文献出版社2018年版，第111页。
② 《习近平关于社会主义文化建设论述摘编》，中央文献出版社2017年版，第25页。
③ 《习近平关于社会主义文化建设论述摘编》，中央文献出版社2017年版，第45页。
④ 《习近平关于社会主义文化建设论述摘编》，中央文献出版社2017年版，第27页。
⑤ 《习近平关于社会主义文化建设论述摘编》，中央文献出版社2017年版，第30页。
⑥ 《习近平关于社会主义文化建设论述摘编》，中央文献出版社2017年版，第41页。
⑦ 《十八大以来重要文献选编》（中），中央文献出版社2016年版，第98页。

我国以重工业为重点的"一五"计划建设时，党中央及时调整了方针，决定立即实施优先发展重工业战略，并提前向社会主义过渡。这时有人站出来，指责这样做违背了所谓"仁政"的原则。针对这种观点，毛泽东提出："仁政"有大有小，我们要的是有利于人民长远利益和根本利益的"大仁政"。周恩来也说："重工业需要的资金比较多，建设时间比较长，赢利比较慢，产品大部分不能直接供给人民的消费，因此在国家集中力量发展重工业的期间，虽然轻工业和农业也将有相应的发展，人民还是不能不暂时忍受生活上的某些困难和不便。但是我们究竟是忍受某些暂时的困难和不便，换取长远的繁荣幸福好呢，还是贪图眼前的小利，结果永远不能摆脱落后和贫困好呢？我们相信，大家一定会认为第一个主意好，第二个主意不好。"[①] 当然，在实施优先发展重工业战略的过程中，我们党吸取了苏联长期忽视农业、轻工业的教训，提出"工业与农业同时并举""以农业为基础、以工业为主导"的方针，在计划安排上强调以农、轻、重为序，为国民经济打下了良好基础。然而，由于种种原因，农业、轻工业的发展与重工业相比，总体还是显得比例失调、过于滞后。改革开放后，以邓小平同志为核心的第二代中央领导集体启动改革，调整政策，使农业、轻工业、服务业有了较快发展，人民生活也在前30年打下的工业基础上得到显著提高。但这时又遇到基本建设、物价改革和民生的矛盾，出现了要求财政既要多发工资、奖金，又要对各地建设项目普遍加大投资力度的急躁情绪。对此，陈云提出了"一要吃饭，二要建设"的原则。所谓"吃饭"，是指民生，即人民的眼前利益；所谓建设，是指基本建设、物价改革这些关系人民长远利益、根本利益的事。他说：饭可以吃得好一点，"但是，吃得太好了也办不到"[②]。"吃光用光，国家没有希望；吃了之后，还有余力搞建设，国家才有希望。"并指出："财力物力只有那么多，不分轻重缓急，大家一齐上，你挤我，我挤你，势必因小失大，处处被动。"[③] 党的十八大后，以习近平同志为核心的党中央结合新时代的实际，在处理发展、改革与民生的问题上，进一步总

---

① 《周恩来选集》下卷，人民出版社1984年版，第133—134页。
② 《陈云文集》第3卷，中央文献出版社2005年版，第489页。
③ 《陈云文选》第3卷，人民出版社1995年版，第323页。

结了以往的经验教训，一方面，提出并推进"五位一体"的总体布局和"四个全面"的战略布局，推动经济社会全面、协调、可持续发展，为人民群众生活改善打下更加雄厚的基础；另一方面，提出坚持以人民为中心的发展理念，既坚持改革，又把保障民生作为底线；既不断做大"蛋糕"，又努力把"蛋糕"分好，从而比较好地解决了涉及人民长远利益与眼前利益矛盾的问题。

四、所谓多与少，是指处理人口大多数与少数群体之间相互利益的关系

我们党从来都是把争取、捍卫最广大人民群众根本利益作为自己奋斗的出发点和归宿的，同时，一向主张对各方面利益要统筹兼顾。在新民主主义向社会主义过渡时期，毛泽东一方面批评"公私一律平等纳税"的主张，另一方面没有采取苏联对私人工商业一律没收的办法，而是创造性地实行了赎买政策，在公私合营后让资本家拿定息。改革开放后，我们党从社会主义初级阶段的生产力水平出发，针对过去平均主义、"大锅饭"现象比较普遍的倾向，提出"让一部分人、一部分地区先富起来"和"效率优先、兼顾公平"的口号，实行公有制为主体、多种所有制经济共同发展，以及按劳分配为主体、多种分配方式并存的制度，允许和鼓励技术、管理、资本参与分配，调动了各方面积极性，加快了经济社会发展。但与此同时，也出现了国有资产流失和分配不公、收入差距悬殊等现象。进入21世纪后，党中央针对这种情况，将"效率优先，兼顾公平"的口号，逐渐改为"初次分配注重效率，再分配注重公平""既重视效率也重视公平，把公平放在更加突出的位置""着力提高低收入者收入水平，有效调节高收入"。党的十八大更把"逐步实现全体人民共同富裕"纳入中国特色社会主义的定义之中，把"收入分配差距缩小"作为全面建成小康社会的新要求之一。党的十八大闭幕后，习近平总书记在第一次面对中外记者时就宣布，新一届中央领导机构对民族、对人民、对党的一个重要责任，就是努力解决群众生产生活困难，坚定不移走共同富裕道路。他反复强调："我国社会历来有'不患寡而患不均'的观念。

我们要在不断发展的基础上尽量把社会公平正义的事情做好。"[①] "我们不能做超越阶段的事情，但也不是说逐步实现共同富裕方面就无所作为，而是要根据现有条件把能做的事情尽量做起来，积小胜为大胜，不断朝着全体人民共同富裕的目标前进。"[②] 在党中央不懈努力下，近6年来，城乡居民收入增速超过了经济增速，中等收入群体持续扩大；贫困线以下的人口减少了8000多万人，贫困发生率从10.2%下降到4%以下，目前正在实施精准扶贫，确保2020年基本实现农村的全部脱贫。这些提法和做法，与重视总结改革开放两个历史时期在分配领域里的经验教训，显然是分不开的。

五、所谓虚与实，是指处理思想、政治、文化等精神文明建设与物质文明建设的关系

我们党历来重视思想、政治工作的重要性，新中国成立以来，毛泽东一再强调思想和政治是统帅、是灵魂，政治工作是经济工作的生命线，精神可以变物质等，对物质文明建设起到了促进作用。然而，后来又发生了强调思想、政治过头的情况，直至发展到批判所谓"唯生产力论"和"白专道路""业务挂帅"，提出"突出政治""政治可以冲击一切"的程度，使大量工作、生产、科研时间被用来搞"空对空"的"政治学习"，严重妨碍了物质文明建设。改革开放后，吸取了过去的经验，把党和国家工作重心重新转回到经济建设上。但与此同时，又出现忽视思想、政治的倾向，导致抓物质文明一手硬，抓精神文明一手软；有人甚至提出"有一点精神污染不算什么""对经济领域犯罪问题看得过重会妨碍经济建设"等错误观点，致使许多新中国成立初期已被消灭的丑恶现象死灰复燃。1989年政治风波后，邓小平指出十年最大的失误是教育，并说这里主要讲的是思想政治教育，提出"两手抓、两手都要硬"。党的十八大后，习近平总书记深入总结这方面成功与失误两方面的经验教训，在坚

---

① 《十八大以来重要文献选编》（上），中央文献出版社2014年版，第553页。
② 《习近平总书记重要讲话文章选编》，中央文献出版社、党建读物出版社2016年版，第402页。

持以经济建设为中心的前提下，强调要高度重视对中华文化、传统美德、共产主义理想信念、马克思主义基本理论的宣传教育，接连召开军队政治工作、全国文艺工作、党校工作、新闻舆论工作、哲学社会科学工作等座谈会，2019年初又召开了学校思想政治理论课教师座谈会。所有这些，都是对过去思想政治工作缺失的弥补和加强。他指出："我国曾经有过政治挂帅、搞'阶级斗争为纲'的时期，那是错误的。但是，我们也不能说政治就不讲了、少讲了，共产党不讲政治还叫共产党吗？"① 在党的十九大上，他突出强调推动中华优秀传统文化的创造性转化和继承革命文化、发展社会主义先进文化的问题，要求把这些同培育和践行社会主义核心价值观一起，纳入坚持和发展中国特色社会主义基本方略之中，从而进一步加强了对西方意识形态渗透的防范。

六、所谓表与里，是指处理党和政府治国的政策、策略与党和国家发展方向、重大战略、基本理论之间的关系

新中国成立初期，由于战略和策略都对头，所以起步阶段总体顺利。但后来出现了急躁冒进的情绪，在生产力上提出"超英赶美"，在生产关系上提出"跑步进入共产主义"，结果欲速则不达，使社会主义事业遭受严重挫折。十一届三中全会后，我们党正确分析了国情，认为我国尚处于社会主义的初级阶段，并相应实行了改革开放的政策和社会主义市场经济体制。这时又有人跑出来，宣扬"共产主义遥遥无期""改革无所谓社会主义方向资本主义方向""市场经济是永恒的""私有制最符合人性""国有企业晚卖不如早卖""在纪律上要给干部松绑"等论调，一度致使国有资产大量流失，走私贩私、制假售假、贪污贿赂之风盛行。对此，邓小平强调："我们干的是社会主义事业，最终目的是实现共产主义。"②"风气如果坏下去，经济搞成功又有什么意义？会在另一方面变质，反过来影响整

---

① 《习近平总书记重要讲话文章选编》，中央文献出版社、党建读物出版社2016年版，第225页。

② 《邓小平文选》第3卷，人民出版社1993年版，第110页。

个经济变质，发展下去会形成贪污、盗窃、贿赂横行的世界。"① 陈云也指出："我们搞社会主义，一定要抵制和清除这些丑恶的思想和行为，要动员和组织全党和社会的力量，以除恶务尽的精神，同这种现象进行坚决的斗争。"② 他针对所谓"松绑论"指出："党性原则和党的纪律不存在'松绑'的问题。没有好的党风，改革是搞不好的。"③ 他又针对"遥遥无期论"指出："应当说，共产主义遥遥有期，社会主义就是共产主义的第一阶段。"④ 党的十八大后，我们党更加注意把党的奋斗目标、基本理论与现行政策加以区别，不因坚持远大理想而对执行现行政策稍微懈怠，也不因执行现行政策而对远大理想、基本理论有任何松动。习近平总书记提醒大家要防止干超越阶段的事，同时反复强调："我们的改革开放是有方向、有立场、有原则的。我们当然要高举改革旗帜，但我们的改革是在中国特色社会主义道路上不断前进的改革。"⑤ "我们是在中国共产党领导和社会主义制度的大前提下发展市场经济，什么时候都不能忘了'社会主义'这个定语。"⑥ 在对待马克思主义理论的问题上，他一方面强调，不能采取教条主义的态度；另一方面强调，"科学社会主义基本原则不能丢"⑦，尤其针对"马克思主义政治经济学过时了""《资本论》过时了"等论调，鲜明地指出："这个说法是错误的……资本主义固有的生产社会化和生产资料私人占有之间的矛盾依然存在。"⑧ 在对待我们同资本主义国家关系的问题上，他也是一方面强调资本主义必然灭亡、社会主义必然胜利是历史发展不可逆转的总趋势；另一方面强调，这是一个很长的历史过程，要深刻认识资本主义社会的自我调节能力，充分估计西方发达国家在经济科技军事方面长期占据优势的客观现实，"认真做好两种社会制度长期合作和斗争的各方面准

---

① 《邓小平文选》第3卷，人民出版社1993年版，第154页。
② 《陈云文选》第3卷，人民出版社1995年版，第356页。
③ 《陈云文选》第3卷，人民出版社1995年版，第275页。
④ 习近平：《在纪念陈云同志诞辰110周年座谈会上的讲话》，《人民日报》2015年6月13日。
⑤ 《习近平关于全面深化改革论述摘编》，中央文献出版社2014年版，第14页。
⑥ 《习近平关于社会主义经济建设论述摘编》，中央文献出版社2017年版，第64页。
⑦ 《十八大以来重要文献选编》（上），中央文献出版社2014年版，第109页。
⑧ 《习近平关于社会主义文化建设论述摘编》，中央文献出版社2017年版，第81页。

备"①。所有这些都说明，在新中国70年历史的不同时期里，确实有很多带共性的经验，需要我们联系起来加以总结。

七、所谓快与慢，是指处理经济建设和各方面工作问题时要求过急与要求适度的关系

我们国家过去由于经济落后，又长期处于帝国主义军事威胁、贸易禁运、技术封锁之中，所以从上到下总想把建设和各方面工作搞得快一些，结果往往急于求成。例如，1956年针对普遍存在的冒进情绪，提出反冒进，接着在1957年就来了个反"反冒进"，又在1958年轻率发动了"大跃进"，形成高指标、瞎指挥、浮夸风、共产风为标志的"左"倾错误，加上后来的自然灾害，造成了严重的经济困难。这时，本来应当吸取教训、纠正偏差，但1959年又发起"反右倾"斗争，更加恶化了困难形势。"文化大革命"期间，尽管形成政治冲击经济的局面，但在与"帝、修、反"抢时间、抢速度的口号下，仍然出现了职工人数、工资总额、粮食销量"三突破"的问题。粉碎"四人帮"后，又提出要把被"四人帮"耽误的时间和造成的损失夺回来的口号，使急于求成的情绪再次滋长，催生了新的跃进高潮，加重了原本已经十分严重的重大比例失调状况，只好再次进行国民经济调整。后来，在对待改革的问题上，有人又提出"允许改革者犯错误但不允许不改革"等口号，致使一些情况还没摸清，就急于出台改革措施，导致事与愿违，引起群众不满。党的十八大后，党中央认真总结和吸取这方面的经验教训，提出稳中求进的工作总基调。习近平总书记强调，改革要继续摸着石头过河，该试点的不要仓促推开，该深入研究后再推进的不要急于求成，"避免在时机尚不成熟、条件尚不具备的情况下一哄而上，欲速而不达"②。他强调汲取历史经验的重要性，指出："出现一些失误是难免的，但学费不能白付，要吃一堑长一智，举一反三，避免同一种失误一犯再犯。"③他在2019年两

---

① 《十八大以来重要文献选编》（上），中央文献出版社2014年版，第117页。
② 《习近平关于全面深化改革论述摘编》，中央文献出版社2014年版，第49页。
③ 《习近平关于社会主义经济建设论述摘编》，中央文献出版社2017年版，第329页。

会期间，当谈到实现脱贫攻坚目标时又特别提醒大家，要记取"大跃进"刮"浮夸风"、搞急功近利、虚假政绩的教训。他的这些论述，为我们树立了把改革开放前后历史经验贯通起来总结的示范。

八、所谓革与守，是指处理变革、革命、改革与坚守、继承、稳定之间的关系

共产党是干革命的政党，马克思说："革命是历史的火车头。"[①]但从马克思主义哲学的角度看，打破旧秩序与建立和维护新秩序，对于社会进步具有同样重要的意义；革命有助于打破旧秩序，而稳定则有助于巩固新秩序，使革命成果得以保存。毛泽东在1959年读苏联《政治经济学教科书》时，就事物的稳定和变革问题，说过一段非常富有哲理的话。他说："保守和进步，稳定和变革，都是对立的统一，这也是两重性。生物的代代相传，就有而且必须有保守和进步的两重性。稻种改良，新种比旧种好，这是进步，是变革……保守的一面，也有积极作用，可以使不断变革中的植物、动物，在一定时期内相对固定起来，或者说相对地稳定起来，所以稻子改良了还是稻子，儿子比父亲粗壮聪明了还是人。但是如果只有保守和稳定，没有进步和变革一方面，植物和动物就没有进化，就永远停顿下来，不能发展了。"[②]在社会革命的问题上，道理同样如此。历史辩证法告诉我们，革命既是不间断的，又是分阶段的；既要用不间断的革命推动社会进步，又要有相对稳定的时期巩固革命的成果。毛泽东就讲过，要把不断革命论与革命发展阶段论相结合。然而悲剧在于，改革开放前的历史时期未能很好处理这对关系，以致后来提出"无产阶级专政下继续革命"的理论。"四人帮"还打着"革命"的旗号，全盘否定过去17年文化战线取得的成就。改革开放后，我们党否定了一个阶级推翻另一个阶级的"继续革命"理论。这时又有人打着"改革"的旗号，试图从右的方面全盘否定新中国过去29年的成就，甚至攻

[①]《马克思恩格斯选集》第1卷，人民出版社2012年版，第527页。
[②]《毛泽东文集》第8卷，人民出版社1999年版，第107页。

击坚持四项基本原则使"改革滞后了"。对此，习近平总书记在党的十八大后，全面论述了改革与继承的关系。他指出："应该改又能改的坚决改，不应该改的坚决守住"①；"'稳'也好，'改'也好，是辩证统一、互为条件的。一静一动，静要有定力，动要有秩序"②。他要求共产党员要坚定共产主义理想信念，坚决顶住国内外敌对势力让我们党改旗易帜、改名换姓的企图。在 2018 年庆祝改革开放 40 周年大会上，他再次强调："改什么、怎么改必须以是否符合完善和发展中国特色社会主义制度、推进国家治理体系和治理能力现代化的总目标为根本尺度，该改的、能改的我们坚决改，不该改的、不能改的坚决不改。"③ 在 2019 年纪念五四运动 100 周年大会上，他又提醒广大青年："面对复杂的世界大变局，要明辨是非、恪守正道，不人云亦云、盲目跟风。"④ 他的这些论述，旗帜鲜明，掷地有声，不仅是对新中国历史中处理有关革命、改革与坚守、继承这类关系的经验总结，也是对社会主义国家解决这类问题的历史经验总结，在世界社会主义发展史上必将产生深远影响。

  新中国 70 年里带有共性的经验远不止这些，举出以上几个例子，不过是为了说明，在总结和研究国史经验时，把各个时期贯通起来，会将问题看得更清楚，经验总结得更深入。

  总结历史经验是史学研究的重要内容和目的之一，也是为政者要做的一项重要工作。区别在于，对于史学工作者来说，总结历史经验是为了给为政者治国理政提供历史借鉴，即人们常说的资政；而对于实际工作者来说，总结历史经验可以直接用于治国理政。史学家司马迁说过，网罗天下旧闻加以考据，是为了稽其成败兴坏之理。刘知幾也说，历史的作用，为国家之要道。龚自珍则说，欲知大道，必先为史。而作为政治家的唐太宗则说，以史为鉴，可以知兴替。毛泽东也说过："好的政策都是经验之总结。"⑤ 我们不仅要学习前人通过总结经验留下的结论，还

---

① 《习近平关于全面深化改革论述摘编》，中央文献出版社 2014 年版，第 19 页。
② 《中央经济工作会议在北京举行》，《人民日报》2013 年 12 月 14 日。
③ 习近平：《在庆祝改革开放 40 周年大会上的讲话》，人民出版社 2018 年版，第 28 页。
④ 习近平：《在纪念五四运动 100 周年大会上的讲话》，《人民日报》2019 年 5 月 1 日。
⑤ 《毛泽东文集》第 2 卷，人民出版社 1993 年版，第 417 页。

要"从自己经验中考证这些结论,吸收那些用得着的东西,拒绝那些用不着的东西,增加那些自己所特有的东西"①。习近平总书记 2007 年到中央工作后,在题为《领导干部要读点历史》的讲话中进一步指出:"重视对历史的学习和对历史经验的总结与运用,善于从不断认识和把握历史规律中找到前进的正确方向和正确道路,这是我们党 90 年来之所以能够领导中国革命、建设、改革不断取得胜利的一个重要原因。"要"善于借鉴历史上治理国家和社会的各种有益经验"②。他们的论述说明,无论史学工作者还是实际工作者,总结历史经验对于治国理政来说,都有非常重要的意义。

2019 年是新中国成立 70 周年,为了从历史中更多地汲取正反两方面的经验,我们在总结新中国历史经验的工作中,应当更加自觉地站在新时代的历史高度,把新中国 70 年历史贯通起来总结和研究,以求"在对历史的深入思考中更好走向未来"③。

[原载《红旗文稿》2019 年第 13 期]

---

① 《毛泽东选集》第 1 卷,人民出版社 1991 年版,第 181 页。
② 《领导干部要读点历史》,《学习时报》2011 年 9 月 6 日。
③ 《在对历史的深入思考中更好走向未来　交出发展中国特色社会主义合格答卷》,《人民日报》2013 年 6 月 27 日。

新中国的70年是为中华民族伟大复兴而奋斗的新长征

朱佳木

实现中华民族伟大复兴是中国一切仁人志士自170多年前鸦片战争后就怀揣的梦想，如果说它过去还只是动员人们为之奋斗的一句口号，那么，经过新中国70年的建设，现在已俨然"是站在海岸遥望海中已经看得见桅杆尖头了的一只航船"①了。新中国成立70年来，发生了翻天覆地的变化，取得了无比辉煌的成就。习近平在纪念长征胜利80周年时说过："每一代人有每一代人的长征路，每一代人都要走好自己的长征路。"② 新中国的70年，正是新中国的几代人为实现中华民族伟大复兴而走的新长征路。这一新长征的历史是波澜壮阔、丰富多彩的，概括起来主要体现在以下三个方面。

一、坚持和发展社会主义

马克思主义的创立，使社会主义由空想变成了科学；十月革命的胜利，又使社会主义从理论变为了现实。中国共产党把马克思主义与中国实际相结合，从诞生的那一刻起就坚信，对于中国这样一个半殖民地半

---

① 《毛泽东选集》第1卷，人民出版社1991年版，第106页。
② 《习近平谈治国理政》第2卷，外文出版社2017年版，第48页。

封建社会的大国，又处在世界由资本主义自由竞争进入垄断的阶段，要想实现中华民族的复兴，唯有走社会主义道路。所以，当取得新民主主义革命胜利、建立新中国后，接着进行了社会主义革命。但究竟怎么搞社会主义，中国共产党最初完全没有经验，只能学习第一个社会主义国家苏联。不过，这种学习从一开始也是注意结合中国实际的。比如，建立人民代表大会制度、中国共产党领导的多党合作和政治协商制度、民族区域自治制度等，实行农业合作化和对资本主义工商业的社会主义改造、对主要农产品统购统销等政策，都与当年苏联的做法有所不同。

20世纪50年代中期，在我们取得一定经验后，以毛泽东同志为核心的党的第一代中央领导集体便以苏联教训为鉴，开始了对适合中国情况的社会主义道路的探索。探索初期围绕的主要问题是如何使人民真正当家作主、使经济发展以较少投入而取得较快速度、使党在执政条件下不脱离群众，并就此积累了大量宝贵经验。例如，提出要正确处理十大关系，正确区分和处理两类不同性质矛盾，统筹兼顾国家、生产单位、生产者个人三者关系，发挥中央和地方两个积极性，艰苦奋斗，勤俭建国，以自力更生为主、争取外援为辅，农业是国民经济基础，工农业同时并举，工业要大中小并举，健全民主集中制和造成生动活泼政治局面，既反对大汉族主义也反对地方民族主义，等等；[1] 强调思想政治工作和放手发动群众对各项事业的重要意义，提倡"两参一改三结合"的企业管理经验[2]，树立大庆、大寨、雷锋、焦裕禄等先进典型，塑造健康向上的社会风气，等等；同时，为保证党员尤其是各级党员领导干部不蜕化变质、以权谋私、当官做老爷，接连开展了"三反""四清"等各种形式的整党整风运动。在探索过程中，我们党也出现了一些严重偏差和重大失误，如发动"大跃进"运动和"文化大革命"，试图走出一条靠搞群众运动和

---

[1] 《毛泽东文集》第7卷，人民出版社1999年版，第23—49页。

[2] "两参"即干部参加生产劳动，工人参加企业管理；"一改"即改革企业中不合理的规章制度；"三结合"即在技术改革中实行企业领导干部、技术人员、工人三结合的原则。1960年3月，毛泽东把"两参一改三结合"这一源于鞍钢的管理制度称为"鞍钢宪法"，使之与苏联的"马钢宪法"（指以马格尼托哥尔斯克冶金联合工厂经验为代表的苏联一长制管理方法）相对立。参见《中共中央文件选集（1949年10月—1966年5月）》第33册，人民出版社2013年版，第373—374页。

"抓革命"来促生产的路子,反而给社会主义事业造成了损失。

党的十一届三中全会后,以邓小平同志为主要代表的中国共产党人团结带领全国各族人民深刻总结我国社会主义建设正反两方面经验,并借鉴世界社会主义历史经验,认识到我国社会主义社会还处在一个相当长的初级阶段,在这个阶段不能以阶级斗争为纲,而必须以经济建设为中心,利用相对和平的国际环境,在坚持四项基本原则的前提下实行改革开放,从而确立了社会主义初级阶段基本路线,科学回答了什么是社会主义、怎样建设社会主义的问题,成功开创了中国特色社会主义道路。以江泽民同志为主要代表的中国共产党人团结带领全国各族人民坚持党的基本理论、基本路线,在国内外形势十分复杂、世界社会主义出现严重曲折的严峻考验面前捍卫了中国特色社会主义,确立了社会主义市场经济体制的改革目标和基本框架,确立了社会主义初级阶段的基本经济制度和分配制度,开创了全面改革开放新局面,科学回答了在新形势下建设什么样的党、怎样建设党的问题,把中国特色社会主义成功推向21世纪。以胡锦涛同志为主要代表的中国共产党人团结带领全国各族人民在全面建设小康社会进程中推进实践创新、理论创新和制度创新,强调坚持以人为本、全面协调可持续发展,提出构建社会主义和谐社会、加快生态文明建设,科学回答了实现什么样的发展、怎样发展的问题,在新的历史起点上坚持和发展了中国特色社会主义。[①]改革开放新时期,为了克服官僚主义和权力过分集中的问题,还启动了政治体制改革;为了防止只抓经济和业务而忽视思想政治工作,提出物质文明建设、精神文明建设要两手抓;为使党经受长期执政、市场经济、对外开放的考验,强调党风是关系党的生死存亡的大问题,规定担任公职的党员领导干部不得"经商办企业"[②],连续进行了多次各种主题的党内学习教育活动。在探索过程中,我国经济社会发展也存在这样或那样的一些不足,如收入分配差距过大,某些领域消极腐败、道德失范问题突出,环境污染、资源浪费现象比较严重,等等。

---

① 习近平:《在庆祝改革开放40周年大会上的讲话》,《人民日报》2018年12月19日。
② 《中国共产党廉洁自律准则 中国共产党纪律处分条例》,人民出版社2015年版,第32页。

党的十八大后，以习近平同志为核心的党中央充分肯定了改革开放前后两个历史时期的本质都是进行社会主义建设的实践探索，并系统回答了坚持和发展什么样的中国特色社会主义、怎样坚持和发展中国特色社会主义这一时代课题，更加明确中国特色社会主义是社会主义而不是其他什么主义，不论怎么改革、怎么开放，都必须始终坚持中国共产党领导，坚持"一个中心、两个基本点"的基本路线，坚持社会主义的根本政治制度和基本政治制度、基本经济制度，并统筹和协调推进了"五位一体"总体布局及"四个全面"战略布局。习近平强调："人民对美好生活的向往，就是我们的奋斗目标"①，无论发展还是改革都要以人民为中心，政治体制改革不能生搬硬套外国政治制度模式，经济体制改革要给人民群众更多的获得感；要让市场在资源配置中起决定性作用，并更好发挥政府作用和社会主义集中力量办大事的制度优越性；改革国家监察体制，实现对所有行使公权力的公职人员监察全覆盖；树立国家总体安全观，增强意识形态领域主导权和话语权，对错误言论敢抓敢管、敢于亮剑；全面从严治党，把政治建设摆在党建首位，严肃党内政治生活，以零容忍态度惩治腐败，坚定共产主义和中国特色社会主义理想信念。正是这些治国理政新理念的贯彻，使中国特色社会主义进入了新时代。党的十八大至今的6年多时间里，为保证党不脱离群众，在全党和县处级以上干部中又分别进行了群众路线教育实践活动、"三严三实"专题教育和"两学一做"学习教育，目前还在进行"不忘初心、牢记使命"主题教育。尽管过去长期积累的矛盾和问题不可能一下子都解决，但毕竟开启了如何使改革开放更能体现党的初心、更受人民群众欢迎的探索进程。正如党的十九大报告所说：中国特色社会主义进入新时代，"意味着科学社会主义在二十一世纪的中国焕发出强大生机活力，在世界上高高举起了中国特色社会主义伟大旗帜；意味着中国特色社会主义道路、理论、制度、文化不断发展，拓展了发展中国家走向现代化的途径，给世界上那些既希望加快发展又希望保持自身独立性的国家和民族提供了全

---

① 《习近平谈治国理政》第1卷，外文出版社2018年版，第424页。

新选择，为解决人类问题贡献了中国智慧和中国方案"①。

二、全力以赴建设工业化、现代化国家

自鸦片战争之后，中国先进分子面对屡遭列强侵略的局面，逐渐认识到要想不受人欺负，必须实现工业化，于是办"洋务"，办实业，但搞了近半个世纪，不仅没有搞出什么名堂，反而使国家在危机中越陷越深。中国共产党也主张工业化，但从一开始就明确指出，要实现工业化，必须首先搬掉在中国工业化道路上的帝国主义和封建势力这两只拦路虎，并为此进行了28年艰苦卓绝的斗争。

新中国成立前夕，以毛泽东同志为核心的党的第一代中央领导集体鉴于当时不具备开展大规模工业化建设的条件，决定先发展轻工业和农业，以积累资金和物资，培养技术和管理人才，并相应实行一个时期的新民主主义政策。但朝鲜战争的爆发，凸显了发展国防工业的紧迫性；苏联答应全面援助中国以发展重工业为重点的"一五"计划建设，使迅速开展大规模工业化建设具有了现实可能性。于是，党中央改变原有设想，决定优先发展重工业，争取用3—5个五年计划实现国家工业化，并相应提前向社会主义过渡，对资本主义工商业、个体农业、手工业进行社会主义所有制的改造，实行能把有限资金、物资、人才集中用于工业化建设的计划经济体制，对粮食、棉花等主要农产品采取统购统销政策，动员一切力量进行以苏联援助的"156项"为中心的工业基本建设和大规模农田、水利基本建设，重点解决钢铁工业和粮食生产基础薄弱的问题。20世纪60年代，当第二个五年计划建设即将完成时，党中央又提出在20世纪末实现农业、工业、国防和科学技术四个现代化的目标和"两步走"战略，第一步先在1980年以前"建立一个独立的比较完整的工业体系和国民经济体系"②。"文化大革命"的10年，经济建设虽然受到干扰和破坏，但并没有停止，相反取得了许多重要成就，还进行了奠定西南

---

① 习近平：《决胜全面建成小康社会 夺取新时代中国特色社会主义伟大胜利——在中国共产党第十九次全国代表大会上的报告》，《人民日报》2017年10月28日。

② 《建国以来重要文献选编》第20册，中央文献出版社1997年版，第439页。

工业基础的"三线"建设,从西方进口了冶金、化工、电力、煤炭工业等先进设备。经过改革开放前29年的艰苦奋斗,我国终于能生产许多过去生产不了的机电产品,研制出那时只有少数几个国家才有的"两弹一星",建成了独立的比较完整的工业体系和国民经济体系。那些年的发展速度遥遥领先于大多数实行资本主义制度的发展中国家,在主要工业品产量和交通设施等方面,也大大缩小了同发达国家之间的差距,并且为后来的南水北调、青藏铁路、航天和信息工业等世纪工程做了前期准备;尽管人民群众生活逐年改善的增幅不大,但初步满足了占世界1/4人口的基本生活需求,这在当时被世界公认是一个奇迹,而且人均预期寿命提高了近1倍。

根据20世纪70年代末国内国际的实际情况,以邓小平同志为核心的党的第二代中央领导集体将"两步走"战略发展成为"三步走"战略,即第一步在20世纪80年代,使人民生活达到温饱水平;第二步到20世纪末,使人民生活达到小康水平;第三步到21世纪中叶,使人均国民生产总值达到中等发达国家水平,人民生活比较富裕,基本实现现代化。[①]后来,鉴于20世纪末"达到的小康还是低水平的、不全面的、发展很不平衡的小康"[②],党的十六大提出在21世纪中叶前再分两步走,到2020年全面建成小康社会。对经济体制改革,先在计划体制内不断加大市场调节成分,在计划中逐步减少指令性、增加指导性,最终过渡到社会主义市场经济体制。对所有制结构进行调整,先由鼓励个体、私营经济作公有制经济的有益补充,逐渐确立公有制为主体、多种所有制经济共同发展的社会主义初级阶段基本经济制度;由农村人民公社体制内实行家庭联产承包责任制,逐渐过渡到撤社建乡和实行耕地所有权、承包权分置,最终实行集体统一和家庭分散相结合的双层经营体制;由国有企业实行经营管理责任制,逐步过渡到股份制和现代企业制度。随着农副产品和轻工业日用品生产的改善,城市逐渐取消了对粮食、布匹等商品供应的限量,农村逐渐放开了对富余劳动力进城务工的限制。随着第三产

[①]《邓小平思想年编(1975—1997)》,中央文献出版社2011年版,第636页。
[②]《十六大以来重要文献选编》(上),中央文献出版社2005年版,第14页。

业的发展和管理、技术、资本参与分配，逐渐建立了证券、劳务、技术、信息、房地产等要素市场。在此期间，我国先后开辟了信息化与工业化相互融合的新型工业化道路和中国特色城镇化道路，开展了社会主义新农村建设，实施了科教兴国、西部大开发、中部崛起、东北振兴和"走出去"等战略，形成了以高新技术产业为先导、基础产业和制造业为支撑、服务业全面发展的产业格局，以及经济特区—沿海开放城市—沿海经济开发区—内地的逐步推进和全方位、多层次、宽领域的对外开放格局，充分利用了国际国内两个市场、两种资源，实现了经济增长主要由投资、出口拉动向消费、投资、出口拉动的转变，从而既使经济建设日新月异地向前发展，使国内生产总值由世界第10位攀升到第2位，主要工农业产品产量都跃居世界前列，并成为"世界上唯一一个拥有联合国产业分类中全部工业门类的国家"[①]，也使人民生活水平有了显著提高。

党的十八大后，以习近平同志为核心的党中央团结带领全国各族人民，面对世界经济增长乏力和我国经济发展进入新常态等变化，开拓进取，迎难而上，取得了改革开放和现代化建设的一系列新成就。鉴于2020年全面建成小康社会的任务即将实现，党的十九大又提出新的"两步走"战略，即从2020年开始，用15年基本实现现代化；然后从2035年起，再用15年把我国建成社会主义现代化强国。同时，提出坚持稳中求进的工作总基调，适应、把握、引领经济发展新常态，着力进行供给侧结构性改革，坚持创新、协调、绿色、开放、共享的发展理念，从依靠资源、资本、劳动力等要素驱动为主向依靠科技创新驱动转变；推进新型工业化、信息化、城镇化、农业现代化同步协调发展以及城乡发展一体化，守住耕地红线；实施精准扶贫、精准脱贫，打赢脱贫攻坚战；推动京津冀协同发展和长江经济带发展战略，促进环渤海经济区发展，推进粤港澳大湾区建设，实现东中西部互动合作。对于所有制和分配制度的改革，在强调"两个毫不动摇"的同时，着重强调深化国有企业改革是为了"推动国有资本做强做优做大"[②]，"不能把农村土地集体所有制

[①] 《中国仍是世界经济重要动力源》，《人民日报》2015年12月4日。

[②] 习近平：《决胜全面建成小康社会 夺取新时代中国特色社会主义伟大胜利——在中国共产党第十九次全国代表大会上的报告》，《人民日报》2017年10月28日。

改垮了"①;"调整收入分配格局,完善以税收、社会保障、转移支付等为主要手段的再分配调节机制,维护社会公平正义,解决好收入差距问题,使发展成果更多更公平惠及全体人民"②。2013—2018年,国内生产总值平均增长速度虽然比过去33年有所降低,但由于经济总量的基数越来越大,一年的增加值比20年前全年总量都多,仅工业增加值就由20多万亿元增加到30多万亿元③,对世界经济增长的平均贡献率更是由百分之十几提高到30%左右④;而且,即使在增长速度上,也比同期发达国家和发展中经济体高很多。在此期间,数字经济等新兴产业蓬勃发展,空间实验室"天宫"、深海潜水器"蛟龙"、暗物质粒子探测卫星"悟空"、量子科学实验卫星"墨子"、500米口径球面射电望远镜"天眼"和干线民用客机C919等相继问世;覆盖城乡居民的社会保障体系基本建立,中国脱贫攻坚战取得决定性进展,6000多万贫困人口稳定脱贫,贫困发生率从10.2%下降到4%以下⑤;中等收入群体持续扩大,每百户家庭私家车拥有量由近17辆增加到33辆,出境旅游人数由9800万人次增加到1.6亿人次⑥。

如果把新中国70年的建设比喻成建造一座摩天大厦,改革开放前就像在给这座大厦打地基,变化虽不容易让人看出来,但大厦建得高、建得快,反过来说明地基打得好、打得牢。现在,这座大厦已经高耸入云,并且还在不断加高。它是中国人民在中国共产党领导下用自己的辛勤汗水一点一滴攒起来的,也是在不断抗击各种恶劣环境下用一砖一瓦盖起来的。它是社会主义制度优越性的充分体现,是中华民族不可战胜的有力证明,是任何外部势力的封锁、禁运、制裁都破坏不了的。

---

① 《习近平关于全面深化改革论述摘编》,中央文献出版社2014年版,第66页。
② 《习近平谈治国理政》第2卷,外文出版社2017年版,第214页。
③ 刘坤:《我国成拥有全部工业门类的第一制造业大国》,《光明日报》2019年9月21日。
④ 国纪平:《中国有足够信心底气战胜任何困难挑战》,《人民日报》2019年8月13日。
⑤ 《中国减贫之路"优质高效"》,《人民日报》2018年2月1日。
⑥ 《中国统计摘要(2019)》,中国统计出版社2019年版,第58页;《中华人民共和国2013年国民经济和社会发展统计公报》,国家统计局网2019年9月1日;《中华人民共和国2018年国民经济和社会发展统计公报》,国家统计局网2019年9月1日。

三、坚定不移维护自身权益和争取世界和平

近代中国在外部不断遭受列强的欺凌、掠夺，在内部则是战乱不已、四分五裂、一盘散沙。因此，新中国成立后极需外部和平和内部统一。这一实际决定了新中国在世界政治舞台上必然选择站在世界进步与和平力量一边，奉行独立自主的和平外交政策，也必然会不惜一切代价捍卫领土完整、主权独立，维护民族团结、国家统一和安全。正因如此，加之它有庞大的体量，不可避免地要引起帝国主义国家的敌视，从外部施加政治、军事、经济的压力，进行政治、文化、思想的渗透，并在它的内部制造分裂、煽动不满、培植反对势力，妄图遏制其发展、改变其颜色、颠覆其政权，将其重新纳入自己的势力范围，使其最终变为附庸国。

新中国成立前夕，中国人民政治协商会议通过的《中国人民政治协商会议共同纲领》明确宣布：我国外交政策的原则是"保障本国独立、自由和领土主权的完整，拥护国际的持久和平和各国人民的友好合作，反对帝国主义的侵略政策和战争政策"[1]。新中国成立后，立即加入当时的社会主义阵营，同苏联签订《中苏友好同盟互助条约》。当美国趁朝鲜战争之机派舰队侵入台湾海峡，纠合16个国家组成所谓"联合国军"侵入朝鲜，把战火烧到中朝边境时，毛泽东等党和国家领导人不顾新中国仍处于恢复时期、中美在经济和军事装备上存在巨大差距的情况，毅然决定派出志愿军赴朝作战，并取得了抗美援朝战争的胜利。随后，我国提出不同社会制度国家之间和平共处五项原则。从1955年8月开始，新中国还就取消禁运、允许留学生和侨民自由回国等问题与美国举行大使级会谈。为了反对美国制造"两个中国"的阴谋和阻挠中国进入联合国，党中央决定对金门国民党军实施大规模炮击。苏联主要领导人对中国炮击金门十分不满，加之提出在中国领土、领海上建立中苏共有共管的长波电台和共同舰队被毛泽东等中国领导人坚决拒绝，在中印边境冲突中

---

[1] 《建国以来重要文献选编》第1册，中央文献出版社1992年版，第13页。

又发表偏袒印度的声明，使中苏两党产生了严重分歧。接着，苏方又单方面召回在华专家、撕毁援助合同、废除经济技术合作协议，给两国关系造成了难以弥合的创伤。当美国扩大侵越战争并把战火烧到越南北方时，我国立即派出大批防空、工程部队赴越，进行抗美援越斗争。与此同时，蒋介石集团利用大陆遇到的暂时经济困难准备"反攻大陆"，苏联也在中苏边境调兵遣将并不断挑起事端。这一严峻形势促使毛泽东做出"不是战争引起革命，就是革命制止战争"[①]的判断，并提出"两个中间地带"和"一条线""一大片"的战略思想，表示中国和世界被压迫人民的革命和解放运动要相互支持，指示国防和经济部门要立足于准备"早打、大打、打核战争""备战备荒为人民"，加大对大小"三线"和其他战备工程的投资，为我国反侵略战争和防备可能遭受的核打击赢得了时间和主动。20世纪60年代末至70年代初，美国为集中力量同苏联争夺世界霸权，急于从越南战争脱身，频频向中国示好，而苏联却把中国视为主要敌人，在中苏边境陈兵百万。1971年，我国主要在广大发展中国家的支持下恢复了在联合国的合法席位。根据国际形势的新变化，我国及时调整外交战略，实现了美国在任总统首次访华，开启了两国关系正常化进程。此后，毛泽东又提出"三个世界"划分的理论，表示反对任何形式的霸权主义，中国是第三世界一员，永远不称霸。[②]这一切都对改善中国安全环境起到了积极作用，也为后来实行对外开放政策铺平了道路。毛泽东还最早注意到美国政治家提出对社会主义国家改用和平演变的战略，要求全党提高警惕。[③]历史已经证明，他的提醒对于防止党和国家领导人蜕化变质，从根本上维护国家的主权和安全，具有十分深远的意义。

为争取祖国统一、维护国家安全，党中央在新中国成立之始就决定采用民族区域自治制度，而不实行苏联那样的联邦制；同时，针对帝国主义制造"西藏独立"的阴谋，抓紧进军西藏，实现西藏和平解放，并允许其在一段时间内保留原有政治制度。1956年西藏自治区筹备委员会

---

① 《我国代表团出席联合国有关会议文件集（1974.7—12）》，人民出版社1975年版，第5页。
② 《毛泽东文集》第8卷，人民出版社1999年版，第441—442页。
③ 薄一波：《若干重大决策与事件的回顾（修订本）》下卷，人民出版社1997年版，第1178页。

成立时，中央仍承诺其"六年不进行民主改革"①。但1959年西藏上层反动集团勾结外部势力发动武装叛乱，被人民解放军迅速平定，加速了西藏民主改革进程，使政教合一制度得以废除，百万农奴获得完全解放。1965年9月，西藏自治区正式成立，标志着西藏全面实行民族区域自治制度。②关于台湾问题，毛泽东于1958年通过特殊渠道带话给蒋氏父子，表示只要台湾肯回归祖国，除外交统一于中央外，其他均可保持现状，被周恩来概括为"一纲四目"的祖国统一构想，③为后来的"一国两制"构想提供了最初蓝本。

改革开放前形成的维护自身权益和争取世界和平的方针及成就，为我国开展社会主义现代化建设赢得了有利的外部条件。改革开放后，根据大部分殖民地半殖民地国家纷纷获得独立、面临如何发展的难题，以及美苏两个超级大国某种程度上形成均势、世界大战一时打不起来的国际形势新特点，邓小平认为当今时代的主要问题是和平和发展，世界和平力量超过了战争力量的增长，因此要抓住战略机遇期，加快自身发展。随后，我国在外交政策上做出了较大调整，强调革命不能输出，在国与国的关系上不计较社会制度和意识形态差别，全方位发展对外友好关系；同时，仍然把反对霸权主义、维护世界和平、加强同第三世界国家的团结合作作为新时期基本的外交政策。针对1989年我国发生政治风波后，以美国为首的西方国家对我国实行所谓"制裁"，邓小平指出："要维护我们独立自主、不信邪、不怕鬼的形象"④，并重申毛泽东关于防止帝国主义搞和平演变的警示。当东欧剧变、苏联解体、冷战格局趋于瓦解时，他又提出对国际形势变化要"冷静观察，稳住阵脚，沉着应付，韬光养晦，善于守拙，决不当头，有所作为"⑤的方针，使我国平稳度过了世界大变动、大动荡的历史关口。进入21世纪，中国共产党准确把握了大发展、大变革、

---

① 《积极创造条件争取六年后一定要改革　西藏自治区筹委会第一副主任委员班禅额尔德尼的讲话》，《人民日报》1958年4月23日。
② 《西藏的和平解放和民主改革》，《人民日报》2009年8月14日。
③ 《毛泽东传（1949—1976）》（上），中央文献出版社2003年版，第880—881页。
④ 《邓小平文选》第3卷，人民出版社1993年版，第320页。
⑤ 《江泽民论有中国特色社会主义（专题摘编）》，中央文献出版社2002年版，第527页。

大调整的时代特点，顺应世界求和平、谋发展、促合作的时代潮流，推动建设和谐世界，并形成了"大国是关键、周边是首要、发展中国家是基础、多边是重要舞台"①的外交总体布局，建立了中俄"面向21世纪的战略协作伙伴关系"，解决了双方历史遗留的边界问题，先后与有关国家一起启动了中国—东盟自由贸易区，发起成立了上海合作组织、金砖国家组织，建立了中非定期协商机制和合作平台——中非合作论坛，加入了亚洲太平洋经济合作组织、世界贸易组织和二十国集团，为自身发展争取了更加有利的国际环境，也为人类进步与和平事业做出了积极贡献。在此时期，当越南驱赶华侨并在中越边境制造流血事件、以美国为首的北约在南斯拉夫轰炸我驻南使馆、美国战机在我南海空域与我战机相撞、日本政府宣布购买我钓鱼岛及其附近岛屿时，我国政府均进行了有理、有利、有节的斗争，维护了领土完整、国家安全和民族尊严。

在改革开放新时期，为推动祖国统一大业，邓小平提出"一国两制"构想，并将其运用到解决港澳回归祖国的问题上。1997年和1999年，中国政府分别收回了香港、澳门的主权。1992年11月，海峡两岸关系协会和海峡交流基金会达成各自以口头方式表述"海峡两岸均坚持一个中国原则"的共识（即"九二共识"）②，并于2008年实现了两岸"三通"。同时，为打击台湾当局制造"两国论"的阴谋和"台独"势力的嚣张气焰，于1995年下半年到1996年春，在台湾海峡和台湾附近海域进行了4次大规模军事演习。

党的十八大后，以习近平同志为核心的党中央根据国际形势的深刻变化，继承和发展改革开放前后有关时代问题的认识，一方面，坚持和平与发展是时代主题、我国发展仍然处在重要战略机遇期的判断；另一方面，着重指出当前世界面临的不稳定性、不确定性突出，地区热点问题此起彼伏，强调"我们依然处在马克思主义所指明的历史时代"③，资

---

① 《胡锦涛文选》第2卷，人民出版社2016年版，第508页。
② 《两岸公证书使用商谈有重要进展　明确海峡两岸均坚持一个中国原则具体问题将继续商谈》，《人民日报》1992年11月21日。
③ 《深刻认识马克思主义时代意义和现实意义　继续推进马克思主义中国化时代化大众化》，《人民日报》2017年9月30日。

本主义必然消亡、社会主义必然胜利"是社会历史发展不可逆转的总趋势",要求党员干部要深刻认识资本主义社会的自我调节能力和西方发达国家在经济科技军事方面长期占据优势的客观现实,"认真做好两种社会制度长期合作和斗争的各方面准备"①。在对时代性质、特征的这一总体判断下,党中央为维护我国正当权益和加强国防建设,设置了东海防空识别区,加强了东海钓鱼岛海域巡航,进行了南海岛礁基础设施建设并部署防御性力量,建立了部队在海外的后勤保障基地,深化了军队改革,并强调做好军事斗争准备,突出战斗力标准,严正声明任何人不要幻想中国吞下损害自身利益的苦果。与此同时,鲜明提出构建人类命运共同体理念,在积极参与和推动已有国际对话和合作平台的基础上,提出并积极推进"一带一路"建设;在国际政治与经济交往中反对霸权主义、单边主义,提倡合作共赢,坚持走对话而不对抗、结伴而不结盟的新路,声明中国奉行防御性国防政策,无论发展到什么程度都不会称霸,从而形成了全方位、多层次、立体化的外交布局,使中国越来越多地成为国际组织、国际会议、国际行动的发起者、倡导者、组织者,国际影响力、感召力、塑造力不断提升,从而日益走近世界舞台的中央。

在新时代,党中央根据国家安全局势的新变化,创造性地提出总体国家安全观,把安全概念由过去局限于政治、国防、治安方面,扩大到经济、文化、社会、科技、网络、生态、资源、太空、深海、极地、生物以及海外利益等领域。与此同时,对和平统一和"一国两制"做了更为全面、明确的解读,强调我们愿意以最大诚意、尽最大努力争取台湾的和平统一,但为防止外部势力干涉、挫败任何形式的"台独"分裂图谋,绝不承诺放弃使用武力;"一国"是实行"两制"的前提和基础,只有坚持"一国","两制"才能并存。习近平指出:"我们有坚定的意志、充分的信心、足够的能力挫败任何形式的'台独'分裂图谋。"②"任何危害国家主权安全、挑战中央权力和香港特别行政区基本法权威、利用香港对内地进行渗透破坏的活动,都是对底线的触碰,都是绝不能允许

---

① 《十八大以来重要文献选编》(上),中央文献出版社2014年版,第117页。
② 习近平:《决胜全面建成小康社会 夺取新时代中国特色社会主义伟大胜利——在中国共产党第十九次全国代表大会上的报告》,《人民日报》2017年10月28日。

的"①，要"坚持爱国者为主体的'港人治港'、'澳人治澳'，发展壮大爱国爱港爱澳力量，增强香港、澳门同胞的国家意识和爱国精神"②。针对内地前些年"三股势力"造成无辜群众罹难的情况，近几年来有关地区通过职业技能教育培训等措施，铲除它们赖以生存的土壤，维护了国家的统一和安宁，受到人民群众的热烈拥护。

新中国成立70年来，中国共产党团结带领全国各族人民围绕着实现中华民族伟大复兴这个大目标，一代又一代地坚持和发展社会主义，一代又一代地努力进行工业化和现代化建设，一代又一代地捍卫国家领土完整、维护国家主权和安全，坚定支持和推动人类进步与和平事业，构成了新中国发展史的三条主线。它们就像交响乐的三个主题，交汇演奏出一首又一首气壮山河、感天动地的乐曲。每一代人的奋斗中或多或少都留有遗憾，但正如列宁所说："判断历史的功绩，不是根据历史活动家没有提供现代所要求的东西，而是根据他们比他们的前辈提供了新的东西。"③当前，以习近平同志为核心的党中央正带领全国各族人民在新的长征路上继续奋斗。前面道路上还有许多"雪山""草地"需要跨越，还有许多"娄山关""腊子口"需要征服。但是，中华民族是世界上最能吃苦耐劳的民族，也最有反侵略反封锁反制裁的资格和经验。只要我们不忘记走过的过去，不忘记为什么出发，任何困难都阻挡不了我们前进的步伐。到21世纪中叶，一个富强民主文明和谐美丽的社会主义现代化中国一定会呈现在世人面前，中华民族伟大复兴的目标一定会实现。

[原载《当代中国史研究》2019年第5期]

---

① 习近平：《在庆祝香港回归祖国二十周年大会暨香港特别行政区第五届政府就职典礼上的讲话》，《人民日报》2017年7月2日。
② 习近平：《决胜全面建成小康社会　夺取新时代中国特色社会主义伟大胜利——在中国共产党第十九次全国代表大会上的报告》，《人民日报》2017年10月28日。
③ 《列宁全集》第2卷，人民出版社1959年版，第150页。

讲好70年砥砺奋进的壮丽史诗

邱 霞

2019年两会期间，习近平总书记在全国政协文艺界、社科界联组会上讲话指出："今年是新中国成立70周年。70年砥砺奋进，我们的国家发生了天翻地覆的变化。无论是在中华民族历史上，还是在世界历史上，这都是一部感天动地的奋斗史诗。"[①]他同时还强调："不忘初心，方得始终""共和国是红色的，不能淡化这个颜色"。要坚持历史唯物主义的世界观和方法论，坚信人民是历史的创造者，以大历史的宏观视野，深刻认识新中国成立、改革开放、中国特色社会主义进入新时代的伟大意义，肯定成就，总结经验，准确把握新中国历史的主题、主线、主流和本质，坚决反对历史虚无主义，深刻阐释70年来党和人民的奋斗实践，讲好70年党和国家砥砺奋进的壮丽史诗。

一、坚持历史唯物主义，不断提高对中国特色社会主义规律的认识水平

习近平总书记历来重视坚持历史唯物主义的立场、观点、方法来认识和对待党和国家的历史。党的十八大以来，他多次强调："要推动全党学习历史唯物主义的基本原理和方法论，更好认识国情，更好认识党

---

① 习近平：《一个国家、一个民族不能没有灵魂》，《求是》杂志2019年第8期。

和国家事业发展大势,更好认识历史发展规律,更加能动地推进各项工作。"①在十八届中央政治局第十一次集体学习时,他指出:"在革命、建设、改革各个历史时期,我们党运用历史唯物主义,系统、具体、历史地分析中国社会运动及其发展规律,在认识世界和改造世界过程中不断把握规律、积极运用规律,推动党和人民事业取得了一个又一个胜利。"②他认为:"历史和现实都表明,只有坚持历史唯物主义,我们才能不断把对中国特色社会主义规律的认识提高到新的水平,不断开辟当代中国马克思主义发展新境界。"③2019年1月2日,在致中国社会科学院中国历史研究院成立的贺信中,他再次强调:"希望广大历史研究工作者,坚持历史唯物主义立场、观点、方法","总结历史经验、揭示历史规律、把握历史趋势"。④

坚持历史唯物主义,我们党对中国特色社会主义规律的认识水平不断提高。这主要体现在两个方面:一是对中国特色社会主义是如何得来的认识。2013年1月5日,在新进中央委员会委员、候补委员学习贯彻党的十八大精神研讨班上,习近平总书记发表重要讲话指出:"一个国家实行什么样的主义,关键要看这个主义能否解决这个国家面临的历史性课题。"⑤他回顾,在近代中国积贫积弱、任人宰割的时候,各种主义和社会思潮,包括资本主义、改良主义、自由主义、社会达尔文主义、无政府主义、实用主义、民粹主义、工团主义等,"你方唱罢我登场",都进行过尝试。但是,各种道路都没有走通,都没能解决中国的前途和命运问题。"是马克思列宁主义、毛泽东思想引导中国人民走出了漫漫长夜、建立了新中国,是中国特色社会主义使中国快速发展起来了。""历史和现实都告诉我们,只有社会主义才能救中国,只有中国特色社会主

---

① 习近平:《坚持历史唯物主义不断开辟当代中国马克思主义发展新境界》(2013年12月3日),《求是》杂志2020年第2期。
② 习近平:《坚持历史唯物主义不断开辟当代中国马克思主义发展新境界》(2013年12月3日),《求是》杂志2020年第2期。
③ 习近平:《坚持历史唯物主义不断开辟当代中国马克思主义发展新境界》(2013年12月3日),《求是》杂志2020年第2期。
④ 习近平:《致中国社会科学院中国历史研究院成立的贺信》,《人民日报》2019年1月4日。
⑤ 习近平:《关于坚持和发展中国特色社会主义的几个问题》,《求是》杂志2019年第7期。

义才能发展中国，这是历史的结论、人民的选择。"① 二是对中国特色社会主义在理论和实践的创新中不断发展的认识。习近平总书记多次论述过，以毛泽东同志为主要代表的中国共产党人，创立了毛泽东思想，建立了中华人民共和国，为开创中国特色社会主义提供了宝贵经验、理论准备、物质基础；以邓小平同志为主要代表的中国共产党人，创立了邓小平理论，实行了改革开放，成功开创了中国特色社会主义；以江泽民同志为主要代表的中国共产党人，形成了"三个代表"重要思想，成功把中国特色社会主义推向 21 世纪；以胡锦涛同志为主要代表的中国共产党人，形成了科学发展观，在新的历史起点上坚持和发展了中国特色社会主义。党的十八大以来，以习近平同志为核心的党中央团结带领全党全国各族人民，全面审视国际国内新的形势，深刻回答了新时代坚持和发展什么样的中国特色社会主义、怎样坚持和发展中国特色社会主义这个重大时代课题，形成了习近平新时代中国特色社会主义思想。尤其是作出"中国特色社会主义进入了新时代"的判断，这是对中国特色社会主义的最新科学认识和准确把握，全方位深化了我们对中国特色社会主义发展进程和规律的认知，是我们在新的时代条件下认识和阐释新中国 70 年历史的基本理论遵循。

二、坚信人民是历史的创造者，一切成就都归功于人民，一切荣耀都归属于人民

历史唯物主义认为，人民是社会历史发展的实践主体和最高价值主体，是社会历史的创造者和社会历史发展的真正推动者。习近平总书记多次强调："人民是历史的创造者，一切成就都归功于人民，一切荣耀都归属于人民。"② "我们共产党人任何时候都不要忘记这个历史唯物主义最基本的道理。"③ 回顾新中国的历史，70 年来我们取得的辉煌成就，离不

---

① 习近平：《关于坚持和发展中国特色社会主义的几个问题》，《求是》杂志 2019 年第 7 期。
② 习近平：《一个国家、一个民族不能没有灵魂》，《求是》杂志 2019 年第 8 期。
③ 《〈习近平总书记系列重要讲话读本（2016 年版）〉 八、以新发展理念引领发展》，《人民日报》2016 年 4 月 29 日。

开全国人民在党的领导下的不懈奋斗。一部 70 年的共和国史，就是一部党和国家坚持和贯彻群众路线，人民群众自觉践行党的正确主张和国家意志，不断开创中国特色社会主义新局面、取得经济社会发展巨大成就、人民生活水平不断提高的奋斗史。

在 2018 年春节团拜会上，习近平总书记指出："中国的伟大发展成就是中国人民用自己的双手创造的，是一代又一代中国人接力奋斗创造的。"① 2018 年两会期间，他强调："波澜壮阔的中华民族发展史是中国人民书写的！"② "中华民族迎来了从站起来、富起来到强起来的伟大飞跃是中国人民奋斗出来的！"③ 在庆祝改革开放 40 周年大会上，他又强调："中国的今天，是中国人民干出来的！"④

改革开放以来，中国人民始终艰苦奋斗、顽强拼搏，上下求索、锐意进取，与时俱进、一往无前，敞开胸襟、拥抱世界，推动中国发生了翻天覆地的变化，并成为世界经济增长的主要稳定器和动力源，为人类和平与发展的崇高事业作出了中国贡献。习近平总书记强调："40 年众志成城，40 年砥砺奋进，40 年春风化雨，中国人民用双手书写了国家和民族发展的壮丽史诗。"他指出："40 年来取得的成就不是天上掉下来的，更不是别人恩赐施舍的，而是全党全国各族人民用勤劳、智慧、勇气干出来的！""我们用几十年时间走完了发达国家几百年走过的工业化历程。在中国人民手中，不可能成为了可能。我们为创造了人间奇迹的中国人民感到无比自豪、无比骄傲！"⑤ 党的十八大以来，我们坚定不移高举中国特色社会主义伟大旗帜，统筹推进"五位一体"总体布局、协调推进"四个全面"战略布局，国家经济实力、科技实力、国防实力、综合国力、国际影响力和人民获得感显著提升，中国特色社会主义建设取得了历史性成就，我们党、国家、人民、军队的面貌发生了历史性变化。习近平总书记指出："这样的成就来之不易，是中共中央坚强领导的结果，

---

① 习近平：《在 2018 年春节团拜会上的讲话》，《人民日报》2018 年 2 月 15 日。
② 习近平：《在十三届全国人民代表大会第一次会议上的讲话》，《求是》杂志 2020 年第 10 期。
③ 习近平：《在十三届全国人民代表大会第一次会议上的讲话》，《求是》杂志 2020 年第 10 期。
④ 习近平：《在庆祝改革开放 40 周年大会上的讲话》，《人民日报》2018 年 12 月 19 日。
⑤ 习近平：《在庆祝改革开放 40 周年大会上的讲话》，《人民日报》2018 年 12 月 19 日。

是全国各族人民共同奋斗的结果。"①

2019年是新中国成立70周年,习近平总书记在2019年新年贺词中深情地说:"70年披荆斩棘,70年风雨兼程。人民是共和国的坚实根基,人民是我们执政的最大底气。一路走来,中国人民自力更生、艰苦奋斗,创造了举世瞩目的中国奇迹。新征程上,不管乱云飞渡、风吹浪打,我们都要紧紧依靠人民,坚持自力更生、艰苦奋斗,以坚如磐石的信心、只争朝夕的劲头、坚韧不拔的毅力,一步一个脚印把前无古人的伟大事业推向前进。"②这正是他反复强调的,正因为"人民是真正的英雄"③"是决定党和国家前途命运的根本力量"④,因此我们"必须坚持人民主体地位,坚持立党为公、执政为民,践行全心全意为人民服务的根本宗旨,把党的群众路线贯彻到治国理政全部活动之中,把人民对美好生活的向往作为奋斗目标,依靠人民创造历史伟业"⑤。

三、深刻阐释从新中国成立、改革开放到中国特色社会主义进入新时代,中华民族在百折不挠的奋斗中实现了从站起来、富起来到强起来的伟大飞跃

新中国70年的伟大成就,集中体现于新中国成立、改革开放到中国特色社会主义进入新时代,中华民族从新中国成立真正站起来、从站起来到富起来、从富起来到强起来的三次伟大飞跃。习近平总书记对"三次伟大飞跃"进行了多次深刻阐释。在庆祝中国共产党成立95周年大会上的讲话中,他指出:中华人民共和国的成立"实现了中国从几千年封建专制政治向人民民主的伟大飞跃";社会主义基本制度的确立"实现了

---

① 习近平:《在全国政协十三届一次会议民盟、致公党、无党派人士、侨联界联组会上的讲话》,《人民日报》2018年3月5日。
② 《国家主席习近平发表二〇一九年新年贺词》,《人民日报》2019年1月1日。
③ 习近平:《在十三届全国人民代表大会第一次会议上的讲话》,《求是》杂志2020年第10期。
④ 习近平:《在纪念周恩来同志诞辰120周年座谈会上的讲话》,《人民日报》2018年3月2日。
⑤ 习近平:《在纪念周恩来同志诞辰120周年座谈会上的讲话》,《人民日报》2018年3月2日。

中华民族由不断衰落到根本扭转命运、持续走向繁荣富强的伟大飞跃";改革开放新的伟大革命的进行"实现了中国人民从站起来到富起来、强起来的伟大飞跃"。①在纪念马克思诞辰200周年大会上的讲话中,他指出,中华人民共和国和社会主义基本制度的建立,"实现了中华民族从东亚病夫到站起来的伟大飞跃";改革开放"实现了中华民族从站起来到富起来的伟大飞跃";在新时代,中国共产党人把马克思主义基本原理同新时代中国具体实际结合起来,团结带领人民进行伟大斗争、建设伟大工程、推进伟大事业、实现伟大梦想,推动党和国家事业取得全方位、开创性历史成就,发生深层次、根本性历史变革,"中华民族迎来了从富起来到强起来的伟大飞跃"。这"三次飞跃""以铁一般的事实证明""只有社会主义才能救中国""只有中国特色社会主义才能发展中国""只有坚持和发展中国特色社会主义才能实现中华民族伟大复兴"。②

第一次伟大飞跃,中华人民共和国成立,中国人民成为国家、社会和自己命运的主人。习近平总书记指出:"中国人从此站立起来了!中国人民从此把命运牢牢掌握在自己手中!中华民族发展进步从此开启了新纪元!"③

第二次伟大飞跃,改革开放从拉开大幕到全面深化,"我们党引领人民绘就了一幅波澜壮阔、气势恢宏的历史画卷,谱写了一曲感天动地、气壮山河的奋斗赞歌。"他说:"改革开放极大改变了中国的面貌、中华民族的面貌、中国人民的面貌、中国共产党的面貌。中华民族迎来了从站起来、富起来到强起来的伟大飞跃!中国特色社会主义迎来了从创立、发展到完善的伟大飞跃!中国人民迎来了从温饱不足到小康富裕的伟大飞跃!中华民族正以崭新姿态屹立于世界的东方!"④改革开放伟大成就的一个特殊体现是减贫工作取得的巨大成绩。在致纪念《世界人权宣言》发表70周年座谈会的贺信中,习近平总书记指出,中华人民共和国成立

---

① 习近平:《在庆祝中国共产党成立95周年大会上的讲话》,《人民日报》2016年7月2日。
② 习近平:《在纪念马克思诞辰200周年大会上的讲话》,《求是》杂志2018年第10期。
③ 习近平:《在纪念毛泽东同志诞辰120周年座谈会上的讲话》,《人民日报》2013年12月27日。
④ 习近平:《在庆祝改革开放40周年大会上的讲话》,《求是》杂志2018年第24期。

近 70 年特别是改革开放 40 年来，中华民族迎来了从站起来、富起来到强起来的伟大飞跃。"中国发展成就归结到一点，就是亿万中国人民生活日益改善。"① 在致"改革开放与中国扶贫国际论坛"的贺信中，他强调，"新中国成立近 70 年来，中国共产党领导人民自力更生、艰苦奋斗，为解决贫困问题付出了艰辛努力。特别是 40 年前，中国开启了改革开放的伟大历程，同时也开启了人类历史上最为波澜壮阔的减贫进程"②。过去 40 年来，中国人民积极探索、顽强奋斗，实现 7 亿多贫困人口摆脱绝对贫困，创造了人类减贫史上的奇迹。对这次伟大飞跃的总体评价，可以说，"改革开放是党和人民大踏步赶上时代的重要法宝，是坚持和发展中国特色社会主义的必由之路，是决定当代中国命运的关键一招，也是决定实现'两个一百年'奋斗目标、实现中华民族伟大复兴的关键一招"③。

第三次伟大飞跃，"中国特色社会主义进入新时代，在中华人民共和国发展史上、中华民族发展史上具有重大意义，在世界社会主义发展史上、人类社会发展史上也具有重大意义"④。在主持中央全面深化改革委员会第六次会议时，习近平总书记指出："党的十一届三中全会是划时代的，开启了改革开放和社会主义现代化建设历史新时期。党的十八届三中全会也是划时代的，开启了全面深化改革、系统整体设计推进改革的新时代，开创了我国改革开放的全新局面。"⑤ 2019 年 1 月 8 日，在同朝鲜劳动党委员长金正恩举行会谈时，习近平总书记指出："今年是新中国成立 70 周年。在 70 年的历程中，中国共产党领导中国人民迎来了从站起来、富起来到强起来的历史飞跃。中国共产党有决心、有信心团结带领全国各族人民战胜一切艰难险阻和风险挑战，朝着实现'两个一百年'

---

① 习近平：《致纪念〈世界人权宣言〉发表 70 周年座谈会的贺信》，《人民日报》2018 年 12 月 11 日。
② 习近平：《向改革开放与中国扶贫国际论坛致贺信》，《人民日报》2018 年 11 月 2 日。
③ 习近平：《在庆祝改革开放 40 周年大会上的讲话》，人民出版社 2018 年版，第 21 页。
④ 习近平：《决胜全面建成小康社会　夺取新时代中国特色社会主义伟大胜利——在中国共产党第十九次全国代表大会上的报告》，《人民日报》2017 年 10 月 28 日。
⑤ 习近平：《对标重要领域和关键环节改革　继续啃硬骨头确保干一件成一件》，《人民日报》2019 年 1 月 24 日。

奋斗目标和中华民族伟大复兴的中国梦奋勇前进。"①

四、强调共和国是红色的，不能淡化这个颜色，抓住新中国70年历史的主题、主线、主流和本质，坚决反对历史虚无主义

不忘初心，是党的十八大以来习近平总书记反复强调的。他一再指出："中华民族从站起来、富起来到强起来，经历了多少坎坷，创造了多少奇迹，要让后代牢记，我们要不忘初心，永远不可迷失了方向和道路。"② 2017年10月31日，党的十九大闭幕仅一周，习近平总书记带领新一届中共中央政治局常委专程前往上海和浙江嘉兴，瞻仰中共一大会址和嘉兴红船，回顾建党历史，重温入党誓词，宣示了新一届党中央领导集体的坚定政治信念。11月1日《人民日报》重新刊发习近平总书记任浙江省委书记时发表在《光明日报》的文章《弘扬"红船精神"走在时代前列》。这篇文章首提"红船精神"，阐述了中国共产党的精神源头。2019年两会期间，习近平总书记再次指出："不忘初心，方得始终啊！我们的初心是什么？上海石库门、南湖红船，诞生了中国共产党，14年抗战、历史性决战，才有了中华人民共和国。共和国是红色的，不能淡化这个颜色。无数先烈用鲜血染红了我们的旗帜，我们不建设好他们所盼望向往、为之奋斗、为之牺牲的共和国，是绝对不行的。"③ 不忘初心，最重要的一点就是坚持党的领导、维护党中央的权威。中国共产党领导是中国特色社会主义最本质的特征，是中国特色社会主义制度的最大优势。

实事求是地阐释和宣传新中国70年的历史，要牢牢抓住历史发展的主题、主线、主流和本质，坚决反对任何歪曲、丑化党和国家历史的错误言行。改革开放前后两个历史时期的关系是新中国历史上的重大理论

---

① 《习近平同朝鲜劳动党委员长金正恩举行会谈》，《人民日报》2019年1月11日。
② 习近平：《在参加十三届全国人大第一次会议山东代表团审议时的重要讲话》，《人民日报》2018年3月20日。
③ 《"共和国是红色的"（两会现场观察）》，《人民日报》2019年3月5日。

问题。习近平总书记强调:"我们党领导人民进行社会主义建设,有改革开放前和改革开放后两个历史时期,这是两个相互联系又有重大区别的时期,但本质上都是我们党领导人民进行社会主义建设的实践探索。中国特色社会主义是在改革开放历史新时期开创的,但也是在新中国已经建立起社会主义基本制度并进行了20多年建设的基础上开创的。"①对改革开放前的历史时期要正确评价,不能用改革开放后的历史时期否定改革开放前的历史时期,也不能用改革开放前的历史时期否定改革开放后的历史时期。改革开放前的社会主义实践探索为改革开放后的社会主义实践探索积累了条件,改革开放后的社会主义实践探索是对前一个时期的坚持、改革、发展。这不只是个理论问题,尤其是个政治问题,是国际国内的很大的政治问题。这个重大政治问题处理不好,就会产生严重政治后果。他强调:"对改革开放前的社会主义实践探索,要坚持实事求是的思想路线,分清主流和支流,坚持真理,修正错误,发扬经验,吸取教训,在这个基础上把党和人民事业继续推向前进。"②

对于历史虚无主义的实质和危害,习近平总书记深刻指出:"国内外敌对势力往往就是拿中国革命史、新中国历史来做文章,竭尽攻击、丑化、污蔑之能事,根本目的就是要搞乱人心,煽动推翻中国共产党的领导和我国社会主义制度。"③他认为,苏联解体、苏共垮台,"一个重要原因就是意识形态领域的斗争十分激烈,全面否定苏联历史、苏共历史,否定列宁,否定斯大林,搞历史虚无主义,思想搞乱了,各级党组织几乎没任何作用了,军队都不在党的领导之下了。最后,苏联共产党偌大一个党就作鸟兽散了,苏联偌大一个社会主义国家就分崩离析了"。"这是前车之鉴啊!"④他强调指出:"中国共产党人不是历史虚无主义者。"在纪念毛泽东同志诞辰120周年座谈会上的讲话中,他强调指出:"对历史人物的评价,应该放在其所处时代和社会的历史条件下去分析,不能离开对历史条件、历史过程的全面认识和对历史规律的科学把握,不能

---

① 习近平:《关于坚持和发展中国特色社会主义的几个问题》,《求是》杂志2019年第7期。
② 习近平:《关于坚持和发展中国特色社会主义的几个问题》,《求是》杂志2019年第7期。
③ 习近平:《关于坚持和发展中国特色社会主义的几个问题》,《求是》杂志2019年第7期。
④ 习近平:《关于坚持和发展中国特色社会主义的几个问题》,《求是》杂志2019年第7期。

忽略历史必然性和历史偶然性的关系。""不能把历史顺境中的成功简单归功于个人，也不能把历史逆境中的挫折简单归咎于个人。""不能用今天的时代条件、发展水平、认识水平去衡量和要求前人，不能苛求前人干出只有后人才能干出的业绩来。"[①] 他认为，革命领袖是人不是神。尽管领袖人物拥有很高的理论水平、丰富的斗争经验、卓越的领导才能，但这并不意味着他们的认识和行动可以不受时代条件限制。不能因为他们伟大就把他们像神那样顶礼膜拜，不容许提出并纠正他们的失误和错误；也不能因为他们有失误和错误就全盘否定，抹杀他们的历史功绩，陷入虚无主义的泥潭。

在共和国70年华诞之际，我们要深入学习习近平总书记关于新中国历史的重要论述，深刻认识我们党带领全国人民砥砺奋进70年取得的历史性成就，深刻理解只有社会主义才能救中国、只有中国特色社会主义才能发展中国的必然性和规律性，更加牢固树立"四个意识"、增强"四个自信"，继续书写实现"两个一百年"奋斗目标和中华民族伟大复兴中国梦的奋斗史诗。

[原载《红旗文稿》2019年第8期]

---

① 习近平：《在纪念毛泽东同志诞辰120周年座谈会上的讲话》，《人民日报》2013年12月27日。

学科建设与编研方法

进一步加强马克思主义中国当代史的学科理论建设

朱佳木

习近平总书记在 2016 年 5 月 17 日哲学社会科学工作座谈会上提出，要加快构建马克思主义指导的具有中国特色的哲学社会科学学科体系、学术体系、话语体系。2019 年 1 月 2 日，他在给中国社会科学院中国历史研究院成立的贺信中，又提出要"加快构建中国特色社会主义历史学学科体系、学术体系、话语体系"[①]。在新中国成立 70 周年到来之际，这些要求对于中国当代史编研工作显得尤其重要。

中华人民共和国史（以下简称"国史"）或中国当代史、中国现代史的编研（以下统称"当代史编研"），在时间上大体与国史同步（1958 年就有人编写了《中华人民共和国史稿》），即使从 1981 年制定《关于建国以来党的若干历史问题的决议》（以下简称《历史决议》）后开展严格意义的国史编研算起，也有 38 年了。无论从文献资料、科研成果看，还是从研究力量、学术活动看，都可以说它已达到了相当可观的程度。但坦率地讲，马克思主义指导的当代史学科体系、学术体系、话语体系，至今还未完全建立起来，或者说还很不系统很不完备。这与当代史编研的现状是不相适应的，也不利于其编研工作的进一步发展和社会功能的

[①] 习近平：《总结历史经验揭示历史规律把握历史趋势　加快构建中国特色历史学学科体系学术体系话语体系》，《人民日报》2019 年 1 月 4 日。

进一步发挥。

构建一个学科的学科体系，固然需要有足够的文献资料、研究力量做支撑，也需要设置分支学科和编辑文献目录，等等。然而，与这些相比更显重要的是，创立属于本学科的学科理论。我们所说的当代史编研是以马克思主义为指导的，因此，创立当代史的学科理论当然要运用马克思主义的基本理论，而且还要运用兼收并蓄中国古代史学和西方现代史学理论精华而形成的马克思主义史学理论。但是，马克思主义的基本理论也好，马克思主义的史学理论也好，都不可能代替当代史的学科理论。当代史学科理论的创立，只能是在运用马克思主义基本理论和马克思主义史学理论从事当代史编研过程中，对一系列重大历史问题给予理论回答的结果。因此，加强这一理论的建设，既离不开马克思主义的理论指导，也离不开当代史编研的具体实践，必须是把二者有机地结合在一起。

加强马克思主义当代史学科理论建设中的问题有很多，本文仅就以下问题谈几点意见。

一、如何认识当代史编研的特性

（一）关于当代史编研的现实性

当代史同古代史、近代史相比，最大的区别之一在于它与现实生活的接近。正因如此，中国历史上曾出现过"当代人不写当代史"的说法。然而，在当代中国，情况有了根本不同。中国古代封建社会的所谓当代、前代，是以一姓帝王为标志的朝代来划分的。在那种社会制度下，史家要写当朝史，势必颇多忌讳，所以要等到改朝换代后再写前朝史。而在当代中国，人民民主制度代替了封建专制制度，使"当代人不写当代史"的禁忌失去了存在理由。另外，当代的交通、通信、印刷等手段日益革新，特别是进入信息化时代后，资料积累、信息传播更加方便快捷，也使当代人写当代史有了古代不可比拟的优越条件。因此，在当代中国的当代人，不仅可以写当代史，而且产生了对当代史越来越浓厚的兴趣和越来越强烈的需求。20世纪70年代以来，西方一些国家兴起所谓"当下史"研究，实际就是当代史研究，其中一些学者还在从事中国当代史的编研。可见，所谓"当代人不写当代史"，事实上已经做不到了。更何况，当代人写当代史，还有身临其境、亲自参与、便于收集第一手资料和开展口述史研究等后代人所不具备的优越条件。

还要看到，即使在古代，也并非完全不写"当代"史。《史记》《三国志》中，就有很大篇幅是那时的"当代"史。每个朝代国史机构所编的本朝"起居注""实录""会要""会典"等，也都是"当代"史的半成品，与后人编撰的史书，如"二十四史"之间，是历史记载与历史记述的关系。说中国古人不修当代史，并不完全符合实际。

当代人编研当代史，当然无可避免地会遇到现实利害关系、情感因素等的干扰，以及因为与现实距离太近而不容易把历史看全面等困难。但写史能否做到客观公正全面，主要取决于著史者的立场、观点、方法是否正确、科学。马克思的《路易·波拿巴的雾月十八日》，成书时间距离拿破仑三世复辟帝制事件仅仅三个月，可以说与事变基本同时，但恩格斯却对它给予了高度评价，说"在事变刚刚发生时就对事变有这样透彻的洞察，的确是无与伦比"，并称它"是一部天才的著作"[①]。可见，与古代相比，当代人写当代史不仅具备许多优越的客观条件，而且有了历史唯物主义这一"科学思想中的最大成果""一种极其完整严密的科学理论"[②]，因此，完全有可能写出更符合历史的真实、更经得起时间检验的信史。

（二）关于当代史编研的"护国"性

史学从来是意识形态中的组成部分，只不过当代史编研的意识形态属性更强一些罢了。这是因为，当代中国是工人阶级领导的以工农联盟为基础的人民民主专政的社会主义国家，是相对当代世界占主流地位的资本主义体系所作出的另一种决然不同的选择。因此，自中国当代史开始的那天起，它就遭受到国内外敌对势力的疯狂诬蔑，从而导致了当代

[①]《马克思恩格斯选集》第1卷，人民出版社2012年版，第666页。
[②]《列宁选集》第2卷，人民出版社1995年版，第311页。

史领域从一开始就充斥着比其他史学领域更加激烈的斗争。

在有阶级有国家的社会中，史学的社会功能很大程度就体现在它为特定国家、阶级和政治力量的服务上。尤其是对国家史的解释，历来是各个阶级、各种政治力量争夺、较量的重要领域。统治阶级为了维护统治，总是高度重视对国家史的解释，并把它视作国家主流意识形态和核心价值体系的组成部分；而要推翻一个政权的阶级和政治力量，也十分看重对国家史的解释，总要用它说明原有统治的不合理性。这是带有普遍规律性的社会现象，区别只在于，进步的阶级和政治力量顺应历史前进的方向，对历史的解释往往符合或比较符合历史的本来面貌；而反动的阶级和政治力量悖逆历史前进的方向，对历史的解释总是难以符合历史的本来面貌。

清代思想家龚自珍早就讲过："灭人之国，必先去其史。"[①]意思是说，要灭掉一个国家，先要否定这个国家的历史，这个国家的历史被否定了，这个国家也就不攻自灭了。他的这个观点深刻揭示了史学的意识形态属性和政治功能，并为大量历史事实所验证。当年日本帝国主义为永久霸占中国的台湾和东北，竭力推行奴化教育，在教科书中把台湾和东北历史从中国历史中删除。"台独"分子在台湾大肆推行"去中国化"，把台湾史从中国史中剥离，并把没有台湾的中国史放入世界史课本。他们这样做，都是妄图通过否定、割裂中国历史，达到灭亡或分裂中国的目的。

当前意识形态领域里，拿新中国历史做文章的历史虚无主义思潮甚嚣尘上，进一步验证了上述观点。习近平总书记在引用龚自珍这句警示名言后指出："国内外敌对势力往往就是拿中国革命史、新中国历史来做文章，竭尽攻击、丑化、污蔑之能事，根本目的就是要搞乱人心，煽动推翻中国共产党的领导和我国社会主义制度。苏联为什么解体？苏共为什么垮台？一个重要原因就是意识形态领域的斗争十分激烈，全面否定苏联历史、苏共历史，否定列宁，否定斯大林，搞历史虚无主义，思想搞乱了，各级党组织几乎没任何作用了，军队都不在党的领导之下了。最后，苏联共产党偌大一个党就作鸟兽散了，苏联偌大一个社会主义国

[①] 龚自珍：《古史钩沉论二》，载《龚自珍全集》，上海人民出版社1975年版，第22页。

家就分崩离析了。这是前车之鉴啊！"①他的这一论述说明，对于社会主义国家历史的解释不仅具有意识形态性，而且具有强烈的意识形态性。

既然"去人之史"可以"灭人之国"，反过来说，"卫己之史"不同样可以"护己之国"吗？因此，当代史编研除了具有资政、育人的功能外，还应当具有"护国"的功能。既然新中国历史是社会主义国家的历史，党领导的用马克思主义理论武装的当代史工作者就理应更自觉地发挥当代史编研的"护国"功能，这同发扬中国历代史学经世致用的传统，在本质上是一致的；同发扬中国近代以来史学家尤其马克思主义史学家的爱国主义传统，也是完全契合的。所谓史学研究要"价值判断中立"，要"终止使用自己或他人的价值观念"，要"排除来自政治的、意识形态的和思想权威的各种干扰"的主张，只不过是某些人的一厢情愿、自欺欺人的说法而已。提出这种主张的人自己就做不到"价值判断中立"，而且，这种主张本身就是受某种"政治的、意识形态的和思想权威干扰"的结果。

说当代史编研具有强烈的意识形态性，绝不等于说可以削弱它的学术性、科学性。在有国家有阶级的社会，社会科学领域中的一门学科是否是科学研究，并不取决于这门学科是否具有意识形态性和政治性，而取决于这门学科追求的是否是客观真理，反映的是否是客观规律，具有的知识体系是否完整系统，遵守的学术规范是否被公认为科学。只要尊重历史的真实性、连贯性、继承性，注重对历史事件原因的揭示、经验的总结、发展规律的探索，致力于符合学术规范的完整系统的学科体系建设，那么，当代史编研照样可以是一门科学，而且照样可以做出大学问。

（三）关于当代史编研的通史性

当代史编研的对象是1949年中华人民共和国成立后的中国历史，而中共党史编研在1949年之后的对象也是这段历史。它们之间会不会重复呢？是不是重复劳动呢？回答这个问题，同样涉及当代史编研的特性。

---

① 《十八大以来重要文献选编》（上），中央文献出版社2014年版，第113页。

中国共产党是中华人民共和国的核心领导力量，党的理论、路线、方针、政策、重大决策必然会对共和国的建设和发展产生决定性作用。从这个意义上说，党史是当代史的核心，新中国成立后的党史走向决定国史的走向。因此，当代史编研与新中国成立后的党史编研，从内容上讲难免会有许多交叉、重合。比如，党的历次代表大会，党的领袖人物的活动，在当代史编研中不可能不涉及。另外，当代史编研与党史编研在编研理论上也有许多相同、相近、相通之处，很难截然区分。比如，一个学者对当代史分期、主线、主流等问题的主张，往往与他对党史同类问题的主张相差不多。

但应当看到，国史与党史毕竟不是一回事，当代史编研与党史编研也分属不同学科。国史的核心虽然是党史，但涵盖的内容要比党史多得多，涉及的范围要比党史宽得多。党史编研对象是政党的历史，基本属于政治学中的政党学范畴；即使从史学角度看，也属于专史编研。而当代史编研对象是整个国家的历史，不仅属于史学学科，而且是通史性质，是中国通史编研的接续。可见，党史编研与当代史编研在外延上存在很大不同。

相对于当代史编研，党史编研主要研究和阐述的是中国共产党在新中国成立后的历史发展及其规律，范围超不出中共自身及其作为执政党影响所及的事务。像自然领域里的天象（日食、彗星等）、气候、生态、灾害的变化，与党史没有或基本没有关系，并不在党史编研的范围之内。在社会领域里的经济、法制、民族、疆域、政区、宗教，各参政党的"党史"，以及人口、婚姻、家庭，乃至民俗、服饰、饮食、语言、娱乐方式、人际交往等的变化，显然与党史或多或少都有一定关联，党史编研也会有所涉及，但作为学科，并不属于它的研究范畴。例如，在党史编研中不可能设中共疆域史、政区史、婚姻史、民俗史、服饰史，等等专业，因为不存在这样的历史。再如，中国共产党虽然有自己的经济思想史、法制思想史、人口政策史、环境政策史、民族政策史、宗教政策史等，在党史编研中也完全需要设置这些研究方向，但我们党并没有自己的法制史、人口史、环境史、民族史、宗教史，新中国成立后也不再有自己单独的经济史，因此，不可能设什么中共法制史、人口史、环境史、民族史、宗教史，以及新中国成立后的中共经济史等研究方向。在党史编研中也会涉及中共与八个参政党的相互关系，但不可能也不必要过分叙述这些党派自身的历史，否则就会混淆中共党史编研与其他党派的"党史"编研之间的关系。而上述这些内容却完全可以并且应当纳入当代史编研的范围，否则就不成其为当代史了。可见党史编研与当代史编研在内涵上也存在很大差别。

另外，党史编研和当代史编研的学科属性也是不同的，虽然它们都要借鉴中国传统史学和国外史学的有益方法，但党史编研需要更多地运用政治学研究的方法，而当代史编研主要运用史学研究的方法。在史书编纂方面，党史书一般采用章节体，而当代史书除章节体外，还要继承中国史学的传统体裁，如编年体、记事本末体、典制体、方志体、史地体等，以发扬我国历史编纂的优良传统。

总之，当代史编研与中共党史编研各有各的属性、内容和社会功能，谁也代替不了谁。现在有一些国史书与党史书之间存在雷同现象，并不表示当代史编研与党史编研之间大同小异，而恰恰说明需要通过加强这两个学科的学科体系建设，进一步突出它们各自的特点。

二、如何划分当代史的分期

对历史进行分期，即给历史断限，是史学工作者为便于自己研究和引导人们认识历史发展阶段性特征的方法，同时也是史学研究中的一个重要理论问题。由于历史观的不同，对不同或相同社会形态的历史进行分期，都很难有统一的标准。即使在同一历史观指导下，对同一社会形态的历史进行分期，由于观察问题的角度和所处时间节点不同，往往也会有不同的意见。

一个历史的时间太短，比如说仅有两三年，一般是难以分期的。但严格意义的当代史编研开展之初，新中国已经有了 30 年历史，因此完全有条件进行分期。到 2019 年，这一历史已整整 70 年，更有了进行分期的充分条件。据统计，迄今为止各种名称的中国当代史著作有 160 余种，其中对当代史的分期方法不下十几种，而且由于成书时间有先有后，即使相同的分期方法，上下限也不完全一样。

改革开放初期，常见的分期方法大体有以下三种：

第一，四分法，即1949—1956年基本完成社会主义改造的7年，1956—1966年全面建设社会主义的10年，1966—1976年"文化大革命"的10年，1976年伟大历史转折即粉碎"四人帮"以后的时期。

第二，五分法，即在第一种分期方法的基础上，将其中第一个时期，以1952年决定由新民主主义向社会主义过渡为界，分为"国民经济恢复时期"的3年和"社会主义改造时期"的4年。

第三，六分法，即在第二种分期方法的基础上，将其中第五个时期，也就是1976年粉碎"四人帮"以后的时期，再以1978年党的十一届三中全会的召开为界，分为"在徘徊中前进的两年"和"改革开放历史新时期"。

进入21世纪后，常见的分期方法在上述三种方法的基础上，又将改革开放后的历史新时期，以1992年邓小平发表南方谈话和党的十四大为界，划分出改革开放初期和社会主义市场经济体制建立时期；有的还以党的十六大为界，划分出全面建设小康社会时期。

上述分期方法是已知比较有代表性的几种，如果细分，还可以分出一些。比如，《历史决议》对"文化大革命"的10年就分成了3段，即"五一六"通知到党的九大，九大到十大，十大到粉碎"四人帮"。

以上对当代史的分期都有一定道理，但为了更加体现国史的特点，我主张以经济与社会发展目标模式的转换作为当代史分期的标准，并自2003年以来一直将当代史大致分为五个时期，自2015年以来对第五个时期的起始点作了修正。

第一个时期，1949—1956年，这是由新民主主义社会向社会主义过渡的时期，或者说是结合中国实际学习苏联模式的时期，前后共7年。

第二个时期，1956—1978年，这是探索中国自己的社会主义道路的时期，或者说是突破苏联模式，试图以计划经济体制加政治挂帅、群众运动搞建设的时期，前后共22年。

第三个时期，1978—1992年，这是开创中国特色社会主义道路的时期，或者说是试图以计划经济体制加市场调节搞建设的时期，前后共

14年。

第四个时期，1992—2012年，这是拓展中国特色社会主义道路的时期，或者说是以建立社会主义市场经济体制为目标模式的时期，前后共20年。

第五个时期，2012年以后，这是巩固和完善中国特色社会主义道路的时期，或者说是把改革开放前后两个历史时期对社会主义实践的探索加以整合并最终全面建成小康社会的时期。目前，这个时期正在进行之中。[①]

在上述分期方法中，我把1949年至1952年的新民主主义时期和1953年至1956年的社会主义过渡时期放在一起，都作为由新民主主义社会向社会主义过渡的时期；又把1956年至1966年的"十年探索"、1966年至1976年的"十年'文化大革命'"、1977年至1978年的"两年徘徊"放在一起，都纳入建设和探索中国社会主义道路的时期；另外，把2012年作为一个新时期的开始。为什么要这样分期呢？理由有以下几点：

（一）关于把1949年至1956年作为一个时期的理由

中国共产党早就明确，中国革命是分两步走的，第一步民主主义革命，第二步社会主义革命，就是说，进行民主革命的目的是进行社会主义革命。1949年举行的第一届政协会上，周恩来在回答"既然新民主主义是过渡性质的阶段，共同纲领为什么不把社会主义前途规定出来"的问题时就说过："现在暂时不写出来，不是否定它，而是更加郑重地看待它。"[②] 这表明，1949年至1952年是新民主主义时期，同时也是向社会主义过渡的时期，只不过那时没有公开宣布罢了。后来，当党在社会主义过渡时期总路线公布后，毛泽东指出："标志着新民主主义革命阶段的基本结束和社会主义革命阶段的开始的东西是政权的转变，是国民党反革

[①] 在中共十八大召开前，我曾将2002年中共十六大之后提出科学发展观作为第五个时期的开始。但中共十八大召开后，通过对"四个全面"战略布局、"五位一体"总体布局的提出及其实施的观察，认为将2012年作为第五个时期的开始更合乎国史的实际。见拙著《当代中国史若干理论问题十二讲》，社会科学文献出版社2016年版。

[②] 《中华人民共和国开国文选》，中央文献出版社1999年版，第250页。

命政权的灭亡和中华人民共和国的成立。"① "中华人民共和国的成立标志着中国革命由资产阶级民主革命阶段转变到社会主义革命阶段，即进入由资本主义到社会主义的过渡时期。"② 周恩来在1953年9月全国政协常委会扩大会议上更加明确地指出："新民主主义建设时期，就是逐步向社会主义过渡的时期。"③ 可见，把1949年至1956年都作为新民主主义向社会主义的过渡时期，不仅有充分的根据，而且更有利于人们正确认识这七年的性质。

（二）关于把1956年至1978年作为一个时期的理由

过去出版的当代史，一般把"文化大革命"时期与1956年至1966年的十年社会主义全面建设时期或"十年探索"时期相并列。这在改革开放初期，在当代史只有30多年的时候，应当说是适宜的。但现在当代史已有了70年，再这样分期就显得不够科学，而且也不利于人们正确认识改革开放前后两个历史时期的关系。

首先，十年"文化大革命"虽然给党和国家造成了灾难性后果，但就其本质来说，仍然是对中国自己的社会主义道路的一种探索。《历史决议》在分析"文化大革命"发生的历史原因时曾指出："社会主义运动的历史不长，社会主义国家的历史更短，社会主义社会的发展规律有些已经比较清楚，更多的还有待于继续探索。""毛泽东同志是经常注意要克服我们党内和国家生活中存在着的缺点的，但他晚年对许多问题不仅没有能够加以正确分析，而且在'文化大革命'中混淆了是非和敌我。他在犯严重错误的时候，多次要求全党认真学习马克思、恩格斯、列宁的著作，还始终认为自己的理论和实践是马克思主义的，是为巩固无产阶级专政所必需的，这是他的悲剧所在。"④ 这些论述说明，"文化大革命"虽然是对社会主义的一种不成功的甚至是失败的探索，但毕竟是对社会主义的探索。

其次，"文化大革命"持续了十年之久，在那十年里，除进行"文化

---

① 《毛泽东文集》第6卷，人民出版社1999年版，第315页。
② 《毛泽东文集》第7卷，人民出版社1999年版，第1页。
③ 《周恩来统一战线文选》，人民出版社1984年版，第255页。
④ 《三中全会以来重要文献选编》（下），人民出版社1982年版，第817、815页。

大革命"运动外,我们党和国家以及各族人民还做了许许多多其他工作,在经济建设、科学技术、国防外交等领域还取得了许许多多伟大成就。那十年虽然有时起时伏的动乱,但始终处在社会主义社会,并没有脱离社会主义的轨道,没有游离于社会主义社会之外。因此,要把"文化大革命"与"文化大革命"时期加以区别,应当承认那十年仍然处在社会主义建设时期。

最后,"两年徘徊"虽然停止了"文化大革命",并开始大力抓经济建设,但其追求的目标,是回到"文化大革命"之前的那种状态,而不是要开辟一条新的道路。

综上所述,把"十年探索""十年'文化大革命'""两年徘徊"都纳入1956年开始的对中国自己的社会主义道路的探索时期,不仅符合历史实际,而且更有利于人们正确认识十年"文化大革命"时期和"两年徘徊"的性质,有利于抵制把改革开放前后两个历史时期加以割裂和对立的错误思想。

(三)关于把2012年作为一个新时期开端的理由

党的十六大之后,我曾认为党中央提出科学发展观标志当代史出现了一个以科学发展为目标模式的时期。但十年过去了,这一目标在实践中并没有得到认真体现,经济社会各个方面基本在沿着前一阶段的路子发展。所以,党的十六大之后很难成为一个新时期的开始。而党的十八大之后,倒是出现了许多有别于前一个时期的明显特征。

习近平总书记在党的十九大前夕的"7·26"讲话中指出:"党的十八大以来,在新中国成立特别是改革开放以来我国发展取得的重大成就基础上,党和国家事业发生历史性变革,我国发展站到了新的历史起点上,中国特色社会主义进入了新的发展阶段。"[①] 在十九大报告中,他进一步指出:"十八大以来,国内外形势变化和我国各项事业发展都给我们提出了一个重大时代课题,这就是必须从理论和实践结合上系统回答新时代坚持和发展什么样的中国特色社会主义、怎样坚持和发展中国特色社会

---

① 《习近平谈治国理政》第2卷,外文出版社2017年版,第62页。

主义。"① 他还说：党的十八大之后"五年来的成就是全方位的、开创性的，五年来的变革是深层次的、根本性的"。"这些历史性变革，对党和国家事业发展具有重大而深远的影响。"② 以上论述清楚地说明，无论党和国家事业发生的历史性变革，还是中国特色社会主义进入新时代的重要标志，都发生在党的十八大之后的五年。

从事实上看，情况也正是这样。例如，对国内主要矛盾的判断，党中央自1956年以来一直说的是人民日益增长的物质文化需要同社会生产落后的矛盾；而党的十八大之后，变为了人民日益增长的美好生活的需要同社会生产不平衡不充分发展的矛盾。在国家经济发展战略上，党中央过去长期把高速增长放在重要位置；而党的十八大以来，提出稳中求进的总基调、中高速增长是新常态，并统筹推进"五位一体"总体布局，协调推进"四个全面"战略布局。在党的建设上，党的十八大之后也明显突出了一个"严"字，由中央政治局带头实行"八项规定"，对腐败采取"零容忍"态度，并强调坚守共产主义和中国特色社会主义的理想信念。在国际关系上，党的十八大之后，我国随着综合国力的日益增强，越来越多地成为国际组织、国际会议、国际行动的发起者、倡导者、组织者，日益走近世界舞台的中央。特别是在党和国家的指导思想上，党的十九大决定由原来的马克思列宁主义、毛泽东思想、邓小平理论、"三个代表"重要思想、科学发展观，增加习近平新时代中国特色社会主义思想，而正是这个思想，正确回答了进入新时代后的一系列重大问题，引领并校正着党和国家的前进航向。所以，无论党中央的论述还是客观实际都表明，党的十八大以来确实是中国特色社会主义新时代的起点，同时也是改革开放史乃至当代史一个新时期的起点。

在当代史分期的问题上，只要是从历史本身的客观实际和内在逻辑出发，从反映历史阶段性特征的角度观察，各种意见都是可以也是应当在学术范围内平等讨论的，不应当只把某一种意见视为绝对的正确，而把其他意见斥为绝对的错误。列宁说过："自然界和社会中的一切界限

---

① 《中国共产党第十九次全国代表大会文件汇编》，人民出版社2017年版，第14—15页。
② 《中国共产党第十九次全国代表大会文件汇编》，人民出版社2017年版，第7页。

都是有条件的和可变动的。"①在历史分期的问题上，同样如此。就是说，无论某种意见多么接近真理，都只具有相对的意义。另外，上述分期只是就国家宏观历史而言的，至于某些专门史，如学术史、文学史、美术史等；某些地方史，如西藏史、港澳台史等，分期、断限完全可以根据自身的特殊情况决定，不一定非要与国家史的分期一致不可。

不过也要看到，在当代史分期问题上的各类意见中，也夹杂着以"历史分期"作幌子以表达某种政治诉求的言论。这类言论并不具有学术性，自然不在平等讨论的范围。例如，有人提出，中国历史至今只有三个时期，即前帝制时期、帝制时期、后帝制时期。这种所谓"历史分期"显而易见是在影射新中国是"后帝制时期"，是没有皇帝的专制社会。还有人提出，中国近代以来只有两个标志性事件，一是1911年开始的共和时期，二是1978年开始的改革开放时期。这种所谓"历史分期"，从表面看似乎在抬高改革开放的历史地位，但细想一下就不对了。因为，它完全无视1949年中华人民共和国成立给中国带来的社会形态变化，因此，它所说的"改革开放"，只能是指继承1911年资产阶级"共和"道路的所谓"改革开放"，而不是我们正在进行的社会主义道路上的改革开放。还有人提出，1949年以来的历史应以1978年为界分为两个时期，前一个时期为现代史，后一个时期为当代史。这种分期的表述，把改革开放前后两段历史与中国近代史相提并论、等量齐观，从表面看好像也在抬高改革开放的历史地位，但深入分析一下就会发现，这等于说改革开放前后如同新中国成立前后一样，在社会形态上是不同的。按照这种"历史分期"，势必导致一种悖论，即如果说改革开放前的社会是社会主义，那么，改革开放后就不是；反之，如果说改革开放后的社会是社会主义，则改革开放前就不是。无论哪种结果，都是对改革开放前后社会性质的歪曲，都是在把改革开放前后两个历史时期加以割裂和对立。上述这几种对新中国历史的所谓"分期"，本质上都是借历史分期之名设置的"理论陷阱"，与我们要讨论的历史分期问题完全不是一码事。

---

① 《列宁选集》第2卷，人民出版社1995年版，第693页。

三、如何看待当代史的主线

所谓历史主线，是指贯穿历史始终的主要脉络。它客观存在于历史，但需要有人通过研究加以揭示。历史工作者探寻历史主线的目的，是帮助人们认识历史事件的原因，总结历史过程的得失，找出历史发展的规律，并预测历史前进的走势。因此，探寻历史主线也是史学工作者，尤其是马克思主义史学工作者在历史研究中的一项重要理论工作。

对于历史的主线，尤其是当代史的主线，由于人们运用的概念、观察的角度等有所不同，看法往往会有所差异。所以，在判断当代史的主线之前，应当首先弄清楚什么是史学意义上和马克思主义语义下的历史主线，给历史主线下一个准确的定义。要下这样的定义，当然只能从马克思主义的经典著作中找根据。

马克思在《路易·波拿巴的雾月十八日》中说："人们自己创造自己的历史，但是他们并不是随心所欲地创造，并不是在他们自己选定的条件下创造，而是在直接碰到的、既定的、从过去承继下来的条件下创造。"[①]

恩格斯在《路德维希·费尔巴哈和德国古典哲学的终结》中也说："在社会历史领域内进行活动的，是具有意识的、经过思虑或凭激情行动的、追求某种目的的人；任何事情的发生都不是没有自觉的意图，没有预期的目的的。"[②]"如果要去探究那些隐藏在——自觉地或不自觉地，而且往往是不自觉地——历史人物的动机背后并且构成历史的真正的最后动力的动力，那么问题涉及的，与其说是个别人物，即使是非常杰出的人物的动机，不如说是使广大群众、使整个整个的民族，并且在每一民族中间又是整个整个阶级行动起来的动机；而且也不是短暂的爆发和转瞬即逝的火光，而是持久的、引起重大历史变迁的行动。"[③]

恩格斯在致约瑟夫·布洛赫的信中又说："历史是这样创造的：最终的结果总是从许多单个的意志的相互冲突中产生出来的……这样就有无

---

① 《马克思恩格斯选集》第1卷，人民出版社2012年版，第669页。
② 《马克思恩格斯选集》第4卷，人民出版社2012年版，第253页。
③ 《马克思恩格斯选集》第4卷，人民出版社2012年版，第255—256页。

数互相交错的力量，有无数个力的平行四边形，由此就产生出一个合力，即历史结果……"①

把以上论述概括起来，可以归纳出以下几个观点：即第一，历史是由人创造的，而人的行动是有目的的；第二，杰出人物对历史的创造，首先要受到既定历史条件的制约，其次要适应广大人民群众的动机；第三，在阶级社会中，人民群众是分为不同阶级和利益群体的，因此，必然会有各种各样的相互矛盾的动机，这些动机在经过无数次碰撞和较量后，总会有一些占据上风，从而构成主导历史变化的动因。

可见，在马克思主义经典作家看来，所谓史学意义上的历史主线，是指构成历史主体的人民群众在既定历史条件下对历史变化形成决定性作用的动机，即历史的主要动因。换句话说，历史变化的决定性动机及其结果就是历史的主线。由于人民群众对历史变化的决定性动机不会只有一个，因此，历史的主线也不会只有一条。历史工作者探寻历史的主线，说到底是探寻历史的主要动因，即在特定历史条件下对特定历史变化形成决定性作用的人民群众的那些动机。找到了这些动因，也就找到了历史主线。

关于当代史的主线，目前学术界提法有很多，比较普遍的提法有以下几种：一种认为，主线是解放和发展生产力。另一种认为，主线是中国人民在中国共产党领导下进行革命、建设和改革。还有一种认为，主线是坚持和探索中国的社会主义建设道路。第一种提法适用于许多国家在许多时段的历史，并没有揭示出新中国历史发展的特殊动因。第二种提法也未能揭示出新中国历史发展的内在动因，只能说是给当代史下的一个定义。第三种提法虽然反映了贯穿当代史的特殊动因，但如果仅仅把它看成唯一的动因，也会发生一些不好解释的问题，使一些贯穿当代史的重大事件的动因难以用这条主线涵盖。

首先，提前向社会主义过渡就很难用坚持和探索社会主义建设道路来解释。我们党领导人民进行新民主主义革命，最终目的是引导中国走上社会主义道路。但在新中国成立前夕和初期，毛泽东、刘少奇等党和

---

① 《马克思恩格斯选集》第 4 卷，人民出版社 2012 年版，第 605 页。

国家领导人鉴于旧中国现代工业仅占国民经济10%不到,且资金匮乏、人才奇缺的实际情况,曾决定先搞一段新民主主义,让资本主义工商业再发展10年、15年、20年,以便积累资金、物资、人才,待条件具备后再重点发展重工业,并相应进入社会主义。然而,新中国成立后仅三年,毛泽东便提出从现在起就要过渡,并用10年到15年基本完成过渡。为什么会发生这个变化呢?如果说当代史只有坚持和探索社会主义建设道路这一条主线,很容易使人得出这样的结论,即提前向社会主义过渡是为了尽快搞社会主义。前些年一些人认为,提前向社会主义过渡是毛泽东的社会主义情结所致,这种历史唯心论观点的提出,与历史主线上的模糊认识,不能说完全没有关系。然而,实际情况并非如此,不是毛泽东的个人意志导致了提前向社会主义过渡,恰恰相反,是当时美帝国主义入侵朝鲜并把战火烧到中朝边境,对中国安全构成威胁,使我国迫切需要通过优先发展重工业加强国防工业,同时遇到苏联答应全面援助我国以优先发展重工业为主要内容的"一五"计划建设这一难得的历史机遇,是这些客观事物的变化反映到毛泽东头脑中,促使他考虑如何集中有限的财力、物力、人力以适应这一变化,从而提出提前向社会主义过渡的主张。

还有一种观点认为,毛泽东之所以决定提前向社会主义过渡是因为当时已经具备了向社会主义过渡的客观条件,如1952年国民经济恢复任务已顺利完成,工业生产在国民经济中、国营经济在工业生产中比重已有了较快增长,农业互助合作化运动已全面开展,朝鲜战争战局已趋于平稳,等等。就是说,提前向社会主义过渡是水到渠成。但这种观点虽然是历史唯物论的,但它没有解释也解释不了1949年新中国成立前后,党中央决定先搞十几年新民主主义然后再搞社会主义的那些主要原因,1952年下半年是否有了实质性的改变。另外,只要深入分析一下就不难看到,新中国刚刚成立时,之所以决定先搞一段新民主主义,主要原因不仅是现代工业在经济中仅占10%左右,而且农业水平也十分落后,资金、物资和人才都极度缺乏,无法开展大规模工业化建设,只能一方面发展在没收官僚资本主义企业基础上建立的国有经济,另一方面继续发挥资本主义工商业的积极作用,以便慢慢积累当时尚不具备的条件。如果说1952年这些条件忽然具备了，那为什么还要为把有限的资金、物资、人才集中用于工业化建设而实行高度集中的计划经济体制，并相应进行生产资料的社会主义改造呢？1953年党中央制定的社会主义过渡时期总路线明确指出，工业化是主体，对资本主义工商业和农业、手工业的社会主义改造是"鸟之两翼"，向社会主义过渡是围绕工业化、为了工业化的。[①]这充分说明，提前向社会主义过渡，既不是主观意志的作用，也不是水到渠成的结果，而是为了抓住当年苏联答应全面援助我国以重工业为重点的"一五"计划建设的历史机遇而采取的重大步骤。

后来，周恩来在1964年三届全国人大一次会议上又根据毛泽东的意见，提出我国在20世纪末实现工业、农业、科学技术和国防等四个现代化的目标，并在1974年四届全国人大一次会议上予以重申。改革开放后，党中央先是强调四个现代化目标，以后又提出走新型工业化道路，在21世纪头20年内基本实现工业化，在新中国成立100年时达到中等发达国家水平。党的十九大进一步提出，到2035年基本实现现代化，到21世纪中叶把我国建成富强、民主、文明、和谐、美丽的社会主义现代化强国。所有这一切都说明，在新中国的历史主线中，除了坚持并探索中国的社会主义道路之外，还有一条与之平行的主线，就是争取早日实现国家工业化和现代化。

其次，新中国成立后先后在周边打了五次影响比较大的仗，也很难用坚持和探索社会主义建设道路或争取早日实现工业化、现代化这两条主线来解释。这五次仗中的第一仗是抗美援朝战争，第二仗是中印边境自卫反击战，第三仗是抗美援越战争（主要是后勤和防空支援），第四仗是中苏边境的珍宝岛战斗（规模不大，但导致中苏边境局势长时间紧张），第五仗是中越边境自卫反击战。如果说这些战争和战斗都是受坚持并探索社会主义这条主线的支配，或者是受争取早日实现国家工业化、现代化这条主线的支配，显然也是说不通的。可见，除了上述两条主线之外，新中国历史中还有一条贯穿始终的主线，那就是维护国家的主权、

---

① 《毛泽东传（1949—1976）》（上），中央文献出版社2003年版，第269页。

安全和领土完整。过去炮击金门、平息西藏少数分裂分子叛乱，受这条主线所支配；后来反对"两霸"、打破西方制裁、收回港澳主权、遏制"台独"、打击"藏独"和"疆独"，等等，也是受这条主线所支配。最近几年，在东海和南海与各种敌对势力做斗争，在朝鲜半岛主张无核化、反对部署反导系统，以及最近在贸易和高科技领域反制美国的打压，等等，同样是受这条主线支配的。

综上所述，如果把马克思主义关于历史主线的理论与当代史的具体实际相结合，不难看出中国人民在中国共产党领导下创造历史的基本动因起码有三个：第一，坚持并探索中国的社会主义道路；第二，争取早日实现中国的工业化和现代化；第三，维护中国的国家主权、安全和领土完整。这三个基本动因，构成了当代史的三条主线。其中第一条最重要，但它代替不了另外两条。这三条主线既相互区别又相互联系，共同影响和左右着当代史的发展。当代史迄今为止的所有重大事件，几乎都可以从这三条主线中找到相应的答案。抓住了这三条主线，也就抓住了当代史发展的主要线索、主要脉络，而且可以从中大致预测出中国未来发展的基本走向。从一定意义上说，它们就像三把钥匙，可以打开一系列当代史编研的问题之门；它们也像交响乐曲的三个主题，交汇演奏出共和国发展的交响曲。

弄清当代史的主线，不仅对于构建当代史编研的学科体系不可或缺，而且，对于引导人们正确认识新中国历史也是十分必要的。好比一棵大树，树杈树叶遮天蔽日方显得大树枝繁叶茂、生机盎然，但也正因为有这些茂盛的枝叶，所以反而让人不容易看清楚主干。要认清主干，只有先剪去枝叶。同样，要认清当代史的主线，也不能被当代史中各色各样、曲曲折折的具体事件遮住视野。只要把当代史中那些具体事件拨开，新中国70年历史的主要脉络就会清晰地呈现在人们眼前。

四、如何分析当代史的主流

所谓历史的主流，是相对历史支流而言的。评判什么是历史的主流，实际上是指某个历史时期中究竟光明、进步、积极的一面为主，还是黑暗、倒退、消极的一面为主。历史工作者尤其是马克思主义史学工作者，之所以要分析并回答这个问题，同样是为了帮助人们正确认识历史，以便在纷繁复杂的历史过程中分清和把握历史的主要方面。所以，它同样是当代史编研中一个重要的学科理论问题。

关于新中国迄今为止70年的历史主流，学术界尽管有各种各样的观点，但多数认为，改革开放后的40年主流是好的，基本应以正面评价为主；而对于改革开放前的近30年，不少人要么不能理直气壮地表示应以正面评价为主，要么或明或暗地认为应以负面评价为主，个别人甚至把那段历史描绘得一团漆黑，认为比旧中国还不如。因此，要回答什么是当代史的主流，关键在于如何看待改革开放前那段历史，尤其是那段历史中的失误和曲折。

从新中国成立到"文化大革命"结束之前的27年，加上1976年粉碎"四人帮"到党的十一届三中全会召开之前的两年，一共是29年。在这29年里，有过全局性、长时段的重大失误和曲折，例如"大跃进"和"文化大革命"。对此，不应当忽视，更不应当掩饰，否则不可能从中吸取教训。另外，也不能孤立地片面地看待它们，更不能夸大它们，那样同样不可能正确总结经验，还会一叶障目，导致对那段历史的全盘否定和对社会主义制度的怀疑。要正确地看待那段历史，同样需要有当代史编研自身的学科理论。在这个问题上，我认为起码应确立以下五个观点：

（一）要把那段历史的失误与成就、曲折与本质放在一起加以比较，看看哪个方面更重要

对于改革开放前历史时期的总体评价，党中央在改革开放后的各个时期曾有过一系列论述，观点是明确的，也是始终一贯的。

1979年，邓小平同志在理论务虚会上的讲话指出："社会主义革命已经使我国大大缩短了同发达资本主义国家在经济发展方面的差距。我们尽管犯过一些错误，但我们还是在三十年间取得了旧中国几百年、几千年所没有取得过的进步。"[①]

[①] 《邓小平文选》第2卷，人民出版社1994年版，第167页。

1981年,《历史决议》中指出:中华人民共和国成立以后的历史,"总的说来,是我们党在马克思列宁主义、毛泽东思想指导下,领导全国各族人民进行社会主义革命和社会主义建设并取得巨大成就的历史。社会主义制度的建立,是我国历史上最深刻最伟大的社会变革,是我国今后一切进步和发展的基础"。"忽视或否认我们的成就,忽视或否认取得这些成就的成功经验,同样是严重的错误。"[1]

1989年,江泽民同志在庆祝新中国成立40周年大会上指出:"中华人民共和国成立以来的四十年,是中国历史发生翻天覆地变化的四十年,是经历艰难曲折、战胜种种困难、不断发展进步的四十年,是中华民族扬眉吐气、独立自主、在国际事务中日益发挥重要作用的四十年。"[2]

2007年,胡锦涛同志在党的十七大报告中指出:"我们要永远铭记,改革开放伟大事业,是在以毛泽东同志为核心的党的第一代中央领导集体创立毛泽东思想、带领全党全国各族人民建立新中国、取得社会主义革命和建设伟大成就以及艰辛探索社会主义建设规律取得宝贵经验的基础上进行的。新民主主义革命的胜利,社会主义基本制度的建立,为当代中国一切发展进步奠定了根本政治前提和制度基础。"[3]

2013年,习近平总书记在"一·五"重要讲话中指出:改革开放前后两个历史时期,"是两个相互联系又有重大区别的时期,但本质上都是我们党领导人民进行社会主义建设的实践探索……两者决不是彼此割裂的,更不是根本对立的。不能用改革开放后的历史时期否定改革开放前的历史时期,也不能用改革开放前的历史时期否定改革开放后的历史时期"[4]。2016年在庆祝中国共产党成立95周年大会上,他又指出:新中国在改革开放前,"完成社会主义革命,确立社会主义基本制度,消灭一切剥削制度,推进了社会主义建设。这一伟大历史贡献的意义在于,完成

---

[1] 《三中全会以来重要文献选编》(下),人民出版社1982年版,第794、798页。
[2] 《十三大以来重要文献选编》(中),人民出版社1991年版,第611页。
[3] 胡锦涛:《高举中国特色社会主义伟大旗帜 为夺取全面建设小康社会新胜利而奋斗》,《人民日报》2007年10月25日。
[4] 习近平:《毫不动摇坚持和发展中国特色社会主义 在实践中不断有所发现有所创造有所前进》,《人民日报》2013年1月6日。

了中华民族有史以来最为广泛而深刻的社会变革,为当代中国一切发展进步奠定了根本政治前提和制度基础,为中国发展富强、中国人民生活富裕奠定了坚实基础,实现了中华民族由不断衰落到根本扭转命运、持续走向繁荣富强的伟大飞跃"①。

以上党中央的决议、报告、讲话中的论述,高度概括了改革开放前历史的本质和主要成就,基本反映了我们党对那一时期的总体评价,应当是我们正确认识那段历史的主要理论依据。只要把那段历史中的失误、曲折,包括"大跃进"和"文化大革命"那样的严重错误,同以上论述列举的成就放在一起比较,孰重孰轻、谁主谁次,就会一目了然。

(二)要对那段历史的失误和错误进行具体分析,不能因为有些事情有失误、错误就对那些事情全盘否定

1. 要分析失误和错误是普遍的、全局的现象,还是个别的、局部的现象

例如,改革开放前发动过一系列政治运动。其中,像"大跃进"的高指标、瞎指挥、浮夸风、"共产风","文化大革命"的"打倒一切、全面内战"等错误,都是普遍的、全局性的。但像新解放区土改运动和"三反""五反"运动中的错误,则是个别的或局部的,而且一经发现很快得到了纠正。如果不加分析,看到哪个运动中有缺点有错误就予以全盘否定,势必会得出改革开放前的历史是一连串错误集合的结论。

2. 要分析存在失误和错误的工作中是否也有正确的合理的成分,这些正确的合理的成分对以后工作是否也起到了一定的积极作用

例如,新中国成立初期,思想文化领域进行的几场比较大的批判运动,存在把思想性、学术性问题简单化、政治化的倾向,有的甚至混淆了敌我、敌友的界限,显然是十分错误的。但也应当看到,正是那些大张旗鼓的批判,加上与此同时进行的知识分子思想改造运动,使文艺界、学术界、教育界原先存在的封建主义的和资产阶级唯心主义、"民主个人主义"、自由主义的思想受到了强烈冲击和迅速清理,使辩证唯物主义和

---

① 习近平:《在庆祝中国共产党成立95周年大会上的讲话》,《人民日报》2016年7月2日。

历史唯物主义、为人民服务和人人平等等无产阶级思想很快为大多数旧社会过来的知识分子所接受。如果不加分析，把那几场批判运动中犯的错误连同其中合理的正确的成分一概否定，就难以解释马克思主义过去仅在农村根据地、解放区占主导地位，为什么会在短短几年内成为全国特别是城市中的主流意识形态。

3. 要把犯错误和犯错误的时期加以区别，不能因为某个时期犯了错误，就把那个时期的工作统统否定

比如，"大跃进"时期"左"倾错误严重泛滥，给国民经济造成很大损害。但"大跃进"前前后后持续了3年时间，在那3年新建、扩建了十大钢铁厂，以及一批有色金属冶炼厂和几十个煤炭企业和发电厂，其中包括至今还在发挥作用的武钢、攀钢等。据统计，目前仍在使用的大中型水库，几乎一半是在那几年建设的；1964年前重工业部门新建的大中型项目，有2/3也是在那几年开工兴建的，就连大庆油田也是在那一时期被发现和开始建设的。那些年建起来的县办社办工业，后来虽然由于国民经济调整而纷纷下马，但很多在"文化大革命"中又"死灰复燃"，为改革开放初期乡镇企业的"异军突起"打下了一定基础。

"文化大革命"是新中国成立后犯的最为严重的错误，但前面已经说到，它持续了10年之久，在那10年里，除了开展"文化大革命"运动，我们党和国家还做了许多其他工作。《历史决议》中说：在"文化大革命"期间，"我国社会主义制度的根基仍然保存着，社会主义经济建设还在进行，我们的国家仍然保持统一并且在国际上发挥重要影响"。"国民经济虽然遭到巨大损失，仍然取得了进展。"例如，在那10年里，我国建成了成昆、湘黔、焦枝等9条铁路（包括宝成电气化铁路），南京长江大桥，两条长距离输油管道和联通大部分省的微波通信干线，第一艘核潜艇，第一个卫星地面站，第三代电子计算机，全国电视网；成功爆炸了氢弹，进行了地面核试验，发射和回收了人造卫星，发射了第一颗洲际导弹，成功培养了籼型杂交水稻；抗疟疾特效药青蒿素，也是在那一时期试验成功的。《历史决议》中还说："在国家动乱的情况下，人民解放军仍然英勇地保卫着祖国的安全。对外工作也打开了新的局面。当然，这一切决不是'文化大革命'的成果，如果没有'文化大革命'，我

们的事业会取得大得多的成就。"① 这些事实都说明，绝不能把"文化大革命"运动与"文化大革命"时期画等号，不能因为要彻底否定"文化大革命"，就否定我们党和国家在"文化大革命"时期所做的有益工作和社会主义建设事业所取得的重大成就，更不能因此而否定我们党和国家的原有性质。

（三）要把失误和错误放在特定的历史条件下分析，并把那时可以避免的和难以避免的失误和错误区分开来

所谓客观条件限制有两种，一种是实践不够，缺少经验；另一种是物质不够，缺少条件。例如，改革开放前在很长时间内积累率过高，对消费品生产的资金、原材料安排不足，使人民生活水平提高不快；尤其是对农业、农民索取过多，给予过少，造成农村大部分地区面貌变化不大。这与我们对积累与消费比重安排不当，对农业与农民照顾不够有关，也与当时为进行大规模工业化基本建设积累资金、集中使用物质有关。新中国成立后，面对旧中国"一穷二白"的落后局面和帝国主义的军事威胁、经济封锁，必须走优先发展重工业的道路，以便尽快增强国力、巩固国防。而要这样做，在当时只能靠出口农副产品换回先进的工业设备，必须从农村购买大量农副产品适应工业人口的增加。如果任凭农副产品价格随行就市，财政开支就无法控制，建设计划就会落空。所以，那时不得不对粮食、棉花、油料作物和木材等主要农副产品实行统购统销政策，不得不相对牺牲农民的一部分利益，暂时抑制人民的某些消费。当年陈云就说过："中国是个农业国，工业化的投资不能不从农业上打主意。搞工业要投资，必须拿出一批资金来，不从农业打主意，这批资金转不过来。"② 他还说："缩小工农业产品价格的剪刀差，这是我们的目标，共产党的政权必须这样做，不能忘记。革命就是为了改善最大多数人民的生活，但是由于我们工业品少，也不要以为很快可以做到。这个问题我有责任说清楚，因为还要积累资金，扩大再生产。"③ 因此，从历史的

---

① 《三中全会以来重要文献选编》（下），人民出版社1982年版，第815—817页。
② 《陈云文选》第2卷，人民出版社1995年版，第97页。
③ 《陈云文选》第2卷，人民出版社1995年版，第194—195页。

基本面看，人民生活水平提高、农村面貌变化都不如改革开放时期那么显著，是工业化建设不得不付出的必要代价。即使不犯"大跃进"、反右倾、"文化大革命"那样的错误，这些问题仍然会在一定程度上存在。只不过，那些错误加重了困难的程度，延长了困难的时间，使各种票证越发越多罢了。

（四）要分析造成失误和错误的主观原因，同时要把好心办坏事与个人专断、个人专断与专制制度加以区别

在可以避免的错误中也有两种，一种是个人专断，一种是急于求成。对于急于求成，邓小平做过一个分析，他说："我们都是搞革命的，搞革命的人最容易犯急性病。我们的用心是好的，想早一点进入共产主义。这往往使我们不能冷静地分析主客观方面的情况，从而违反客观世界发展的规律。中国过去就是犯了性急的错误。"[①] 这个分析完全符合实际，也十分中肯。正因为是好心办了坏事，所以错误一旦被发现，我们党和政府才有可能立即正视错误，承认错误，并积极采取措施纠正错误。

例如，"大跃进"中"浮夸风""共产风"的错误加上自然灾害，使农业大幅度减产，储备粮严重不足，人民群众普遍吃不饱，很多人由于营养不良患浮肿病，一些地方甚至出现饿死人的现象。但当党和政府发现问题后，立即紧急调运和进口粮食，查处封锁消息的案件，千方百计增加城市大豆、鱼类供应，发放各种生活必需品的票证，保障人民群众基本需要。各级领导干部还带头减少粮食定量，与人民共度时艰，而且发扬党的优良传统，在工作中设身处地地为老百姓着想。例如，上海除了有半两粮票外，还考虑到江浙一带人民有吃汤面的习惯，印有一钱六分五厘的油票。正因为上下同甘共苦，党和政府的工作周到细致，所以，尽管那时生活十分艰难，但人民群众对党和政府仍然高度信任、充分体谅，从而很快渡过了难关。

个人专断与急于求成的问题有所不同，《历史决议》对此进行了全面而深入的分析。其中指出：这种问题的根源在于骄傲、脱离实际和脱离

---

① 《邓小平文选》第3卷，人民出版社1993年版，第139—140页。

群众，表现在把个人凌驾于组织之上，后果在使党和国家政治生活中的集体领导原则、民主集中制原则受到削弱以至破坏，社会原因在于党内民主和国家政治生活中的民主缺少制度化、法律化以及权力过分集中于个人，历史原因在于长期封建社会造成的专制主义思想影响。因此，必须吸取"文化大革命"的教训，健全党和国家的民主集中制和集体领导的制度。

不过，我们也必须看到，受专制主义思想的影响与封建专制制度是本质完全不同的两码事。前者是思想作风问题，后者是社会性质问题，不能相互混淆。从本质上讲，社会主义制度是与个人专断这类专制主义思想格格不入的，正因如此，我们党才能在社会主义制度的框架内，提出并着手纠正这种问题。另外，在指出这一问题时，也不能把它仅仅归咎于某个人或某些人，而应当注重于总结经验，并在党和国家的领导制度、干部制度等政治体制上进行改革，以免后人重犯类似错误。党的十七大报告在讲到严格执行民主集中制时，强调要"健全集体领导与个人分工负责相结合的制度，反对和防止个人或少数人专断"[1]。习近平总书记在2013年全国组织工作会议上也指出："在贯彻执行民主集中制方面，既有发扬民主不够导致的主要领导独断专行的问题，也有正确集中不够造成的领导班子软弱无力的问题，相对来说，前者更为突出一些。"[2]这说明，即使改革开放后，仍然存在个别人或少数人专断的情况。封建专制主义思想影响在我国有深厚的历史根源，不会只在某个人或某些人身上起作用，也不会仅在短时间内就被清除干净；更不能因为存在某些人独断专行的现象，就妄言中国共产党是什么专制主义的党、中华人民共和国是什么专制主义的国家。

（五）要看前面的历史对于后面的历史的作用是积极面为主，还是消极面为主

改革开放无疑是决定当代中国命运的关键抉择，但它不是在1949年

---

[1] 《十七大以来重要文献选编》（上），中央文献出版社2009年版，第39—40页。
[2] 《十八大以来重要文献选编》（上），中央文献出版社2014年版，第353页。

旧中国那个满目疮痍的烂摊子上起步的，而是在以毛泽东同志为核心的党的第一代中央领导集体创立毛泽东思想，并带领全党全国人民建立新中国，取得社会主义革命和建设伟大成就，以及艰辛探索社会主义建设规律、取得宝贵经验的基础上进行的。概括地讲，我认为那段历史对于改革开放具有奠基的意义，这个意义起码体现在以下五个方面：

第一，提供了改革开放的政治前提。例如，取得了国家的独立、统一，实现了民族的大团结，建立了社会主义基本制度，维护了国家的安全和社会稳定。如果没有这个前提，改革开放就是不可想象的。

第二，提供了改革开放的物质基础。例如，建立了独立完整的工业体系和国民经济体系，拥有了雄厚的固定资产。1978年，我国固定资产比新中国成立时增长了56.3倍。而且，正因为那时我国已建立了完整工业体系，所以现在才可能成为世界上唯一一个拥有联合国产业分类的全部工业门类中41个大类、191个中类、525个小类的国家。如果没有这个前提，改革开放也是不可想象的。

第三，提供了改革开放的外部条件。例如，与世界上大多数国家建立了外交关系，在第三世界中拥有极高威望，在联合国恢复了合法席位，顶住了大国沙文主义妄图控制中国的压力，打破了帝国主义对中国的封锁，搞出了"两弹一星"。正如邓小平所说："毛泽东同志在他的晚年还提出了关于三个世界划分的战略思想，并且亲自开创了中美关系和中日关系的新阶段，从而为世界反霸斗争和世界政治前途创造了新的发展条件。我们能在今天的国际环境中着手进行的四个现代化建设，不能不铭记毛泽东同志的功绩。"[①]他还说过："毛泽东同志在世的时候，我们也想扩大中外经济技术交流，包括同一些资本主义国家发展经济贸易关系，甚至引进外资、合资经营等等。但是，那时候没有条件，人家封锁我们……毛泽东同志关于三个世界划分的战略思想，给我们开辟了道路。"[②]"如果六十年代以来中国没有原子弹、氢弹，没有发射卫星，中国就不能叫有重要影响的大国，就没有现在这样的国际地位。"[③]显然，没有这个

---

① 《邓小平文选》第2卷，人民出版社1994年版，第172页。
② 《邓小平文选》第2卷，人民出版社1994年版，第127页。
③ 《邓小平文选》第3卷，人民出版社1993年版，第279页。

前提，改革开放也是不可想象的。

第四，提供了改革开放的政治保证。例如，形成了关于社会主义制度的一系列基本政治原则，其中最重要的，就是邓小平在改革开放后提出的四项基本原则。没有这个前提，改革开放更是不可想象的。

第五，提供了改革开放可资借鉴的经验教训。邓小平说过："过去的成功是我们的财富，过去的错误也是我们的财富……没有'文化大革命'的教训，就不可能制定十一届三中全会以来的思想、政治、组织路线和一系列政策。"①那样，改革开放当然也是不可想象的。

根据以上分析，我认为对于改革开放前的那段历史可以作出三个结论性的评价：

第一，改革开放前的历史尽管有失误有曲折，但本质是探索过程中的失误和曲折，主流是成就是进步，评价应当以正面为主。

第二，改革开放前的历史尽管在城乡面貌的改变和人民生活水平的提高方面，远不如改革开放后那么显著，但这并不表明那段历史没有成绩或成绩不大。如同盖楼一样，打地基时的变化不容易让人看出来，但楼房盖得快盖得高，反过来可以说明地基打得好、打得牢。

第三，改革开放前与改革开放后两个历史时期是内在统一和不可分割的整体，我们完全有理由说，新中国的 70 年是伟大、光辉的 70 年，是值得每一个中国人为之骄傲、自豪的 70 年。

目前，当代史编研与史学的其他分支学科相比仍处于初创时期，自身的学科理论还有待进一步明晰化、条理化、系统化。然而，无论是哲学社会科学特别是历史学学科体系、学术体系、话语体系要加快构建的任务，还是中国特色社会主义事业面临的客观形势，都要求当代史编研尽快拿出更多科学的有说服力、战斗力的学科理论。

习近平总书记曾指出："国内一些错误观点时有出现，有的宣扬西方价值观，有的专拿党史国史说事，有的以'反思改革'为名否定改革开放，有的否定四项基本原则。"②所谓拿国史说事，就是指使用捕风捉影、

---

① 《邓小平文选》第 3 卷，人民出版社 1993 年版，第 272 页。
② 《全面从严治党理论与实践研究》，人民出版社 2016 年版，第 79 页。

胡编滥造、以偏概全、偷换概念、混淆是非等手法抹黑新中国历史的言论。他还说过："现在，国内国外、网上网下都有一些言论，贬低中华文化，否定中华民族的历史贡献，否定近代以来中国人民的奋斗史，歪曲中国共产党的历史、中华人民共和国的历史，歪曲改革开放的历史。这些就是负能量，增加正能量就要对着负能量去有的放矢，正面交锋。"①而要同各种歪曲新中国历史的言论进行有的放矢的正面交锋，就需要有当代史学科理论的支撑。

2019年全国两会期间，习近平总书记又提出：新中国70年历史"无论是在中华民族历史上，还是在世界历史上，这都是一部感天动地的奋斗史诗。希望大家深刻反映70年来党和人民的奋斗实践，深刻解读新中国70年历史性变革中所蕴藏的内在逻辑，讲清楚历史性成就背后的中国特色社会主义道路、理论、制度、文化优势，更好用中国理论解读中国实践，为党和人民继续前进，提供强大精神激励"②。要实现这样的要求，讲清楚新中国70年历史性变革所蕴藏的内在逻辑，也需要有当代史学科理论做支撑。

2019年是新中国成立70周年，当代史编研的工作者应当抓住当代史备受关注的机遇，更加积极地开展当代史学科理论的研究和建设，更加自觉地发挥当代史"资政""育人""护国"的功能，更加主动地在人民群众尤其是青年学生中大力开展唯物史观指导下的当代史教育，把正确认识和阐释当代史纳入建设社会主义核心价值体系的工作中、融入国民教育和精神文明建设的全过程，为树立和坚定中国特色社会主义的道路自信、理论自信、制度自信、文化自信提供历史依据，在中华民族伟大复兴的事业中做出自己应有的贡献。

[原载《毛泽东邓小平理论研究》2019年第7期]

---

① 《习近平关于总体国家安全观论述摘编》，中央文献出版社2018年版，第107页。
② 《坚定文化自信把握时代脉搏聆听时代声音　坚持以精品奉献人民用明德引领时尚》，《人民日报》2019年3月5日。

马克思历史辩证法与中共党史研究的发展

孙钦梅

历史辩证法是马克思主义历史哲学的重要组成部分，也是中共党史研究的理论前提和基础。长期以来，党史研究强调矛盾分析法，强调实事求是、历史唯物主义地看待问题，强调遵循历史发展的客观规律等，都是在马克思历史辩证法这一科学理论的指导下进行的。可以说，马克思历史辩证法在中共党史研究中的运用，深刻地影响了党史学科的整体面貌和发展进程。当前，中共党史学对历史辩证法的研究形成了一些新的课题和领域，总体上突破了马克思主义哲学教科书体系，但依然存在着对辩证法理论空泛化、标签化理解：或者在运用中寻章摘句，公式化地照抄套用，或致力于"碎片化"的个案研究，陷入后现代史学的虚无主义，甚至认为马克思主义在当前已经"过时"，缺乏对马克思主义历史哲学的正确理解和信仰。重新审视马克思历史辩证法对于中共党史研究的科学意义，及其在21世纪中共党史学领域的贯彻路径，是统一科学认识、构建成熟学科体系以及澄清思想混乱的新的基点。

一、马克思历史辩证法的基本思想及其对党史研究的指导意义

马克思历史辩证法是主张人类社会历史是一个有规律的发展过程的学说，是与形而上学根本对立的世界观、认识论和方法论。就本质而言，

历史辩证法是人类社会历史本身固有的特征，其产生为人们揭示历史过程的内部矛盾和规律性提供了可能。马克思历史辩证法认为，人类社会历史不是一些杂乱无章的偶然事件的堆积，而是一个由低级向高级不断地变化、充满矛盾又有规律可循的辩证发展过程，不仅包含着宇宙的普遍规律——对立统一规律，质量互变规律，否定之否定规律，而且存在着反映这些规律的统一性与多样性、必然性与偶然性、现象与本质、原因与结果、渐变与突变等一系列辩证法范畴。其中，事物矛盾运动的法则，即对立统一规律，是辩证法的实质和核心。否认了对立统一规律，也就从根本上否认了辩证法。马克思历史辩证法主要包含三个方面的特征：第一，从本质来看，马克思历史辩证法是唯物主义的，与黑格尔唯心主义的思辨辩证法不同，它把历史辩证法建立在唯物主义的基础之上，认为真正的历史辩证法不是从思辨出发，而是从"现实的个人"出发，以人与人之间的社会关系和实践为基础，这使辩证法理论发生了质的变化，彻底消解了原来的唯心史观。第二，从思维方式来看，马克思历史辩证法既强调历史维度，又强调辩证法维度，体现了历史唯物主义与辩证思维方式的统一。马克思历史辩证法范畴中的"历史"意涵，不仅是指作为"实体"或"对象"的社会历史，更重要的是把事物当作"过程"来理解的辩证思维，既蕴含了历史的规律性维度，又突出了历史的主体创造性维度。这样，历史性与辩证性并不是割裂的，恰恰是相互联系、互为补充的。第三，从效果来看，马克思历史辩证法的实质是理论与实践的创造性结合，强调将历史辩证法运用于现实社会矛盾和具体问题的分析解决中，不能仅停留在"思维层面"或"解释领域"。它要求人们在辩证地认识人类社会历史的基础上，进一步去改造世界。

马克思历史辩证法的诞生是哲学社会科学史上的伟大变革，它克服了古代朴素唯物主义的不彻底性，吸收了黑格尔辩证法的"合理内核"，真正实现了唯物主义与辩证法的有机统一。在中共党史研究中，坚持马克思历史辩证法的指导，具有十分重要的理论和现实意义。

首先，马克思历史辩证法与唯物史观是内在统一的，是科学的历史观和方法论。马克思历史辩证法相较于黑格尔的辩证法不仅是辩证法思想上的吸收和继承，而且通过唯物史观实现了历史辩证法的彻底革命，使社会存在与社会意识的关系、历史发展的根源和动力问题得到了科学的说明。在马克思历史辩证法中，历史观是基础，辩证法是核心。历史观之所以重要，就在于它确立了对待历史的基本态度，历史观并不能改变既成的历史事实，但它能决定如何解释历史，不同历史观下的历史书写有着根本的区别，正如普列汉诺夫所强调的，"马克思的历史理论包括了一切有实际价值的历史观念，并且给予这些观念一个非常坚固的基础"①。这个基础就是科学的历史观。在此基础上，历史辩证法研究人类社会历史的演进、形态和发展规律，具有重要的方法论意义。中共党史学科甚至整个社会科学的方法论，必须是一个足以阐明从社会经济基础、人的地位作用到上层建筑的辩证运动的科学思想体系。马克思历史辩证法作为这一思想体系的指导理论，不同于一般的、具体的研究方法。2015年1月23日，习近平总书记在主持中共中央政治局集体学习时，强调辩证唯物主义是中国共产党人的世界观和方法论。这显示出，历史辩证法作为科学思想中的巨大成果含有历史观和方法论的双重意蕴，对于我们书写党的历史的"本然"与"所以然"，具有重要的启示和指导意义。

其次，马克思历史辩证法把党的革命和建设实践归结为有规律的发展过程，并为揭示这一历史规律提供了理论基础。中共党史学的意义不在于在对党的历史过程、现象和事实进行简单直观的描述，而是基于历史矛盾运动揭示党的历史发展的规律，不断地提出新问题和解决新问题。在党史研究中坚持历史辩证法，不仅要对历史事实作出说明，更重要的是在说明事实的基础上揭示出历史发展的规律，并对未来进行预测和分析。恩格斯指出："现代唯物主义把历史看作人类的发展过程，而它的任务就在于发现这个过程的运动规律。"②实际上提出了将辩证法贯穿到历史研究以探求历史本真的要求。党的历史发展规律，一方面表现为客观历史内在必然的联系，另一方面也表现为人的主观思维对这一内在必然联系的认识。党史研究以发现历史的规律为己任，需要借助辩证法这一

---

① 《普列汉诺夫哲学著作选集》第2卷，生活·读书·新知三联书店1961年版，第162页。
② 《马克思恩格斯选集》第3卷，人民出版社1995年版，第364页。

认识客观真理的指导理论，用主观的辩证思维去揭示客观历史的辩证存在，实现主观与客观的辩证统一。具体来说，就是要用科学的辩证思维去分析：历史如何在对立统一中运动？如何在质量互变中转化？如何在否定之否定中前进？等等。用这些辩证法范畴去研究党史，就能帮助我们正确揭示历史发展的规律。

最后，把握党的历史发展的主题和主线离不开我们坚持马克思历史辩证法。中国共产党自成立以来，始终引领中国人民为争取民族独立、人民解放和实现国家繁荣富强、人民共同富裕这两大历史任务而不懈奋斗，这是党的历史发展的主题和主线，它由近代以来的中国社会性质和主要矛盾决定。一方面，只有运用历史辩证法这一基本方法，去认识构成党的整个历史发展的矛盾运动，弄清各种历史事件、历史人物、社会群体他们之间的复杂联系，及其演变发展的脉络和过程，才能抓住问题分析的根本，准确地把握党的历史发展的主题和主线；另一方面，寻找党的历史发展的主题和主线，在方法论上应该是一个演绎和归纳、分析和综合、抽象和具体相结合的辩证逻辑思维过程，也就是从个别到一般，再从一般到个别的过程。党的历史发展的主题和主线只能是经过这种辩证逻辑思维过程之后，才能得出一个基本概念。这个概念就主题来说，是对党的历史最一般、最基本的本质抽象，代表党的历史发展的根本方向，就发展线索来说也是如此。在这个问题上，"以点代面""以点代线"都违背了科学的辩证逻辑思维方法，也就不能对复杂多变的党的历史进行科学的认识和归纳。

二、马克思历史辩证法在党史研究中的运用和发展

作为认识和解释人类社会历史的理论和方法，历史辩证法于20世纪初随着马克思主义传入中国，并深入渗透至史学及各个分支领域中，影响广泛，被学者公认为"一切任何学问的基础"[①]。早期共产主义者和马克思主义者在阐释唯物辩证法哲学理论的过程中，注重运用于中国的"具体环境"。这个"具体环境"一是指党的革命运动，一是指党的历史

---

① 《艾思奇文集》第1卷，人民出版社1981年版，第66页。

研究。马克思历史辩证法在中共党史研究中的运用，使中共党史学发生了深刻的变化。通过与党的实践和党史研究的结合，历史辩证法自身也得到了更为深刻的理解和阐释。

在党的历史上较早对唯物辩证法进行介绍和阐发的是瞿秋白和李达。瞿秋白1926年在《马克思主义之意义》一文中强调：马克思主义的宇宙观及社会观之所以内在统一，是"因为他对于现实世界里的一切现象都以'现代的'或互辩法的（dialectical）——即第亚力克谛①的唯物论观点去解释。这是马克思主义的最根本的基础，就是所谓马克思的哲学"②。在《现代社会学》《社会哲学概论》等著论中，瞿秋白首次把唯物辩证法的基本特征和规律介绍到中国来。他介绍说："一切变易是起于永久的内部的矛盾，内部的斗争。""宇宙间一切都动，一切都流。实际上决无绝对的静。所以所谓'动'就是斗争，就是矛盾。"③李达在他的代表作《现代社会学》中继续"发挥了列宁关于辩证法、认识论和逻辑学三者同一的思想"，同时"厘清了辩证法和认识论的关系，辩证唯物论和历史唯物论的关系"④。他指出，唯物辩证法是"把社会当作不断的发展着的、生动的有机体解释的。这种有机体的研究，要求对于构成特定社会的生产诸关系，作客观的分析，并探索它的作用及其发展，即由一种有机体进到别种高级有机体的特殊运动法则"，并基于这一法则，"指示实践的方法，以促成由一种社会有机体进到别种高级社会有机体的变革"⑤。

在毛泽东思想体系中，关于辩证法的内容是其史学研究重要的一部分。毛泽东结合我们党的革命和建设实际，提出了一系列辩证的党史研究方法。

（一）矛盾分析法

从一定意义上说，毛泽东的辩证方法论就是矛盾方法论。在《矛盾

---

① 即互辩法、辩证法，英文 dialectical 的中文音译。
② 《瞿秋白文集（政治理论编）》第4卷，人民出版社1993年版，第18页。
③ 《瞿秋白文集（政治理论编）》第2卷，人民出版社1988年版，第455、456页。
④ 李达：《社会学大纲》，湖南教育出版社2008年版，第6页。
⑤ 李达：《社会学大纲》，湖南教育出版社2008年版，第1—2页。

论》开篇他指出:"事物的矛盾法则,即对立统一的法则,是唯物辩证法的最根本的法则。"[1] 毛泽东并指出了正确认识和运用矛盾分析法的几条路径:一是要客观地看问题,"忌带主观性、片面性和表面性"[2],了解矛盾各方的特点。二是以一分为二和"两点论"的观点去分析问题。例如,对于唯心论和机械唯物论的分析,毛泽东说:"抗日阵线中唯心论与机械唯物论的两面性,在其向日本帝国主义斗争上与在其向日本帝国主义斗争时是进步的,在其向辩证唯物论斗争上与向辩证唯物论斗争时是反动的。这种同时存在的两面性,规定了辩证唯物论应该联合唯心论与机械唯物论,同时又批判之。"[3] 三是抓住问题的重点和关键,着力解决主要矛盾。毛泽东说:"材料是要搜集得愈多愈好,但一定要抓住要点或特点(矛盾的主导方面)。"[4] "捉住了这个主要矛盾,一切问题就迎刃而解了。"[5] 要求人们把握矛盾的不平衡性,不能主次不分、轻重不分。

(二)实事求是

它是毛泽东进行历史研究的出发点和根本点,集中体现了马克思历史辩证法的基本思想。毛泽东指出:"'实事'就是客观存在着的一切事物,'是'就是客观事物的内部联系,即规律性,'求'就是我们去研究。"[6] 这一命题本身隐含着"实事"与"是"之间对立统一的关系。了解了"实事"仅认识了事物的现象,只有经过"求"的过程,在详细地占有材料的基础上,以历史唯物主义和辩证唯物主义作为理论和方法论指导,才能把握"是",上升到本质认识和规律性认识。另外,从"实事"到"是"的研究过程离不开辩证法。"实事求是"要求我们从客观存在的事物中去研究,以求得对事物内部联系即规律性的认识。问题在于,客观存在的事物是不断运动、变化和发展的,每种事物因自身的内部矛盾和外部矛

---

[1] 《毛泽东选集》第1卷,人民出版社1991年版,第299页。
[2] 《毛泽东选集》第1卷,人民出版社1991年版,第312页。
[3] 《毛泽东哲学批注集》,中央文献出版社1988年版,第362—363页。
[4] 《毛泽东文集》第2卷,人民出版社1993年版,第382页。
[5] 《毛泽东选集》第1卷,人民出版社1991年版,第322页。
[6] 《毛泽东选集》第3卷,人民出版社1991年版,第801页。

盾的不同，其运动也就各具自身特殊性。它要求研究者对不同的事物进行具体的分析，否则"实事求是"就只能成为一句空话。

（三）"古今中外法"

1942年毛泽东在《如何研究中共党史》的讲话中提出，"古今中外法"是研究中共党史的根本方法，这一方法"就是弄清楚所研究的问题发生的一定的时间和一定的空间，把问题当作一定历史条件下的历史过程去研究"①。从内涵来看，"古今中外法"主要包含了两种研究方法：一是对比研究法，即要把对应的两方面情况通过比较的方法都说清楚。毛泽东指出："为了有系统地研究中共党史，将来需要编两套材料，一种是党内的，包括国际共产主义运动；一种是党外的，包括帝国主义、地主、资产阶级等。两种材料都按照年月先后编排。两种材料对照起来研究，这就叫做'古今中外法'，也就是历史唯物主义的方法。我们研究党史，必须全面看，这样研究党史，才是科学的。"②一是历史唯物主义的研究方法。毛泽东指出，在党史研究中，就是要"用整个党的发展过程做我们研究的对象，进行客观的研究，不是只研究哪一步，而是研究全部；不是研究个别细节，而是研究路线和政策"③。如对"左"倾错误路线的分析，毛泽东指出："不应着重于一些个别同志的责任方面，而应着重于当时环境的分析，当时错误的内容，当时错误的社会根源、历史根源和思想根源。"④毛泽东的"古今中外法"深刻揭示了马克思主义史学辩证的研究方法与认识路径，视野宏大、形象而深刻，它不但适用于党史研究，且适用于一切历史研究。

党的领导人和创始人对唯物辩证法的阐发，对国内知识分子和党的理论工作者产生了重要影响。从20世纪30年代开始，唯物辩证法在国内尤其是中共党史和革命史领域得到系统传播。以何干之、胡华、胡绳等为代表的老一辈党史工作者自觉地学习并运用马克思和毛泽东的历史

---

① 《毛泽东文集》第2卷，人民出版社1993年版，第400页。
② 《毛泽东文集》第2卷，人民出版社1993年版，第406页。
③ 《毛泽东文集》第2卷，人民出版社1993年版，第399页。
④ 《毛泽东选集》第3卷，人民出版社1991年版，第938页。

辩证法作为研究工作的指南。何干之的《中国现代革命史》《近代中国启蒙运动史》《中国民主革命时期的资产阶级》，胡华的《中国新民主主义革命史》《中国革命史讲义》《中国社会主义革命和建设史讲义》，胡绳的《辩证法唯物论入门》《帝国主义与中国政治》等都是运用历史辩证法的典范，在党史学界有很大影响，长时期地拥有广泛的读者。但其间，党史研究由于受到"左"倾思想的影响，也出现了简单化、概念化、公式化和教条主义盛行的现象，尤其是在"文化大革命"期间，马克思主义史学受到严重摧残。党的十一届三中全会后，党史研究进入了一个崭新的发展阶段，不仅打破了"左"倾思潮影响下盛行的种种精神枷锁，还重新确立了马克思历史辩证法实事求是、一切从实际出发的科学精神，使中共党史学在马克思历史辩证法科学理论和方法的指导下，日趋走向成熟和完善。

三、新时期党史研究如何坚持马克思历史辩证法

马克思历史辩证法在中共党史研究中的运用，对 20 世纪的中共党史学产生了不可替代的影响：它使党史研究在注重历史资料的基础上，同时注重方法论的研究，以探求准确、客观地理解和分析党的历史事件和人物；不再把历史看作孤立的、静止的、片段的东西，而当作一个整体的、普遍联系的、发展变化的事物去考察；并学会活用自己的话语，讲解自己的历史。可以说，中共党史学成为一门科学，离不开马克思历史辩证法的指导，党史研究者坚持马克思主义的立场、观点和方法，必须学习和掌握这一重要方法论。习近平总书记指出："客观地而不是主观地、发展地而不是静止地、全面地而不是片面地、系统地而不是零散地、普遍联系地而不是孤立地观察事物、分析问题、解决问题，在矛盾双方对立统一的过程中把握事物发展规律，这是学习和掌握唯物辩证思想方法的基本要求。"[①] 在党史研究中坚持历史辩证法，具体应做到以下几点：

---

① 习近平：《深入学习中国特色社会主义理论体系　努力掌握马克思主义立场观点方法》，《求是》杂志 2010 年第 7 期。

（一）遵循发展和开放性原则

马克思历史辩证法不是一种封闭的或某种神圣不可触动的东西，而是一个发展和开放的体系。恩格斯说："每一个人只要注意研究历史，学会正确对待人类命运中永不停息的变革，知道在人类的命运中除了不固定本身之外没有任何固定的东西，除了变化本身之外没有任何不变化的东西。"[①] 人类历史上的一切事物都有自己的界限，如果时空条件改变了，人们的认识仍停留在原处，将会把真理变成谬误。中共党史研究坚持马克思历史辩证法，一是要结合党的历史实际用发展的观点看待问题。党史研究科学的方法论是一个阐明从社会经济基础、人的主体性作用到上层建筑的辩证运动，揭示党的历史发展进程中矛盾运动的科学思想方法。这一方法论必须是动态的、发展的，要求我们站在历史永不停息地变革的观点上动态地分析问题，并将辩证思维伸达现代党史学的最前沿阵地，时刻倾听时代的呼声，同时以批判的精神抛弃形式上空洞乐观的保守主义和墨守成规的思想。当然，发展应是坚持中的发展，不能以发展或解放思想为名，行否定之实，企图用别的什么主义来代替马克思主义。毛泽东历来要求党的干部和理论工作者要尽可能多读一点马克思主义的基本著作，学习他们研究问题和解决问题的立场、观点和方法。在党史研究中，结合现实需要经常重读马列经典文本是必要的，可以从中发现因各种原因被遮蔽或误解了的蕴意，从而达到"返本开新"之功效。二是运用马克思历史辩证法，要有开放性意识。党史研究遵循历史辩证法，首要的、基本的是指马克思、恩格斯、列宁的辩证思想，但又不限于此，它还包括之后发展了的马克思主义的历史辩证法；坚持马克思历史辩证法，也并非意味着排斥任何其他的现代理论和方法。党史研究者要有世界的眼光和包容的心态，善于总结当代世界最新理论成果，善于借用国际上通用的概念范畴，做出新的解释，赋予新的内涵。这样做一方面可以使历史辩证法在同各种理论和方法的比较中显示自身的特点和活力，另一方面也使我们的研究工作具有广阔的视野和丰富的内容。三是坚持

---

① 《马克思恩格斯全集》第9卷，人民出版社1961年版，第37页。

马克思历史辩证法，要立足我国的文化传统，体现继承性和民族性。从人类思想文化的交流来看，任何一种外来思想文化都要适应本土现实社会的需要，并在与本土思想文化的碰撞和交流中确立新的形态。中国传统哲学中蕴含着丰富的辩证法思想，如《易经》中的"阴阳"说，《老子》中的"有无相生，难易相成，长短相形，高下相倾"等辩证思想。应当说，马克思主义历史辩证法自近代以来在我国得到广泛传播，与中国传统的辩证法思想在近代的延续是分不开的。正如毛泽东所指出的："马克思主义必须和我国的具体特点相结合并通过一定的民族形式才能实现。"①党史研究者要善于融通马克思主义的资源和中国传统哲学的资源，同时要依据中国时代的变革要求去挖掘新材料、发现新问题、提出新观点。

（二）坚持历史唯物主义原则，克服教条主义

马克思历史辩证法为党史研究提供了强大的方法论支持，但不容否认，它在与党史研究相结合的过程中出现了教条化、公式化和庸俗化等非历史唯物主义的问题。比如，一些研究者公式化地照抄或套用辩证法词句，认为掌握了马克思历史辩证法的一些词句就是坚持了辩证法，或者以为凡是坚持"一分为二"的观点就是坚持了矛盾分析法，没有一定的准则和标准，在历史人物评价问题上沦为相对主义和折中主义，出现了人物评价上的"好人不好""坏人不坏"的现象。历史唯物主义是唯物辩证的方法在社会历史领域的发挥和具体运用，也是唯物史观的一个基本原则，它要求研究者从客观存在的历史实际和固有的内部联系出发，以联系、变化和发展的观点去认识和评价历史上的事物。具体来说，一是它要求我们从整体上认识党的历史，把历史、现实和未来连接起来，打通研究中公式化的年代界限，唯此才能区分个别现象和普遍现象、偶然现象和必然现象、次要现象和主要现象间的复杂矛盾关系，并从总体上做出正确判断。二是要求坚持实事求是的分析方法，透过现象看本质。我们整部党的历史是光辉的，党领导全国各族人民在长期的革命和建设过程中取得了伟大的成就，这是党史的主体，"如果看不到这个主体，党

---

① 《毛泽东选集》第 2 卷，人民出版社 1991 年版，第 534 页。

史研究工作就不能如实地反映历史,也不能鼓舞人民群众前进的信心"①。在对待党的失误和错误的问题上,要辩证地实事求是地弄清楚失误产生的原因,其中的教训是什么,通过对经验教训的总结以更好地服务于社会。也就是要求我们要运用一般与个别、全部与局部的辩证关系原理,力求全面、客观地看待党的失误、错误和所取得的成就,分清历史发展的主流和支流。三是要求用联系和发展的观点评价党的历史事件和人物。历史评价是一个严肃的理论和现实问题,特定的历史事件和历史人物应放在党的整个历史和近代历史,甚至世界历史的发展进程中加以研究。例如对改革开放前后 30 年的研究,不少国外学者以偏概全、割裂历史,或是将前 30 年描写为一系列错误的集合,贬低其为专制主义的历史,或是把后 30 年解释为走资本主义道路,共产主义理想信念丧失,看不到这两个历史时期相互之间的内在联系。将历史唯物主义贯穿于党史研究之中,意味着以一种辩证的方式克服教条主义现象。

(三)运用马克思历史辩证法,提高对错误思潮的辨别能力

中共党史学科的特殊性质,决定了党史研究具有鲜明的意识形态色彩和现实针对性。当前在历史虚无主义、新自由主义、民主社会主义等各色思潮的冲击下,党史研究似乎变得简单而随意。以历史虚无主义为例,这一思潮显然在本质上是唯心的,在研究方法上是非科学的。就方法论特征而言,它"夸大历史的偶然性而否定历史的规律性,强调历史发展阶段间的非连续性而否认历史发展阶段间的连续性,承认历史支流而否认历史主流,拘泥于历史个别现象而否认历史本质,孤立地分析历史中的阶段性错误而否定整个历史过程"②。也就是以一种反历史唯物主义的思维去对待历史,试图从现象中发觉"真相"而忽视本质,以历史片段和细节描述全局,彻底背离了马克思历史辩证法所强调的用全面、联系和发展的眼光分析问题的方法论要求。比如,他们以"反思"为名,把党和新中国的历史说成是一系列"左"的错误叠加和延续的历史,无

---

① 王仲清主编:《中共党史学概论》,浙江人民出版社 1991 年版,第 5 页。
② 孙麾、吴晓明主编:《唯物史观与历史评价》,中国社会科学出版社 2009 年版,第 171 页。

限夸大党的错误；或者把革命与建设对立起来，把近代中国人民的革命斗争看作脱离实际的"激进主义"，否定中国民主革命的历史必然性；又或者不能正确认识毛泽东的历史功绩和历史过错，简单地否定毛泽东思想在党的历史上的重要地位和作用。在党史研究中贯彻历史辩证法，对历史虚无主义等错误思潮进行揭露和批判是其重要的一项内容，它要求我们以严谨的科学方法分析、评价党的历史事实和历史人物，切实把握党的历史发展的主流与支流、全部过程与个别现象的关系，从纷繁复杂的历史联系中认清党的历史矛盾运动不可逆转的进步趋势。

迈入21世纪，中共党史学仍将与马克思历史辩证法保持密切的联系。对党史研究来说，衡量一种理论和方法的价值不在于新旧，也不在于中外，而在于它对党的历史的解释力及指导党史研究实践的实际价值。毋庸置疑，马克思历史辩证法在当代仍将是不可超越的历史哲学，它有助于我们提高解决党史学中复杂问题的能力。党史研究者要认真领悟历史辩证法的精髓，总结以往的经验教训，在更高的科学程度上运用和发展这一历史哲学理论，以推动中共党史学的深入开展。

［原载《沈阳师范大学学报（社会科学版）》2017年第3期］

马克思社会发展理论与中共党史研究的发展

孙钦梅

马克思社会发展理论是考察社会历史发展、揭示人类社会变迁规律的基本理论范式，在整个马克思主义理论体系中占有十分重要的地位。中共党史学是研究中国共产党成立以来的历史进程及其规律、总结党的历史经验的科学，决定了马克思社会发展理论是这一学科的理论基础。关于社会发展的演进，国内学者多在历史唯物主义的框架下开展研究，承认社会历史发展具有规律可循，并重视分析和挖掘马克思社会发展理论的当代价值。但以哈贝马斯为代表的现代西方哲学家却认为社会历史发展不具有客观规律性和可预测性，进而否定马克思社会发展理论的科学性。国外也有一些学者用形而上学的方法肢解马克思社会发展理论，或持"单线论"把马克思揭示的人类社会一般发展规律误认为是一切民族的发展道路，每一个社会阶段不能取消，也无法跨越，割裂了人类社会发展道路的统一性与多样性的辩证统一。又或持"多线论"突出马克思某一时期的思想，看不到马克思思想发展的连续性，使马克思社会发展理论成为一个个断裂的、前后矛盾的理论碎片。在新的历史条件下，如何正确理解和发展马克思社会发展理论，澄清和应对西方社会思潮的误解、挑战，构建当代中国特色社会发展理论，是中共党史研究所要解决的一个重要课题。

一、马克思社会发展理论对党史研究的指导价值

马克思社会发展理论是一个带有普遍性、本质性和原则性的重大理论问题，也是一个包含科学历史观和方法论的理论系统，在中共党史研究中无法回避。马克思在《德意志意识形态》《1857—1858年经济学手稿》《〈政治经济学批判〉序言》等著作中集中地阐述了人类社会历史的发展理论，其主题包括社会发展的规律、机制、动力、类型和道路等，其基本内容涉及社会发展的主客体、统一性和多样性以及未来发展趋势等一般理论。作为人类社会发展到世界历史阶段的产物，马克思社会发展理论的提出改变了19世纪历史学以民族、国家为研究范围和对象的书写方式，把世界历史描述为一个统一的过程。它研究的是社会发展的一般结构和一般规律，但又对各国的发展道路和同一国家的不同历史发展阶段、特征进行研究，并科学地定义各个国家和历史阶段的社会性质和发展道路，为各门具体的社会科学提供了基本原则和方法论指导。就中共党史学而言，主要体现在以下几个方面。

（一）坚持社会发展理论是马克思唯物史观的根本要求

唯物史观作为人类最一般规律的理论，为马克思分析社会历史发展奠定了科学的理论基础，提供了方法论指导。在马克思之前，人类对自身历史的探讨与诠释其实质都是思辨的唯心史观，无法作出科学的解释。唯物史观的创立，使社会历史观置于科学的基础之上。马克思在经济学研究及现实问题思考中发现，必须从社会存在和生产关系中寻求历史之源，现实的人及其物质生产活动才是社会历史发展的基础和前提。马克思指出："思辨终止的地方，即在现实生活面前，正是描述人们的实践活动和实际发展过程的真正实证的科学开始的地方。"① 通过对生产力与生产关系的科学辨析，马克思将整个人类社会的发展归结为生产力推动下，生产关系不断生成而又被取代的自然发展过程，认为人类社会的发展是

---

① 《马克思恩格斯全集》第3卷，人民出版社1960年版，第30—31页。

一个不断前进的过程，从而科学揭示了人类社会发展的进程以及时代的演变发展规律，把唯心主义从社会历史领域中赶了出去。同时，马克思社会发展理论又是唯物史观的核心范畴，马克思创立唯物史观的基本理论旨趣，就在于说明社会历史的发展是一个辩证的自然历史过程，正是从人类社会历史进程中、从生产力和生产关系二者的辩证运动中，马克思找到了唯物史观的现实基点，真正解开了社会历史之谜。

（二）社会发展理论是马克思科学社会主义学说的重要依据

马克思通过对人类社会历史和现实条件的科学分析，指出阶级斗争是社会发展的基本动力，并明确提出了社会发展理论中的"两个决不会"思想，"无论哪一个社会形态，在它所能容纳的全部生产力发挥出来以前，是决不会灭亡的；而新的更高的生产关系，在它的物质存在条件在旧社会的胎胞里成熟以前，是决不会出现的"[①]，揭示了人类社会历史发展的规律，指明了最后发展趋向。看不到社会发展理论在马克思科学社会主义中的这种主体地位，实际上就等于在逻辑上否定了马克思社会发展理论的价值取向。在中共党史研究中，用逻辑的方法阐释马克思主义关于无产阶级革命斗争和无产阶级专政的基本理论，揭示社会主义和共产主义的运动规律，是正确认识共产党的路线、方针和政策的需要，并能帮助我们从形形色色的社会主义思潮中分析哪些是对的，哪些是错的，从而对其中的假社会主义思潮提出批评和解决方法。

（三）马克思社会发展理论科学揭示了社会形态更替、演进的规律

马克思虽然没有明确提出人类社会发展的五种社会形态说，但对社会形态的概念及其演变的基本轨迹仍做了大量的论述和概括。在《德意志意识形态》中，马克思深入探索了人类社会所经历的几种所有制形式，并分析了社会形态历史演变的内在原因。马克思在《〈政治经济学批判〉序言》中进一步指出，"大体说来，亚细亚的、古代的、封建的和现代

[①] 《马克思恩格斯选集》第2卷，人民出版社1995年版，第33页。

资产阶级的生产方式可以看作是经济的社会形态演进的几个时代。资产阶级的生产关系是社会生产过程的最后一个对抗形式"①。在马克思看来，生产力与生产关系的矛盾运动推动着人类社会历史的发展，这一历史过程表现为不同的社会形态，并从低级阶段向高级阶段演进，每一次社会形态的更替，都是在社会生产力充分发展的基础上被更高的社会形态所代替。他认为，"社会经济形态的发展是一种自然历史过程"②，把人类历史社会划分为不同的社会形态和发展阶段是马克思主义对历史哲学作出的重要贡献之一。不研究社会形态的变迁就无法了解人类社会历史的进程，发现人类社会历史的规律，更谈不上把握人类社会历史的正确走向。中国共产党成立近100年来，党史研究的最大成就正在于以马克思唯物史观为指导，从社会基本矛盾运动出发，深入揭示了中国社会既遵循人类历史演进一般规律，又具有自己鲜明民族特色的独特发展道路。可以毫不夸张地说，马克思社会形态理论研究极大地开阔了党史研究者的眼界和视野，增强了对人类社会发展进程和党的历史发展规律的科学认识。

（四）社会发展理论蕴含着马克思主义科学方法论

马克思主义社会发展理论所提供的不是一种机械的、线性的方法论，而是既兼顾世界整体，又深入其局部，把人类社会发展表现为"世界历史"理论和"东方社会"理论的辩证统一。前者从社会发展中"世界历史"的普遍性角度出发，认为"世界历史"过程既是生产社会化在全球范围内的发展过程，又是资本主义生产关系在全球的扩张过程；后者从东方社会发展的特殊性角度出发，关注于全球化浪潮中的民族性和"跨越式"发展。马克思指出，东方社会的发展离不开"世界历史"，但在特定的条件下有可能跨越"卡夫丁峡谷"，直接走社会主义道路。这两个方面辩证统一构成了马克思社会发展理论的核心要义和基本方法。马克思社会发展理论又是"顺序性"与"跳跃性"的统一。五种社会形态的依次更替演进在总体上呈现了社会历史的基本走向，同时也是就整个人类社会的

---

① 《马克思恩格斯选集》第 2 卷，人民出版社 1995 年版，第 33 页。
② 《资本论》第 1 卷，人民出版社 1975 年版，第 12 页。

高度抽象化的理论,强调社会的发展必然要受客观规律的制约。恩格斯说:"所以到目前为止的历史总是像一种自然过程一样地进行,而且实质上也是服从于同一运动规律的。"① 但它又不排斥东方社会由于多种因素的作用而在演进中呈现出的特殊性甚至不平衡的跳跃性,更不要求世界上每个国家、民族都按照同一的发展"图式"并进。马克思社会发展理论为党史研究提供了一个十分重要的理论依据和方法论意义,它使我们对社会历史的把握能够形成一幅清晰的整体图景,并能具体认识到这一图景之下不同国家、民族社会发展的多样性和复杂性,在本质上体现了现实社会历史发展"一般"与"个别"、"整体"与"部分"、"世界性"与"民族性"、"统一性"与"多样性"的辩证统一。这种辩证的方法是我们科学地认识人类历史演进过程的重要方法论基础。在党史研究中,重视这一科学方法论的意蕴就在于,它能帮助我们正确理解中国走上社会主义社会,寻找适合本民族发展的社会主义现代化道路,是历史发展的必然。

从这样的认识出发,可以认为,以探求历史发展规律尤其是社会形态演变规律的社会发展理论,是中共党史学知识中影响最具深远意义的部分。正是马克思社会发展这一具有普遍意义的理论在党史研究中的指导和运用,使党史学成为具有理性认识高度的知识形态。中共党史学认识如果缺少了这种理论形态,将会是肤浅的、漫无目的的甚至是错误的。

二、马克思社会发展理论在党史研究中的运用和发展

社会发展理论作为马克思主义唯物史观的核心内容,历来是中共党史学家研究的重点。没有科学的马克思社会发展理论的指导,中共党史学就不能成为一门科学,揭示党的历史发展规律和社会历史本质。在党史学研究中,其他一切理论也都以此为中心。具体来说,中共党史学需要回答这样一些重大理论问题——近代中国的社会和革命性质是什么?近代中国革命的前途和道路,及其同世界革命和道路的关系如何?中国社会运动有着怎样的特殊规律?怎样认识党的历史发展的动力和主体问

---

① 《马克思恩格斯选集》第 4 卷,人民出版社 1995 年版,第 697 页。

题？从党的历史发展进程中需要汲取哪些经验教训，以及社会主义社会的前途是什么？等等。对这些问题作出回答，既是中共党史学科理论建设的需求，也是新时代的要求。

党史学家对马克思社会发展理论的探讨与党的历史发展相偕而行。在党的历史发展和具体研究实践中，他们提出了许多新的观点和论断，丰富和发展了马克思社会发展理论。毛泽东虽不是严格意义上的党史学家，但他善于运用历史唯物主义理论作指导来研究中共党史，并注重以历史研究的视角来阐述和分析党的历史问题，为中共党史学的建立和发展作出了重要建树。张静如指出："严格说来，毛泽东的每篇著作对中共党史研究都有直接或间接的指导作用。"[①] 毛泽东对中国社会发展问题的认识研究不是从马克思、恩格斯的本本出发，也不是从中国传统文化中天命历史哲学的"循环往复论"出发，而是在历史唯物主义的指导下从近代中国社会的国情和实际出发，寻求一种新的社会理论，解答近代中国向何处去的问题。总体来看，毛泽东关于社会发展理论的认识研究主要包括三个方面，一是提出中国革命应分新民主主义革命和社会主义革命两步走；二是科学论述了社会主义社会的基本矛盾；三是提出社会主义可以分为不发达和比较发达的社会主义两个阶段。

革命理论是考察党的社会发展进程的重要内容。张静如认为："革命是唯物史观极为重要的社会现象"，"从旧的社会形态向新的社会形态转换，必须通过社会革命才能实现"。[②] 1940年毛泽东在《新民主主义论》中阐明了中国革命分两步走及其二者之间的关系。他指出，第一步，须建立一个"独立的民主主义的社会"，以改变我国半殖民地半封建的社会形态。它既不是资本主义，也不是社会主义，而是一个同时带有资本主义因素和社会主义因素，并具有"过渡形式"的新民主主义社会。第二步，建立一个"社会主义的社会"，这是革命继续向前发展的必然结果。[③] 1945年毛泽东在《论联合政府》的书面报告中又对党内存在的急于消灭资本主义、空谈社会主义和共产主义的错误思想进行了着重批评，指出"只

---

① 张静如、唐曼珍主编：《中共党史学史》，中国人民大学出版社1990年版，第79页。
② 张静如：《唯物史观与中共党史学》，湖南出版社1995年版，第95—96页。
③ 《毛泽东选集》第2卷，人民出版社1991年版，第666、675页。

有经过民主主义,才能达到社会主义,这是马克思主义的天经地义"①。有论者指出,"新民主主义论"是毛泽东对马克思社会形态理论的卓越贡献,"它标志着毛泽东思想的成熟,是毛泽东一生中的重大理论创举之一"②。也有论者指出,毛泽东"新民主主义论"对中国社会发展的最大贡献就是指导中国成功地跨越了"卡夫丁峡谷",实现了马克思社会发展理论关于落后国家有可能不经过资本主义而走上社会主义道路的科学预见。③

中国共产党在探索革命理论问题上也经历了曲折,集中体现在陈独秀的"二次革命论"和王明为代表的"一次革命论"。所谓"二次革命论",即主张在民主革命和社会主义革命之间安插一个资本主义单独发展的社会阶段,反对立即向社会主义转变。陈独秀认为,尽管资本主义有其自身的缺点和可怕的罪恶,但它能够清除封建生产制度的缺点与罪恶,增加社会的生产力,所以在向社会主义过渡时期,"我们宁可忍受资本主义的罪恶,来代替封建军阀的罪恶"④。目前史学界关于"二次革命论"的研究多集中在它的原因及来龙去脉问题上,主要存在几种观点:1."二次革命论"的提出在很大程度上是受五种社会形态理论的影响,陈独秀对五种社会形态理论做了僵化的理解;2."二次革命论"错误主要来自马林和共产国际的影响;3."二次革命论"在1923年是根本不存在的,充其量陈独秀只是共产国际的代言人;4.陈独秀没有辩证地理解马克思主义,是"二次革命论"产生的真正根源。⑤"一次革命论"则是在革命前途问题上的另一种错误倾向,主张把民主革命和社会主义革命合并去完

---

① 《毛泽东在七大的报告和讲话集》,中央文献出版社1995年版,第54页。
② 许俊达等:《中国社会主义社会形态论:马克思主义社会形态学说与社会主义初级阶段理论研究》,学习出版社2006年版,第97页。
③ 郭群英、苏咏喜:《"新民主主义论"与"二次革命论"》,《毛泽东思想研究》2005年第1期。
④ 《陈独秀文章选编》(下),生活·读书·新知三联书店1984年版,第617页。
⑤ 具体参见张旺清、罗玉明:《马克思的五种社会形态理论与陈独秀的"二次革命论"》,《安徽史学》2005年第3期;于丽:《陈独秀的"二次革命论"新析》,《湖北大学成人教育学院学报》2011年第3期;崔学明:《共产国际与"二次革命论"》,《西南交通大学学报(社会科学版)》2005年第2期;苗体君:《关于陈独秀的"二次革命论"质疑》,《社会科学战线》2000年第2期;邢和明:《陈独秀的"二次革命论"再评价》,《中共党史研究》2012年第4期;朱洪:《陈独秀"二次革命论"的来龙去脉——早期中共党史问题研究》,《学术界》2013年第5期。

成。这两种观点都是对马克思社会发展理论的片面化理解。对此,毛泽东明确指出,民主主义革命和社会主义革命是两个性质不同的革命过程,前者是后者的必经阶段,只有认清二者的区别和联系,才能正确地领导中国革命。① 有力地驳斥了两种错误观点。

毛泽东关于社会主义基本矛盾的论述,同样体现了他对社会发展理论的深入思考,推动了马克思社会发展动力理论的创新。通过考察中国社会发展的实际情况,他发现,生产关系与生产力、上层建筑与经济基础之间的矛盾仍然是社会主义社会中基本的矛盾,并构成社会主义社会发展的基本动力,贯穿社会主义发展的始终,这就形成了他关于社会主义发展的"基本矛盾动力论"。但他又指出,社会主义与资本主义社会剧烈对抗和冲突性的基本矛盾不同,社会主义社会的基本矛盾是在人民根本利益一致基础上的矛盾,且可以通过社会制度本身的不断调整和完善加以解决,而这正是社会主义制度优越性的根本所在。

在社会主义建设发展阶段问题上,毛泽东进一步提出了不少开创性的理论见解。1955年毛泽东在中共七届六中全会上提出,将来的趋势是:大约在三个五年计划时间内,基本完成实现"三大改造";大约在50年到75年时间内,可能建成一个强大的社会主义国家。1959年毛泽东在研读苏联《政治经济学教科书》时,提出了社会主义可以分为不发达的社会主义和比较发达的社会主义两个阶段,且后者可能比前者更长,大约要花一百多年的时间。这是毛泽东对社会主义阶段性和长期性认识的一个重大进步。但由于"左"的错误观念的根深蒂固,这一认识未能得到进一步发展,导致一定时期内制定的政策超越了社会主义初级阶段。

邓小平关于社会主义初级阶段理论的提出标志着马克思社会发展理论在中国得到了新的发展,主要体现在:一是作出我国正处于社会主义初级阶段的论断;二是提出社会主义初级阶段"三步走"战略。这指明了我国已经进入社会主义社会,必须坚持而不能离开社会主义,但同时还处在初级阶段,必须正视而不能超越初级阶段。社会主义初级阶段理论的提出,是对马克思社会发展理论再认识的重要成果,并使之在中国

---

① 《毛泽东选集》第2卷,人民出版社1991年版,第651—652页。

不断丰富和发展。邓小平并提出社会主义的本质是解放和发展生产力，"马克思主义最注重发展生产力"①。"社会主义要消灭贫穷，贫穷不是社会主义，更不是共产主义。"②并以此判断为根据，制定了党的基本路线，突出了以改革开放为根本战略的发展观，把改革看作中国的"第二次革命"。有论者指出，马克思提出新的社会形态经济模式要跨越"卡夫丁峡谷"，但又要享用资本主义社会发展的一切优秀成果，但他没有对它进行命名，"社会主义市场经济"的提出，正是邓小平对它的准确命名。③

党和国家领导人对马克思社会发展理论的继承和发展，推动了这一问题在中共党史学领域的深入讨论。早在20世纪20年代初，党史学界的知识分子就已经开始去思考和探索"中国向何处去"的问题，内容涉及对中国的社会性质、革命性质、革命对象、革命步骤与方法，以及中国社会发展的规律和前途问题等一系列问题的讨论。如蔡和森在《中国共产党史的发展》中科学地阐述了中国的社会性质，指出"中国共产党的政治环境是资产阶级德谟克拉西尚未成功，而是半殖民地半封建的"；"中国共产党不仅负有解放无产阶级的责任，并且负有民族革命的责任"④。张闻天的《中国现代革命运动史》则运用马克思关于社会基本矛盾的原理，具体阐释了中国历史发展的本质、规律，为之后几十年的中国革命史和中共党史研究建立了理论基础和理论模式。

新中国成立后，随着史学界兴起五大问题（古代史分期问题、中国封建土地所有制形式问题、资本主义萌芽问题、农民战争问题、汉民族形成问题）的论战，党史学界也注重把如何阐明中国社会历史发展作为研究的目的，其内容包含了历史发展的动力、阶段、目的、趋势等重大问题。一批相关的党史著作开始公开出版，如胡乔木的《中国共产党三十年》、胡华的《中国新民主主义革命史》、何干之的《中国现代革命史讲义》以及李新的《中国新民主主义革命时期通史》等着重书写新民

---

① 《邓小平文选》第3卷，人民出版社1993年版，第63页。
② 《邓小平文选》第3卷，人民出版社1993年版，第63—64页。
③ 俞吾金：《社会形态理论与中国发展道路》，《上海师范大学学报（哲学社会科学版）》2011年第2期。
④ 《中共党史报告选编》，中共中央党校出版社1982年版，第12页。

主主义革命史，同时追溯近代以来中国社会的发展，有些书开始重视对中国社会经济问题的研究、民族问题研究，并注重按照社会历史发展的进程开展"通史"研究，显然受到马克思社会发展理论的影响，对中共党史研究起了重要的导向作用。在中共党史学界的努力下，党的历史被描述为人民群众如何在革命和生产实践中改善生产方式、促进社会关系与生产力的矛盾发展的历史。普通劳动大众的社会生产活动成为决定党的历史发展的基本力量，并推动着马克思社会发展理论在我国不断传播和发展，中共党史学理论在这一时期得到较为快速的发展。

20世纪80年代后，由于发展成为时代主题，中共党史学科关于社会发展问题的阐释，发生了从解释阶级斗争如何推动历史进步，到中国传统社会如何实现现代化的研究范式转变，标志着马克思主义唯物史观及其社会发展理论在党史学研究中的进一步深化，尤其以"社会现代化"这一概念理论最有影响力。张静如倡导将其作为党史学研究的新范式，引起了党史学界的广泛讨论。最近几年，不少学者开始呼吁重新重视阶级分析法在党史研究中的方法论意义，认为阶级分析法是揭示党的历史特有的演变规律的途径，是说明促进历史发展的动因和主体力量。人民群众的主体地位在党史研究中也日益得到突出，王炳林提出，应把生产力标准和群众利益标准结合起来，共同作为评判中共党史事件和人物的标准。[①] 这些观点的提出，坚持了马克思主义唯物史观的价值判断立场，建立在对中国社会发展和党的历史实际的本质理解的基础上，将党史学研究的目的和中国特色社会主义的构建，以及人类解放的命运联系在一起，是对唯物史观和社会发展理论的方法论的重大发展。

三、新时期坚持和发展马克思社会发展理论的基本要求

在全球化和科技信息发展所导致的生产方式与社会结构发生变革的背景下，当代社会发展的方式、特征发生了新的变化。如何科学认识马克思社会发展理论的时代价值，怎样在新的社会和时代条件下继续运用

---

① 王炳林：《邓小平理论与中共党史学》，北京出版社2000年版，第13页。

这一理论，又如何依据新的社会实际去丰富和发展马克思的社会发展理论，无疑是中共党史研究中具有重要理论意义和实践价值的课题。

（一）马克思社会发展理论不是经济决定论

马克思社会发展理论偏重于经济逻辑，在论述社会发展理论过程中，马克思经常使用"社会经济形态"这一概念，认为社会形态演变的最终原因和动力是社会的经济发展。马克思在《〈政治经济学批判〉序言》中指出："大体说来，亚细亚的、古代的、封建的和现代资产阶级的生产方式可以看作是经济形态演进的几个时代。"[①]"经济的社会形态"概念，后来在马克思的《资本论》中也被多次使用。对马克思关于社会发展理论的经济论述，一些经济学家指出这是马克思主义的理论优势，"马克思和恩格斯对于历史的经济解释是他们的能经久存在的贡献之一。……马克思指出了处于我们价值观念背后并决定它的经济利益的作用"[②]。但也有一些人据此片面地推断出，马克思把人类社会历史简单地归结为纯粹的经济运动过程，是一种"经济发展决定论"，具有"宿命论"倾向。对于这种观点，恩格斯早在19世纪90年代就提出了批评，他说："根据唯物史观，历史过程中的决定性因素归根到底是现实生活的生产和再生产。无论马克思或我都从来没有肯定过比这更多的东西。如果有人在这里加以歪曲，说经济因素是唯一决定性的因素，那么他就是把这个命题变成毫无内容的、抽象的、荒诞无稽的空话。"[③] 马克思、恩格斯关于经济的决定性问题的论述至少给我们两点启示：一是经济上的解释在马克思社会发展理论中的基础性。经济是历史发展的前提和决定性基础，在阐释党的历史时首先要确定的是，无论人类社会发展到哪个阶段，经济方面始终是核心要素，只有经济因素才能从根本上反映社会发展的整体水平和总体面貌。二是社会历史的发展是辩证的。除经济因素外对历史发展进程发生影响的还有阶级斗争、上层建筑和各种意识形态以及它们之间

---

① 《马克思恩格斯选集》第2卷，人民出版社1995年版，第33页。
② ［美］保罗·A. 萨缪尔森、威廉·D. 诺德豪斯：《经济学（第12版）》下卷，高鸿业等译，中国发展出版社1992年版，第1293页。
③ 《马克思恩格斯选集》第4卷，人民出版社1995年版，第695—696页。

的相互作用。马克思、恩格斯指出,"经济状况是基础,但是对历史斗争的进程发生影响并且在许多情况下主要是决定着这一斗争的形式的,还有上层建筑的各种因素"①。可见,经济的决定性问题是马克思以辩证的、整体的概念方式来把握研究对象而得出的结论,是马克思考察社会发展的最根本的理论视角。但它有自己的界限,必须置于唯物史观视域下、联系马克思有关社会发展的本真思想,以辩证的观点来理解。把马克思对社会历史发展的经济解释绝对化,忽视唯物辩证法与社会形态理论的内在联系,只能把马克思主义导向庸俗化。

(二)马克思社会发展理论至今仍未过时

以研究人类社会形态、结构及其发展规律为核心的社会发展理论,在史学研究中始终占有无可争议的主导地位,它规范着史学的构架并指导着它的方向。但在当前史学界尤其是社会史研究领域,存在着忽视这一重要理论问题的倾向。有论者指出,当前社会史研究的风向已发生改变,人们往往只注意衣食住行、风俗习惯、宗教信仰等社会生活现象的描述,却忽视对决定整个社会面貌的社会经济——生产方式、社会结构、社会形态的考察,而这些问题恰恰是我们了解人类社会向何处走,掌握人类社会历史发展的主导面,以及更好地发挥人的主动性的最主要的科学和最大的学问。社会发展理论的研究可以"广""主",但不能丢。② 这种重个案轻整体、重考证轻理论、重狭义轻广义的研究现象在中共党史学领域同样存在,其结果是使党史研究看不到历史发展的整体脉络,更谈不上对历史规律的把握。这只是问题的一个方面,值得重视的是,学界有人对马克思的五形态学说提出了质疑与非议,或反对把五形态学说运用于历史研究,认为它仅仅是基于欧洲社会的概括,是一种线性的历史观;或干脆认为它只是后人的一种误读,否认其普遍性和真理性,甚至认为它是马克思纯粹的意识形态虚构或"理论假说",缺乏现实和科学依据。他们通常以转换研究范式或理论"多元化"为名,试图反对以生

---

① 《马克思恩格斯选集》第4卷,人民出版社1995年版,第696页。
② 《马克思恩格斯选集》第4卷,人民出版社1995年版,第680页。

产关系和社会经济形态这些反映社会本质特征的马克思社会发展理论，而代之以其他理论或标准解释中国社会历史的发展。如在西方思潮的冲击下，一些学者主张以文明化进程来阐释社会历史的发展，虽不失为一种流派和观察视角，但实际上并不能科学地反映和揭示历史发展的本质规律。还有人提出了"历史发展循环论"和"历史终结论"的理论主张，按照他们的解释，马克思主义史学将不复存在，中国历史也必将重新改写。对于学界出现的对五形态学说的各种质疑，陈先达明确指出，五形态作为人类社会发展的总规律，"必然对各民族历史进程具有支配作用"，但它并不要求"每个民族都一模一样的历史发展进程"[①]。中国社会历史的发展不仅没有证伪反而一次次证明了马克思社会发展理论的科学性。

（三）立足新时代要求不断丰富和发展马克思社会发展理论

社会发展理论本身也是一种不断发展着的动态理论，马克思为我们创立了社会历史发展的科学理论，要把它推向前进，还需要进一步研究和阐发。当代中国社会的发展实际对社会发展理论提出了新的要求，如何运用它对当代社会进行分析，是一项具有重大理论意义和实践价值的课题。以社会形态学说为例，不少学者认为，当前时代的新变化和特征要求研究者承认社会形态的多样性或非单一性，并应对此作出新的解释。[②]也有论者提出，由于"信息社会"和"网络社会"的出现，当代社会形态的外延与内涵都正在发生某种变迁，研究社会形态理论的方法也应该相应地有所改变。[③]实际上，马克思社会发展理论关于社会历史由低级向高级不断演进的趋势论述，至今仍没有过时，必须要坚持。叶险明指出，在新的历史条件下，尤其需要坚持马克思社会形态理论特别是"五形态论"，试图用"全球化时代""知识经济时代"或"信息经济时代"等来代替"五形态论"显然是不妥当的。[④]当前全球化和科技革命所带来

[①] 吕莎：《马克思主义哲学的时代思辨：访陈先达教授》，《中国社会科学报》2010年7月8日。
[②] 陈新夏：《社会形态问题的再思考》，《河北学刊》2014年第1期。
[③] 吴元梁：《当代科技革命与马克思社会形态理论》，《河北学刊》2004年第1期。
[④] 叶险明：《坚持和发展马克思社会形态理论》，《河北学刊》2004年第1期。

的一体化和多元化辩证发展态势，恰恰印证了马克思社会发展理论的科学性和预见性，各种社会形态长期并存，但客观上都在推进着社会历史向共产主义社会的最终归宿演进。新时期的党史研究，坚持和发展马克思社会发展理论，需要我们直面当代社会的挑战，不断丰富马克思社会发展理论，解决时代所提出的重大问题，如怎样运用马克思社会发展理论理解中国发展道路？如何看待改革开放与新时代中国社会发展的内在逻辑？怎样看待社会主义与当代资本主义社会的关系？等等。正是在对这些实际问题的解答和阐释过程中，马克思社会发展理论本身才能得到丰富和发展。在党史研究中，寻求马克思社会发展理论时代价值的基本方式是重新回到马克思经典作家的著作，通过对文本的考察，重新挖掘马克思社会发展理论的深层内涵，而不是简单地从马克思主义创始人的著作中寻找论据。正如德里达（Jacques Derrida）所指出的："不去阅读且反复阅读和讨论马克思……，将永远都是一个错误，而且越来越成为一个错误。"① 党史研究要切入党和国家的社会发展实际，突出时代"问题意识"，不断关注当今时代发展所面临的新情况和所提出的新问题，根据变化了的当代社会去丰富马克思社会发展理论，使其保持"与时俱进"的特质。

（四）正确认识中国特色社会主义发展道路

中共党史研究要注重现实思考，这个现实就是中国特色社会主义道路的独特性。如何看待这一历史创造与马克思社会发展理论的关系、认识其创造性和独特性以及揭示其中的历史逻辑和理论意义，均涉及党的重大历史评价问题。马克思社会发展理论认为，在一定条件下经济文化比较落后的国家可以通过社会主义革命走上社会主义道路，实现社会形态的跨越式发展。中国近代以来社会历史发展的事实是，中国经过特殊的资产阶级民主革命的历史阶段直接过渡到社会主义社会，实现了社会形态的局部跨越，并在此基础上进一步提出了社会主义初级阶段理论和建设有中国特色的社会主义理论，这是对马克思社会形态理论，特别是建立"不经过资本主义的卡夫丁峡谷"的社会主义社会的理论的最新发展。邓小

---

① ［法］雅克·德里达：《马克思的幽灵》，何一译，中国人民大学出版社1999年版，第21页。

平在党的十二大开幕词中提出"走自己的道路,建设有中国特色的社会主义"的崭新命题,之后并进一步确立了中国特色社会主义建设的发展动力、根本任务、基本方向和根本目标,提出了一系列独创性的重大理论观点。习近平在党的十九大报告中明确提出"坚持和发展中国特色社会主义""中国特色社会主义已进入新时代"的科学论断,指出我国社会的主要矛盾已经发生转化,但我国仍处于并将长期处于社会主义初级阶段的基本国情没有变。这一科学思想是马克思主义中国化最新理论成果。

中国社会发展道路历经改革开放 40 年的探索取得了举世瞩目的成就,中国已成为世界第二大经济体,"中国道路""中国方案""中国模式"已成为世界性的关键词。随着经济全球化形势的新变化,我国当前的社会发展模式正面临着一系列新的风险和挑战。但总体来看,中国特色社会发展道路是符合我国历史发展实际和社会发展总目标的,是中国发展进步的根本方向。社会主义是一场伟大的社会试验工程,20 世纪八九十年代之交的东欧剧变、苏联解体使世界社会主义陷入低谷,但这绝不是社会主义基本制度的失败,马克思、恩格斯的"两个必然"论断不会改变,我们不能因为社会发展中出现了问题,便陷入社会主义"历史终结论"的误区。在这一点上,近些年来学术界存在着认识误区,认为中国特色社会主义实质上是"国家资本主义",抑或是"资本社会主义",歪曲了中国社会发展道路的性质和方向。习近平总书记在"一·五"讲话中指出:"中国特色社会主义是社会主义而不是其他什么主义,科学社会主义基本原则不能丢,丢了就不是社会主义。"[①] 正确认识中国特色社会道路,需要我们在马克思主义科学理论的指导下进行。唯有深入、辩证地理解马克思社会发展理论的内涵,才能清晰近代以来中国社会发展过程的来龙去脉,认清历史发展的大势。

[原载《重庆邮电大学学报(社会科学版)》2018 年第 4 期]

---

① 习近平:《毫不动摇坚持和发展中国特色社会主义 在实践中不断有所发现有所创造有所前进》,《人民日报》2013 年 1 月 6 日。

中共党史研究中的"范式"问题探讨

孙钦梅

"范式"是当前学术界在讨论学科理论时经常使用的一个概念。就中共党史学而言，能否准确把握党的历史发展的主题主线、本质和规律，建构成熟的学科理论体系，很大程度上取决于对范式理论的认识和范式课题开展的深度。在长期的历史发展过程中，党史学主要出现了革命史范式和现代化范式间的争鸣，代表了研究者对党的历史的不同观察视角和分析取向。两大基本范式间的论争是学术思想解放的表现，也是党史学科保持生命力和走向繁荣所在，但其中也出现了以范式转换为名宣传"告别革命"的错误主张，将革命与现代化完全对立，以此否定中国革命的正当性和历史必然性，这是历史虚无主义思潮的突出表现。本文旨在廓清党史学范式概念、内涵的基础上，对革命史范式和现代化范式两大基本范式以及党史学领域的其他范式进行总结和反思，并进一步探讨新时期条件下研究者在范式问题上所应有的认识和努力方向。

一、中共党史研究范式概念辨析

库恩（Thomas Samuel Kuhn）在《科学革命的结构》（*The Structure of Scientific Revolutions*）一书中并未对范式做过明确的概念界定，却为我们提供了"规则与标准""共识与信念""模型与范例"和"技术与工具"等比较宽泛的解释性词汇。在此基础上,由库恩所标示的范式可表述为共同体成员在开展科学研究中所共享的信念、价值、技术等构成的整体或集合。库恩并认为,成熟科学通常的发展模式,正表现为此种新旧范式的不断更替和转换。① 国内史学界对库恩范式概念、理论在历史学领域的适用性问题存有分歧。持反对意见的学者认为,人文社会科学与自然科学二者之间存有明显的差异,决定了在人文社会科学,尤其是历史研究领域,并不存在自然科学领域那种整齐划一的范式。若在历史研究中刻意强调整齐划一的范式及其更替,难免造成简单化和扞格难通的尴尬局面。赞同者却指出,库恩范式理论虽主要是对自然科学发展规律的认识和归纳,但对人文社会科学同样具有指导意义,不管研究者在主观上认不认可,范式及范式转换都潜在影响和制约着研究主体的实践活动,并逐渐得到史学界的认同,只是最适宜"观其大要",不能拘泥于细节。② 笔者认为,库恩所提出的范式虽是常态科学所具有的基本特征,但人文社会科学领域实际上也有一套自己的常态要素,比如公认的理论逻辑、研究方式和方法、话语系统,以及共同的历史观和价值观等,这些要素的有机集合实际上就是"范式"。目前,史学研究者多以"学术基础和学术原则""分析框架""诠释体系""研究取向"等称谓对范式进行修正或再命名,但烙印在我们头脑的范式概念理解并无多少差别,范式在事实上已成为一种不言自明或者心领神会的"客观存在"。范式并对学术共同体成员的研究工作起着重要的导向和规范作用,研究者无法以"价值无涉"的超然状态去反映历史问题,而只能依照一种包含上述要素的"前理解框架"去解释历史。从这个意义上说,范式概念虽具抽象性,但并非无法捉摸和理解。范式本身也没有特定标签,它不应当专属于某一领域或学科,过分强调范式的学科界限势必会造成学科壁垒,限制我们

---

① [美]托马斯·库恩:《科学革命的结构》,金吾伦、胡新和译,北京大学出版社2003年版,第10页。

② 以上参见[美]阿里夫·德里克:《革命后的史学:中国近代史研究中的当代危机》,《中国社会科学季刊》(香港)1995年春季卷;马敏:《商会史研究与新史学的范式转换》,《华中师范大学学报》2003年第5期;郑师渠:《近代史教材的编撰与近代史研究的"范式之争"》,《近代史研究》2010年第2期;杨念群:《中层理论——东西方思想会通下的中国史研究》,江西教育出版社2001年版,第55页。

的视野。所以，我们不妨将争议的内容从人文社会科学是否可以借用范式概念，转移到如何对其作出合理修正和辨析，并运用到史学研究中来。正如黑格尔所指出的，"真正的思想和科学的洞见，只有通过概念所作的劳动才能获得"①。

在党史学领域，范式问题越来越为研究者所关注，成为热点问题之一。近年来，不少研究者围绕范式问题提出了自己的看法，并尝试通过具体研究实践以推动党史学范式的转换和革新。这种探讨无疑是有益的，也取得了一定的成绩，并在很大程度上促进了经济史、社会史、文化史诸研究领域的发展。但现有研究成果显示，这种探讨仍不成熟，如对范式的具体内涵仍缺少系统的探讨，研究者往往根据自己的理解和需要在相当不同的意义和层面上使用这一术语，给范式在前提理解环节人为地制造了障碍和混乱。如何依据党史学科的特性和规定性对范式作出较为明确的说明，就成为党史研究者在讨论范式问题时所要面对的首要问题。党史学范式主要包括四个方面的特征：一是理论体系性。范式在本质上是一整套指导性的诠释体系或分析框架，蕴含着研究者的史观、视角、理论和方法，它存在贯穿于各种理论之中，但又超脱于各种具体理论、方法之上。二是多样性。范式不是唯一而是多样的，党史学领域固然有主导或通行的范式，但却不能认为有一种唯一或终极范式在引导着历史研究。三是转换性。范式必将突破规范认识危机不断更新自己，提出新的问题解决路径和方法，促进研究者的认识机制不断走向成熟和进步。但与自然科学的范式转移或范式替代不同，党史学领域的范式转换是在继承前一范式基础上实现的，不是彻底否定和推翻。四是规定性。如同学科具有自身规定性一样，党史研究中的每种范式也具有各自潜在的规定性，无论在问题的提出上，还是在叙事方式、方法选择上，范式相互之间都有显著的区别和界限。范式的规定性特征使党史研究走向规范化和便捷化，却也易导致研究模式的固化，并造成各范式间对话的障碍。

党史学领域的范式类型具有多个观察视角和分析层面。从通俗意义上理解，由于政治、经济和文化是社会生活的三大基本研究领域，不同

---

① ［德］黑格尔：《精神现象学》上卷，贺麟、王玖兴译，商务印书馆1979年版，第48页。

的研究领域代表了研究者不同的学术基础和研究视角,党史研究也就相应存在着政治史范式、经济史范式和文化史范式三种不同的研究范式。若比照历史学的研究体系进行分类,中共党史学科的研究内容又可概括为通史类、断代史类、专门史类、地区史类、行业史类、人物志类、研究性回忆类,以及基础理论类,①这些内容上的分类同样决定了不同的研究范式必然贯穿其中,此种意义上的理解,主要是基于内容范畴而言。也有学者指出,党史研究存在着两套规范和话语,一是适于发挥意识形态功能的规范和话语,二是用于研究的学术规范和话语。②这是基于党史学功能而言,实际上也代表着两种不同的范式。但在笔者看来,党史学中的范式类型主要存在于两个层面:一是哲学意义上的范式,即在哲学的思维方式的意义上去诠释范式,包括客观主义和阐释学两种元范式,具体又包括实证主义、解释主义和批判理论等几种主导范式。这一层次的范式反映的是研究者的一种哲学观念或哲学取向,属于较高层次的抽象理解。客观主义范式相信有独立于精神的现实存在,认为人们可以达到客观性认识;阐释主义范式则主要关注人的自身的意识,强调实在存在于意识和语言解释之中。但二者所要回答的问题是相同的,即在本体论方面事物存在的本质性问题,在认识论方面认知与客观实在的关系问题,以及在方法论方面人们采用何种方法去探索知识。这表明,研究者哲学基础的不同直接影响着他对问题的观点和看法。二是一般意义上的范式,主要是指革命史范式和现代化范式,可视为哲学范式在具体研究中的表现,其所体现的是研究者对党的历史发展的中心线索或主题脉络的一种历史性思考。同时,研究者也在不断摸索和建构能适应党史学自身发展要求的范式,"三个代表""新革命史"等范式的出现,即是对传统范式进行积极反思的结果。这一层次的范式,在实际研究中往往为大多数党史学者所理解和运用。也有一些研究者将个案研究法、系统研究法、对比研究法、跨学科研究法、口述研究法等具体或特定的方法视为研究范式,笔者以为不妥。具体研究方法作为范式整体或集合的一个要

---

① 张静如:《党史研究要现代化、科学化、社会化》,载谢萌明、陈静主编:《党史理论纵横谈》,中共党史出版社 2001 年版,第 50 页。

② 杨凤城:《关于党史研究的规范和话语、视野和方法问题》,《教学与研究》2001 年第 5 期。

素，其所体现的只是范式问题在具体技术、手段上的应用，与研究范式虽有密切联系，却是两个完全不同意义的概念，不应混为一谈。

范式概念的不同层面体现，使其在党史研究中成为无法回避的一个问题，并具有重要的意义：（1）范式概念和理论的使用，虽在表面上使党史研究的许多问题变得繁重复杂，却有助于研究者以更加宽广的视野和更为深刻、透彻的理论去深入思考和解释问题，在对历史的整体研究中揭示党史学发展的内在逻辑。（2）范式问题在本质上体现了研究者的立场、视角和方法，正是由于范式使用的不同，使研究者对一些重要历史事件、人物和重大理论等问题存在认识上的差异和分歧，甚至观点上的截然对立，这实际上涉及如何重新解释和评判党的历史发展的重要问题。（3）范式作为一种诠释体系、分析框架或研究取向，其不断调整与突破，对于党史学科的规范性成长和体系性建设具有重要的理论价值。在某种意义上，范式课题开展的深度直接关系到党史学科在发展中是否达到成熟。（4）范式有助于我国党史学界与国外展开对话和交流。范式作为一种概念在西方学界已被广泛认同和运用，国内党史学界借用这一概念理论，不仅可以推动党史研究走向深入，还有利于在国内外中共党史研究的整体分析框架中反思和发展自己，并逐步在国际学术舞台上赢得话语权。

二、中共党史研究中的范式论争

回顾近几十年的研究发现，党史学界在范式问题上存有争议，主要出现了革命史范式和现代化范式间的争鸣，两大范式背后均包含了各自不同的理论依据和叙事方式。革命史范式是新中国成立后在近代史学界长期占主导地位的理论范式，主要围绕"一条线索、两个过程、三次高潮、八大事件"进行论述，在党史学领域则以党的革命斗争和革命领袖人物的政治思想活动为中心叙述线索，以马克思主义关于社会基本矛盾学说为理论基础，以宏大叙事为叙事类型，在此基础上展开对中国革命历程的历史书写。以何干之、胡华和胡绳等为代表的一大批老一辈党史学者所取得的巨大学术成就，从阶级斗争、群众运动和民族矛盾的视角对党的历史进行诠释，具有重要的典范意义。此后很长时期内，党史研究基本都是在这一解释框架下展开的。革命史范式是"那一社会阶段的必然且合理的产物"①，它以自身的解释系统为中共的新民主主义革命历史乃至新中国成立后经年不断的政治、文化运动提供了一个较为清晰的分析框架，②促成了以马克思主义为指导的中共党史学科研究体系的初步确立，并具有较强的资政功能。但学界也多指出，革命史范式由于局限于政治和革命的视角，可能对社会、经济因素关注不够，难以展现社会结构和社会生活的多样性和复杂性。

现代化范式是近几十年来在近代史研究中兴起的一种新的解释框架。它试图打破长期以来一统天下的革命史范式，从另一个视角开辟历史研究的新路径。罗荣渠指出，"以现代化为中心来研究中国近现代史，不同于以革命为中心来研究中国近现代史，必须重新建立一个包括革命在内而不是排斥革命的新的综合分析框架，必须以现代生产力、经济发展、政治民主、社会进步、国际性整合等综合标志对近一个半世纪的中国大变革给予新的客观历史定位"③。也就是倡导建立"一元多线"的历史发展观。1991年张静如在《中国共产党与社会现代化》一文中指出，罗氏的现代化理论"对研究现代化问题很有用"，并首次在党史学界提出"从中国社会现代化的角度衡量历史人物、政党及各种群体的作用"④。在之后的多篇文章中，张静如继续对现代化范式理论作出补充和说明：一是要重视社会史研究。针对以往对革命史的研究和对社会的研究互相脱节的现象，他"认定必须以整个社会的演化研究为基础探讨中国革命问题"⑤，并指出以社会史为基础是为了深化党史研究，而不是叙述社会史本身，也就是强调社会史作为党史学研究方法和视角的意义，避免将社会史研究具体化或庸俗化。二是倡导将"解放和发展生产力"作为实现社会现

---

① 雷颐：《总序：为了前瞻的回顾》，载冯林主编：《重新认识百年中国——近代史热点问题研究与争鸣》上册，改革出版社1998年版，第2页。
② 沈传亮：《20世纪90年代以来中共历史研究的若干新趋向分析》，《教学与研究》2014年第12期。
③ 罗荣渠：《现代化新论——世界与中国的现代化进程》，商务印书馆2009年版，第488页。
④ 张静如：《中国共产党与社会现代化》，《北京师范大学学报（社会科学版）》1991年第3期。
⑤ 张静如：《静如文存》，河北教育出版社2001年版，第493页。

代化的核心。一方面社会的发展归根到底是生产力的发展，另一方面社会现代化是整个社会生活诸方面的现代化，社会生活任何一个方面都要以生产力的解放和发展为基础。三是实现研究方法和研究手段的现代化。现代化范式必须通过现代化的研究方法才能得到具体展现，它需要在坚持马克思主义的辩证法的同时，积极借助社会学、统计学、心理学、教育学等多学科理论和方法，并实现研究手段的信息化、网络化和资源的共享。[①] 这样，现代化范式就把以阶级斗争作为社会发展的根本动力，转变为以生产力的发展作为社会发展的根本动力；把政治史（"文化大革命"中更是被歪曲为"两条路线斗争史"）研究，转变为包括物质生活与精神生活的各个层面的综合的社会史研究；把以阶级分析为主的方法，转变为广泛运用多学科的现代研究方法，由此建构了崭新的中共党史学研究范式。这是对"传统中共党史研究范式的大突破"[②]。现代化范式作为一种新的理论分析框架兴起后，又被称为"新范式"，以区别于革命史范式这一"旧范式"。

现代化范式在党史研究中的出现，挑战和冲击了革命史范式长期在党史学领域的统治地位，使革命史范式在研究中逐渐由热变冷。究其原因，一是长期以来革命史范式削弱了革命史研究的学术性；二是改革开放以来现代化经济建设占据主导地位，这一社会现实自然也会影响学者的研究取向；三是"告别革命论"者特别突出了革命的"巨大破坏"，加剧了革命史弱化的倾向。[③] 现代化范式却能适应改革开放以来中国社会发展的现实需求，再加上自身有一套完备的概念论说和理论诠释系统，逐渐成为党史学界受人关注的一种分析取向。但革命史范式并未因现代化范式的出现而销声匿迹，相反在党史研究中仍占有重要的一席之地，二

[①] 以上参见张静如：《中国共产党与社会现代化》，《北京师范大学学报（社会科学版）》1991年第3期；《再议社会现代化》，《阵地与熔炉》1992年第5期；《以社会史为基础深化党史研究》，《历史研究》1991年第1期；《再议党史研究要现代化、科学化、社会化》，《中共党史研究》2013年第5期。

[②] 郭德宏、董汉河：《三十年来中共党史研究的进展、不足与进一步深化的路径和方法——郭德宏先生学术访谈录》，《甘肃社会科学》2009年第3期。

[③] 李金铮：《向"新革命史"转型：中共革命史研究方法的反思与突破》，《中共党史研究》2010年第1期。

者之间产生分歧和争论也就难以避免。有论者指出，革命史范式与现代化范式这两种范式形成于不同的历史阶段，体现了中共党史研究者对中国近代以来中国社会变迁的不同体认，两者之间存在着不同程度的交叉与抵牾。[1]郭若平则认为，二者之间争执的背后，实则反映出中共历史内在的双重叙事性，"中共的历史既是一部置身于中国革命过程中的政治性历史，也是一部置身于中国现代社会变革中的社会性历史。这种双重身份正是引发晚近所谓'革命史'方式与'现代化'方式争执的内在根据"[2]。但现代化范式自身也存在着局限性和不足之处，抛开其"传统"与"现代"简单的二元对立观念和"西方中心"主义色彩不说，当它把目光投向以生产力、科学技术或市场经济为核心的"去政治化"或拜物教化的经济史路径的时候，同样背离了其倡导者主张的综合论和全局观。[3]更为重要的是，现代化范式在对革命史范式的批判中同样出现了非此即彼的激进倾向。一部分研究者提出"告别革命"和"走向共和"等错误主张，试图以粗暴的态度抛弃革命史范式的旧框架，把中国革命从历史舞台中心完全移开。这种非理性的表现实际上是一种历史虚无主义，也是对现代化范式的根本叛离。

从另外一个视角来看，两大基本范式尽管在理论主张上存有根本性差异，但在主题性、目的性、连贯性和统一性等叙事方面又存在着一致性，并构成长期以来解释中共历史发展变化的"元叙事"。后现代范式在近代史研究领域的出现，恰是对革命史范式和现代化范式这种"大写"历史的否定和颠覆。作为"反现代"的一种理论，后现代范式以解构和反本质为叙事类型，更加关注边缘的、下层的、偶然的历史和各种形式的不确定性，显示出研究者要求冲破传统知识问题上的"权威主义"观念束缚的愿望，也标志着一系列新颖的思维方法（如解释学、结构等）的诞生，有助于我们重新认识历史的多样性和复杂性，但其极端的解构

---

[1] 彭祥睿、朱志敏：《构建中共党史学科话语体系若干问题》，《党史研究与教学》2015年第4期。

[2] 郭若平：《投石问路：中共党史研究与新文化史的邂逅》，《中共党史研究》2014年第12期。

[3] 夏明方：《中国近代历史研究方法的新陈代谢》，《近代史研究》2010年第2期。

性和反思性最终又削弱了知识的确定性，并存在着碎化史学的负面作用。鉴于此，有研究者尝试对后现代主义作出新的解释，指出后现代主义实际上存有两个派别，一是"否定性后现代主义"，二是"建设性（肯定性）后现代主义"，与前者进行无休止的解构和批判不同，后者主要着眼于超越现代观念，建构一种新的后现代观念。并认为建设性后现代观念主张的创造性、方法、视角、思维的多元，以及重视非主流、边缘等主张，对于转变党史研究目前缺乏创造力、方法和叙事视角单一，以及忽视边缘专注主流的现象，能起到积极的推动作用。[①]后现代范式在国内史学界已经引起较大关注，但在党史学领域，实际上概念性的讨论多于实践——真正以后现代视角结合党史具体问题进行案例研究的尚不多见，更鲜有代表性成果产生，且后现代观念在国内党史学界也只是一部分青年学者的诉求，追求时髦往往成为其存在形式。

除革命史范式和现代化范式两大基本范式外，党史学者还提出了其他一些颇具影响的研究范式，如"三个代表"范式、"新革命史"范式。以张静如、石仲泉和郭德宏等为代表的一些党史学家主张将"三个代表"重要思想引入党史研究的视野，从"三个代表"的角度去考察和评判党的历史事件和人物，在此基础上构建"三个代表"研究范式。张静如认为，"三个代表"重要思想为中共党史学提供了理论基础，不仅使中共党史学明确了研究的主线和新的重点，也扩大了研究课题的范围。[②]郭德宏也指出："以'三个代表'的重要思想研究中共党史，事实上提出了一套新的评价标准，提供了一个新的研究视角和研究方法。从这个新的视角，用这个新的方法来重新审视中共党史上的重大问题，会得出新的结论，或更能深刻地反映历史的本质。"[③]以李金铮为代表的一些学者针对传统革命史范式的弊端，主张在党史学领域建立一种"新革命史"范式。他在《向"新革命史"转型：中共革命史研究方法的反思与突破》一文中指出，传统的革命史书写模式对于中共革命道路的正确性的认识和论证，

---

① 沈传亮：《建设性后现代观念与中共党史研究》，《党史研究与教学》2006年第1期。
② 张静如：《"三个代表"重要思想与中共党史学》，《安徽师范大学学报（人文社会科学版）》2001年第3期。
③ 郭德宏：《"三个代表"重要思想与中共党史研究》，《理论学刊》2002年第5期。

虽有其充分的理据和理论意义，却将中共革命神话化了，其"政策—效果"的论述模式也大大遮蔽了中共革命斗争的复杂性和艰巨性。"新革命史"需从"加强中共革命史与中国乡村史的连接"和"国家与社会互动关系"这两个新视角重新书写，以改进传统革命史研究取向，为中共革命的历史进程提供一个新的解释构架。① 王奇生的《革命与反革命：社会文化视野下的民国政治》一书正代表了"新革命史"书写的新近努力成果。在该书中，作者要求以一种"去熟悉化"的眼光去重新检视和思考中共的革命历史，避免传统革命史研究"多关注'精英'而漠视'大众'，只见'肋骨'而不见'血肉'"的弊端。② 黄文治在评价该书时指出，传统革命史研究范式使革命史研究陷入困境，"新革命史"研究"必须汲取实证学派及解释学派的相关优点，开辟新的研究范式"③。朱文通对"新革命史"范式的建立表示赞同。他进一步强调，"新革命史"固然是相对传统革命史而言，但二者之间并非相互否定的颠覆式关系，而是在汲取传统革命史研究合理内核的基础上，对中共革命史研究理论的创新与发展，主要是通过采用社会史、心态史学、计量史学等多学科交叉的新的研究视角和方法，来改进传统革命史的书写方式。他并指出，"新革命史"也并不完全是针对中共革命史，而是针对整个中国革命的历史，只是在具体问题的研究中更多地以中共革命史作为具体范例来加以阐述而已。④ 最近，吴汉全在对两大基本范式进行分析的基础上又提出了"变革社会"诠释体系，认为中共党史是以改造旧社会、建设新社会促进中国社会的全面进步为主题的，建立中共党史研究的诠释体系自然就应该以"变革社会"为考察党史的中心，诸如"革命""建设""现代化"等只是中共党史进程中阶段性的任务，它们统一于中共变革中国社会这个大

---

① 李金铮：《向"新革命史"转型：中共革命史研究方法的反思与突破》，《中共党史研究》2010 年第 1 期。
② 王奇生：《革命与反革命：社会文化视野下的民国政治》，社会科学文献出版社 2010 年版，第 5 页。
③ 黄文治：《观念变动与新革命史研究价值取向——评王奇生〈革命与反革命〉》，《开放时代》2010 年第 8 期。
④ 朱文通：《"新革命史"范式提升党史研究》，《中国社会科学报》2014 年 1 月 27 日。

事业之中。① 应当说，以社会史观为基础的"变革社会"并不是一个关于范式问题的新概念或新提法。罗荣渠在《现代化新论——世界与中国的现代化进程》中曾多次使用这一术语，如认为"中国革命运动是一场伟大而复杂的政治斗争，但它本身并不等同于社会变革，并不能代替对社会变革全局的研究"②。张静如也表达过类似的观点，指出"研究社会史，也就是研究社会生活诸方面之史的演化和变革"③。但将"变革社会"提升为一种研究范式，的确有助于我们以更加长程的视角去观察和解释党的历史。

三、正确认识范式创新

从学理上分析，任何研究范式皆存在于不同的历史情境之下，具有一定历史合理性和内在价值的同时，也有其缺陷和不足。当现有解释框架难以很好地说明既有社会问题，或者当运用这种框架来研究作出的论断却不再为社会所认同时，就需要我们探寻建构新的研究范式。中共党史学正处于范式转换的进程中，如何因应学科特点和时代发展需求推动研究范式创新，是需要我们深入思考的问题。但范式转换和创新不是一蹴而就的，它需要一个长期的累积过程。范式转换也不是随意的，要求始终坚持以马克思主义科学理论为指引。基于此，本文提出以下几点看法。

（一）坚持历史唯物主义的指导

"范式"作为一种分析框架或诠释体系，体现了党史研究的视角、方法和路径，更蕴含着研究者的立场和价值观。党史学科的性质和功能，要求无论何种范式的建立均须坚持历史唯物主义的立场、观点和方法，反对历史虚无主义思潮。历史唯物主义作为人类社会发展一般规律的科

---

① 吴汉全、王炳林：《以社会史为基础深化中共党史研究的再思考》，《中共党史研究》2014年第9期。
② 罗荣渠：《现代化新论——世界与中国的现代化进程》，商务印书馆2009年版，第252页。
③ 张静如：《以社会史为基础深化党史研究》，《历史研究》1991年第1期。

学，它在党史研究中不是空洞的、抽象的条文，而是实实在在的指导原则，具体体现在：一是认识和对待党的历史要遵循坚持实事求是的原则。实事求是是历史唯物主义的最根本要求，也是马克思主义哲学的精髓。历史唯物主义之所以是科学的世界观和方法论，本质上在于它尊重事实和事物发展的客观规律。在以现代化范式解释历史的过程中，一些研究者打着"范式转换"的旗号宣扬"告别革命论"，企图否定我国近代历史上已经存在的革命事实和革命斗争所取得的巨大胜利成果，实质上违背了马克思主义实事求是的原则和要求，损害了党史研究的真实性和严肃性。二是认识和对待党的历史要坚持人民立场。始终站在劳动人民的立场是马克思历史唯物主义的价值观基础，党史研究者必须坚持从人民群众的立场和利益出发，辨析历史真实。历史虚无主义否定党领导的革命斗争在中国近代历史的地位和必然性，极力美化和歌颂帝国主义，甚至提出"中国要发展必须先被西方殖民三百年"的观点，这是对人民利益和人民诉求的漠视和否定。三是认识和对待党的历史要坚持阶级分析。阶级分析法科学而深刻地阐明了人类历史的演进历程，只有用阶级分析的方法观察和分析社会问题，才能透过错综复杂的社会现象认识事物的本质和规律。当前阶级斗争已不是我国社会的主要矛盾，但阶级分析的观点和方法不但没有过时，而且是我们把握党史发展规律和解决现实社会问题的"钥匙"。历史虚无主义在党史研究中的突出表现就是反对阶级关系的客观性，反对用阶级分析的观点和方法评价党的历史人物，一方面以"重新评价"为名给过去遭到否定的历史人物进行"平反"或"翻案"，另一方面大力抹黑我们党的领袖和英雄先烈。四是认识和对待党的历史要坚持历史唯物主义原则。马克思历史唯物主义要求从历史实际和历史上的社会存在出发，在各种社会矛盾的相互联系和发展中去研究历史，不应当孤立和隔断历史。我们对党的历史的评价，要用历史、实践和发展的观点，在分析和研究党在历史上经历的曲折和犯过的错误时，要着重分析其社会根源和历史根源，防止此类错误重犯，而不是单纯地追究个人的历史功过。可以看出，历史虚无主义的范式逻辑是：通过对革命史范式所谓的"理性反思"和"范式重建"，消解党和人民领导革命斗争的合理性，颠覆人们对革命史实的传统认知，最终达到否定社会主义制度的目的。显然，这样的一种逻辑有悖于马克思主义唯物史观的要求，并不符合党的历史实际。党史学工作者必须坚持历史唯物主义基本原理和科学方法的指导，不能流于形式、止于口号，这是我们在认识范式问题和从事党史研究中应有的自觉意识，也是党史进一步研究的出发点。

（二）构建开放的研究范式

1. 要辩证、客观地看待党史研究中的不同范式

无论是革命史范式、现代化范式还是其他研究范式，都是基于不同历史情境所作出的解释，有各自的优势和不足。以"新范式"否定"旧范式"，或者固守"旧范式"而排斥"新范式"，都是非理性的表现，是不可取的。现代化范式作为一种"新范式"兴起后，革命史范式并未因之消失或被"替代"，相反其关于马克思主义阶级的观点和阶级分析的方法，仍是我们厘清纷繁复杂的党的历史问题和现实问题的基本方法。事实上，当前党史研究中的不少课题和成果也仍在沿用"革命史"这一解释框架，革命史范式在继续发生作用。同时，革命史范式虽着眼于"革命"对党的历史发展进程及其规律作出把握，但它仍基于马克思主义"顽强的经济事实"，强调经济对革命、对社会发展的决定作用，以革命根据地建设为例，不仅描述了党在革命根据地开展军事和政治斗争的过程，还看到了根据地经济建设（包括农工商、交通、财政和金融等经济工作）的重要性。正像毛泽东所说的，"战争不但是军事的和政治的竞赛，还是经济的竞赛"[①]。当然强调革命史范式存在的合理性，并不是要求我们固守"旧范式"，如有学者指出，新时期党史研究不能盲目沿袭革命战争年代形成的传统的概念、用语或提法（如"三次反共高潮""主战场""国民党军"等），有些并不全面、客观和科学，值得推敲。[②] 同样，承认"旧范式"的合理性也并非意味着对"新范式"盲目排斥，时代的发展必然要求党史学不断进行思维观念上的突破和研究框架上的重建，现代化

---

① 《毛泽东选集》第3卷，人民出版社1991年版，第1024页。
② 郭德宏、董汉河：《三十年来中共党史研究的进展、不足与进一步深化的路径和方法——郭德宏先生学术访谈录》，《甘肃社会科学》2009年第3期。

范式的出现正代表了研究者面对新的时代问题作出的新思考。作为一种"新范式",现代化范式适应了改革开放后社会的发展需求,即便是革命史范式的重要构建者胡绳也不反对以现代化视角书写历史,认为以现代化为主题叙述近代中国历史是"可行的""很有意义的"。① 所以,现代化范式的出现并不是对革命史范式的否定和颠覆,毋宁说在汲取革命史范式成果的基础上为党史研究提供了新的话语解释系统,拓宽了党史研究的视野和范围。史学范式存在的根本目的在于帮助我们去探究历史发展进程的本质和规律,贴近过去的客观真实,并满足社会发展对理论的需求,从这个意义上说,各范式之间并无高低优劣之分,只是观察视角或研究取向的不同。

2. 要在遵循学术规范的前提下实现多种范式共存

党史研究需要研究者具有大历史的视野和开放的心态,在承认各种范式之间差异性的基础上允许不同范式在研究中共生,避免非此即彼的机械式、狭隘性的研究取向。美国学者德里克(Arif Dirlik)指出:"在史学领域说有通行的或时髦的解释是可以的,但却不能认为有一种唯一或主导范式在引导着历史研究……引导史学研究之范式的多样并存,正构成了使从不同观点理解历史成为可能的那种'民主的'开放性的根据。"② 党史研究难以建立一种无所不包、面面俱到的研究范式,各范式间的争论和共生正是学术界思想解放的表现,也是党史学科保持生命力和走向繁荣所在。党的历史发展的主题和主线,也决定了革命史范式和现代化范式在党史研究中不是相互矛盾、相互对立的,而是相辅相成的关系。只有完成民族独立和人民解放的前一任务,才能为实现国家繁荣富强和人民共同富裕的后一任务创造前提,后一任务又是前一任务的最终目的和必然要求。早在新民主主义革命时期,毛泽东就阐明了革命与现代化之间的辩证统一关系,他反复指出:"没有独立、自由、民主和统一,不可能建设真正大规模的工业。没有工业,便没有巩固的国防,

---

① 胡绳:《从鸦片战争到五四运动(简本)》,人民出版社1998年版,第11页。
② [美]阿里夫·德里克:《革命之后的史学:中国近代史研究中的当代危机》,《中国社会科学季刊》(香港)1995年春季卷。

便没有人民的福利，便没有国家的富强。"① "中国人民的生产力是应该发展的，中国应该发展成为近代化的国家、丰衣足食的国家、富强的国家。这就是要解放生产力，破坏帝国主义和封建主义。正是帝国主义和封建主义束缚了中国人民的生产力，不破坏它们，中国就不能发展和进步。"② 从党的整体历史的演变过程来看，"革命"和"现代化"都是不同历史时期内的任务和要求，党史研究理应从不同视角来呈现、反映和解释这一历史发展过程。在范式问题上，张静如等一些学者主张把革命史模式、现代化模式和社会史模式统一起来，博采众长，以达到还原历史和解释历史的目的。③ 这里所说的"统一"，不是将各种范式硬性糅和为一体，而是指研究者从多个视角去分析问题。如在土地革命问题上，有研究者就指出采用多种研究范式的可能性：既可以运用革命史范式研究革命的起源，也可以运用现代化范式研究土地革命在中国现代化进程中的效应，还可以运用社会史范式研究土地革命给农民日常生活所带来的具体影响。④ 尽管这样的提法易产生误解，但循此研究获得的结果是积极的。

3. 构建中层研究范式

有鉴于美国社会学家罗伯特·K.默顿（Robert King Merton）提出的"中层理论"⑤，本文修正性地提出"中层范式"这一概念。笔者认为，党史学应在不同结构层面上展开范式研究，既要在哲学和一般意义上进行宏观上的抽象讨论，也要在中观层面建立起连接宏大叙事和具体史事经验的"中层范式"，以构建党史研究的多元分析框架。目前国内党史学界在范式问题上基本遵循了宏大叙事的研究传统，以革命史范式和现代化

---

① 《毛泽东选集》第3卷，人民出版社1991年版，第1080页。
② 《毛泽东文集》第3卷，人民出版社1996年版，第432页。
③ 参见张静如：《中共历史研究断想十则》，《党史研究与教学》2005年第2期；沈传亮：《20世纪90年代以来中共历史研究的若干新趋向分析》，《教学与研究》2004年第12期。
④ 何云峰：《也谈中共历史研究的范式》，《党史研究与教学》2006年第4期。
⑤ "中层理论"又称"中观理论"，是指介于抽象综合性理论同具体经验性命题两者之间的一种理论。自20世纪80年代末，我国史学界不断有研究者倡导将"中层理论"引入史学研究，代表性成果如周德钧：《试论史学"中层理论"的建构》，《湖北大学学报》1989年第6期；杨念群：《中层理论：东西方思想会通下的中国史研究》，江西教育出版社2001年版；肖自强：《中层理论：一项具有摧毁性的史学建设》，《博览群书》2001年第12期；郭若平：《评〈中层理论〉兼论对中共党史研究的启迪作用》，《中共党史研究》2005年第2期；等等。

范式为代表的"元叙事"为我们从整体上观察党的历史提供了重要的视角，但在中观研究领域却相对缺乏具有针对性和可操作化的范式指导，这与复杂生动的党史本身显然是不相称的。从研究范围来说，"中层范式"不像基本理论（巨型理论）那样高度抽象、宽泛，也不是对于特定事件和底层命题的详尽描述或概括，而是针对一定范围、一定问题、一定对象的规范和统引。它具有抽象性，但又与史事经验相关联；具有理论系统性，却又存在解释上的界限，只是用以说明有限范围的现象之间的协变关系和规律。这种介于抽象与经验二者之间的"中层范式"，有助于改变中观党史研究无"理"可循的困境，也是构建宏大研究范式所必不可少的基础。"中层范式"的提出，是建立在"中层理论"或"中层概念"基础之上的，国内外学者在对中共党史进行研究的过程中已经产生了运用"中层理论"的示范性实例，如魏昂德《共产党社会的新传统主义》一书对中国共产党基层治理研究使用的"科层"理论，以及康蓬《毛泽东、周恩来与中共领导集体的演进》一书对中共领导集体的演进研究使用的"精英代际替换"理论，等等。[①] 在很大程度上，这些"中层理论"已经具有范式的意义。郭若平指出，"中层"概念与命题在党史研究中实际上无处不在，只不过对它们的使用尚处于无意识状态中，党史学应注重培育"中层"命题的构思习惯和研究取向，逐步建立中共党史研究"中层"学术规则。[②] 所以，在中共党史研究中构建"中层范式"不仅是必要的，也是可行的。

（三）强化问题意识

研究范式在本质上由问题所构建，对问题的合理提出和解决，将会构成研究范式和党史学科深入发展的趋向或理论空间。近年来，党史学界不断有人提倡在研究中要有自觉的"问题意识"，显示出这一问题开始引起研究者的重视，但从另一个侧面也反映出党史学领域长期以来在

[①] 参见夏璐：《社会科学语境下中共党史学科话语体系的新构建——以政治学中层理论为例》，载杨凤城主编：《中共历史与理论研究》第 2 辑，社会科学文献出版社 2015 年版，第 21 页。

[②] 郭若平：《评〈中层理论〉兼论对中共党史研究的启迪作用》，《中共党史研究》2005 年第 2 期。

"问题意识"上的淡薄和缺乏。所谓"问题意识",简单地说是指思维的问题性心理。具有"问题意识",需要研究者在提问方式和应答方式两方面进行转变,恰当设问,积极求证。从哲学层面来看,问题存在于研究主体所遵循的范式的自觉意识中,正是研究主体意识的不同,决定着哪些问题会成为或不会成为问题。它要求研究者在提出问题时具有较强的价值分析和判断能力,自觉地从"意义"出发去选择问题。对当下的党史研究来说,这种"意义"上的诉求主要体现在问题的"现实性"和"时代性",即强调为解决现实社会领域中的矛盾而发问,并通过严谨的学术研究来积极解答问题。习近平总书记在党的十八届三中全会上对《中共中央关于全面深化改革若干重大问题的决定》作说明时明确指出:"要有强烈的问题意识,以重大问题为导向,抓住关键问题进一步研究思考,着力推动解决我国发展面临的一系列突出矛盾和问题。"① 社会改革是这样,党史研究亦如此。党史研究不能沉溺于封闭的概念和理论体系,而应积极回应时代的变化与社会发展的需要,准确抓住现实社会中的一些重点和关键问题进行分析,为现实社会提供智力支撑。但强调以"时代问题"为中心并不是拒斥历史理论的观念和倾向,而是在辩证处理学术价值与政治功能关系的基础上,努力实现"历史思考"与"现实思考"的有机结合。

(四)重视研究方法的创新

党史学研究范式的创新和发展,从广义上说,是指范式概念范畴、理论方法、话语体系以及社会功能等总体性革新与变迁,但不能抽象地谈论范式的这种创新,离开具体方面的突破和更新,单纯的范式创新就毫无意义。从20世纪党史学范式发展的历史来看,无论是革命史范式还是现代化范式,都有自己的一套理论、方法和话语体系,只有从诸多因素入手,才能实现范式的转换和创新。在具体研究方法上,党史学既要继承传统史学关于史料收集、整理和考证的理论和方法,也要积极借鉴和运用新史学研究方法、比较史学方法、口述史学方法等国外史学派的

---

① 《习近平谈治国理政》第1卷,外文出版社2014年版,第74页。

有益成果，并要注意吸取政治学、社会学、心理学、人类学和经济学等社会科学甚至自然学科领域的研究理论成果，以催生其新的增长点。但对新方法的应用需从具体历史场景和社会实践出发，不能单纯地就方法言方法。在话语分析上，要求实现学术话语、政治话语和大众话语的有机统一。不仅要构建一整套具有党史学特色的概念、命题、符号等学术话语体系，还要注重其言说方式、信息传递能力和实际意义，使社会成员能接受、认同之，并能对国家政治产生影响。学术话语主要突出党史研究的历史性和严谨性，围绕"说什么""谁来说"和"怎样说"这一分析框架，为党的历史提供系统的理论模式和价值评判标准；政治话语主要强调立场、价值观等意识形态上的功能，实现其资政功能；大众话语则体现在以通俗易懂、喜闻乐见的形式，向社会传播党的知识和理论，实现对社会民众的引领，尤其要善于对新媒体时代下网络舆论立场上的话语进行甄别和引导，对其中的历史虚无主义等错误倾向给予批评。

21世纪的党史研究，除了现已存在的两大基本范式和其他研究范式，随着学科发展的需求和现实社会的变化还会出现从更多视角进行解读的可能性。范式转换的实现是一个创新和突破的过程，但也是一个长时间累积和蕴化的过程，内在的量变一直在进行。党史研究者需要以一定的理论关切、热情和责任感，去推动范式的这种转换和创新，这也是总结20世纪中共党史学的范式历史演变带给我们的重要启示。

［原载《中国高校社会科学》2016年第3期］

如何客观公正地评价党史人物

孙钦梅

中共党史人物评价是一个重要的理论问题,并具有重要的现实意义。近年来,党史人物评价随着人物研究的不断进展提出了不少公允的看法,人物评价的范围不断拓展,评价的视角和方法也日趋多元。但成绩的背后也存在着一些不足,一些研究者对史料采取自然主义的态度,缺乏全面分析和科学论证,在不自觉中对党的历史人物作出了不够客观、公正的评价。更有一些国内外研究者别有用心地歪曲和丑化党的历史人物,如在评价毛泽东晚年错误问题上即借题发挥,全盘否定或妖魔化毛泽东,这种倾向以历史虚无主义的态度割裂历史发展的前后承继关系,不仅违背了马克思主义关于历史人物评价的根本原则和要求,也对我们党执政地位的合法性形成了诸多挑战。从历史认识论看,产生这些问题的主要原因是研究者在评价过程中未能坚持主体性和客观性相统一的原则。本文尝试从党史人物评价主体与客体之间的认识论机制入手,结合党史人物研究所面临的情境和任务,讨论党史人物评价所应遵循的原则、方法和标准及其运用问题。

一、党史人物评价的主体和客体

党史人物评价是历史认识论的重要范畴,对党史人物进行评价的过程,实际上就是对党史人物进行认识的过程。历史认识论对认识主体的概念界定分广义与侠义两种，广义上的认识主体是指人类社会中有目的、有意识地从事实践活动和认识活动的人；狭义上的认识主体是指专业的历史工作者或史学家。本文所讨论的中共党史人物评价主体的概念取后者，即党史人物评价主体是受过专门教育和职业训练，具有一定知识结构、智能结构和价值结构的党史工作者。这是因为党史工作者代表人民群众研究历史，他们才是严格意义上的认识和评价主体。历史认识主体具有自身的特性：一是社会性或现实性。这是历史认识主体的本质特征。任何历史学家都是他的时代的产儿，其知识水平和思维方式都出自当代的社会需要，得出的结论也打上了当代社会的特有印记。[①] 二是主观性。这是主体心意状态的体现，主要包括个人偏见、集团成见、历史观和世界观四个方面的因素，它们代表着认识主体的"先见"或"形上观念"，使历史认识不是以一张白纸般的主体状态开始，而是被牢牢打上了主体的"印记"。主观性又表现为由己性和创造性两个显著特征，前者是指主体由自己的思想意识出发的自我性，它始终以主体自身的需求和自我行为尺度为基础去评价客体，这种自我性往往是对客观实际的背离或否定。后者则是指历史认识作为一种反映不是机械的、照镜子式的反映，而是具有主观能动性或超越性的一种自觉意识，这意味着历史认识主体能消除认识过程中的主观随意性，通过实践活动来获得历史认识的真理性。认识的主体性正通过以上这些属性得以具体呈现。有论者指出，所谓主体性，就是主体在对象性活动中运用自身的本质力量能动地作用于客体的特性，即主体在实践和认识活动中体现出来的主观性、自主性和能动创造性等特征。[②] 主体性这种特性，一方面强调了主体总是自觉或不自觉地将其自身因素投入认识活动之中，而使认识不可避免地带有主体属性。另一方面也说明了不同阶级、立场、需要和利益的人，有着各自不同的认识倾向或目的，自然会产生不同的评价结果。

中共党史人物评价作为史学认识论的一部分必然具有主体性，并鲜明地体现在人物评价过程中。首先，在史料的选择和运用上，党史研究

---

① 李振宏：《历史学的理论和方法》，河南大学出版社 1989 年版，第 63 页。
② 陈金美：《主体性基本问题辨析》，《湖南师范大学社会科学学报》1996 年第 2 期。

者要对已经过去、无法重复的党史人物进行评价，只能从前人留下的各种"既得"史料中去寻找依据。但问题是，史料本身并不是历史实际，它渗透着记录者的主观意念或价值观，党史研究者如果简单地秉承"让史料说话"的原则，对史料采取自然主义的态度，很可能在不知不觉中被前人的偏见所迷惑，使人们看到一个不大真实的人物。其次，从评价的原则和标准来看，党史人物评价是在历史事实基础上所做的一种价值性判断，选择怎样的评价原则和标准直接决定了评价结果的准确性、客观性。研究者受自身世界观、知识水平、思维方式以及所处时代理论规范和政治气氛的影响，所持的评价原则和标准往往不一，即便他们运用的史料完全相同，最终仍会得出不尽一致甚至截然相反的结论。最后，在现实利益关系上，评价主体既然是现实生活中的党史研究者，其评价活动难免受到个人（集团）利益、个人政治信仰和社会意识形态等诸多因素的影响，这造成一部分研究者为了维护利益需要选择放弃自己的职业操守，有意歪曲和丑化党的历史人物。确认主体性的这些表现，可以促使我们在评价活动中重视、强化自身的认识力量，并引导评价者主观能动性的正确发挥。

在史学认识论中，主体与客体是一对关系范畴。若无客体，主体便失去了自身规定而不成其为主体，客体和主体一起构成认识活动结构的两极。史学认识的客体是进入历史学家学术视野的历史存在，党史人物评价的客体则是在党的历史发展过程中产生过重大影响的党史人物（不仅限于正面人物）。党的历史人物作为客体有它自己存在的内在本质和规律，但哪个人能进入研究者的学术视野，却是研究者自主性选择的结果。因此，党史人物评价的客体总是与评价主体条件相关联的。党史研究者要想对无法直接面对的历史人物进行评价，首先必须去研究有关记载的历史资料，作为前人活动的实际产物、带有主观认识的史料由此也被纳入研究的客体范畴，并成为主体与客体连接的中介质。可见，党史人物评价的客体是双重的，党史研究者需要通过史料这层客体的中介，最后去评价党史人物这个客体。

作为史学研究对象的历史客体同样具有自己的特性。有学者指出："造成历史认识区别于一般认识活动的根本原因，却似乎不在于主体方面，而在于历史认识中客体的特殊性。"① 这种特性也可称为客体的属性，主要体现在三个方面：一是不可重复性，任何历史事件或人物都是已经过去的客观存在，无法再生或重演，即使在特殊条件下会出现一些类似重复的现象，也绝不会完全相同；二是客观性，历史实际一经发生，便具有不以人的意志为转移的客观性，不仅如此，我们的认识一旦被撰写出来，便也成为无可变更的客观存在，这种客观性决定了主体若要满足需要而改变客体，就要发挥主观能动性和创造性；三是非直观性，历史认识的客体在大多数情况下与认识主体处于不同的时空范围内，不能被主体直接接触和感受，这使认识主体无法同客体建立起一种直接的对话关系，而只能凭借史料中介所携带的信息作为评判的依据。历史客体的这些属性共同规定着主体认识活动的形式、特点和方向。党史人物评价客体除具有这三性外，又有自身的特点：1. 特殊性，党史人物研究的主角是我们党的历史上重要的政治家、革命家、军事家和各条战线的英雄模范。作为特定时代的代表，他们的人生经历与党的革命、建设和改革的历史紧密相连，与一般历史上的人物相比，更具有符号性和象征性。2. 现实性，由于中国共产党是我国当前的执政党，对党史人物功过成败的评定就不可能游离于现实政治之外，必然受到执政党的价值观和意识形态的影响。3. 严肃性，党史人物的特殊性和现实性又决定了评价客体的严肃性，正确评价党史人物的是非功过，不仅关系到一个人的定位问题，还关系到我们党的形象和历史发展的是非曲直，必须理性对待。主体和客体的这些特点共同规定着党史人物评价的复杂性，以及评价结果的多样性和流变性，它既要求反映评价主体的利益与需要，又要求遵循评价客体的属性。

二、党史人物评价的客观性

历史认识的客观性问题是历史哲学的中心问题。与本体论意义上的客观性不同，它通常是指认识的真实性、有效性和一致性，也就是指与客观实际相符合、相一致的真理性认识。在西方，传统思辨的历史哲学

---

① 李振宏：《论历史认识中的客体范畴》，《史学月刊》1988 年第 4 期。

和近代实证主义史学均把历史事实当成一种不依赖于人的主体意识或意志的客观存在，主张在消除一切主观因素的前提下根据史料还原历史的本来面目。实证主义史学代表兰克学派即标榜"纯客观"的历史，要求研究主体必须持绝对"价值中立"的态度，不偏不倚地对历史进行叙述。实证主义史学把史料等同于史实的研究方法，只能使其陷入认识论中的绝对客观主义泥潭。以克罗齐（Benedetto Croce）和柯林武德（Robin George Collingwood）为代表的分析的或批判的历史哲学则认为，历史主要是一种思想和心灵的活动，历史认识并不存在客观性。他们并提出了"一切真历史都是当代史"[1]"一切历史都是思想史"[2]等具有较高价值的命题，但这种观点将历史认识主体的意识绝对化，使其走上了历史唯心主义的道路。20世纪60年代以来出现的后现代主义思潮甚至抛开对主客观关系的哲学争论，认为历史在本质上是一种语言的阐释，是读者寻求自我的一个过程，这使史学家的历史认识完全成为一个主观性的过程。

西方历史哲学关于历史认识中客观性问题的讨论，使我们不能不思考这样两个问题：一是强调党史人物评价的主体性如何保证其客观性？二是坚持从客观历史实际出发评价党史人物，是否就可以排除评价中主观因素的渗透，达到完全客观、公正的评定？这两个问题背后所反映的实际上是党史人物评价的主体性和客观性关系问题。要厘清这些问题，需要进行以下分析：

（一）马克思主义哲学是主体性原则[3]和科学实践观的有机结合

马克思在《关于费尔巴哈的提纲》中规定要从主体出发去把握客体，

---

[1] ［意］贝奈戴托·克罗齐：《历史学的理论和实际》，傅任敢译，商务印书馆1997年版，第2页。

[2] ［英］柯林武德：《历史的观念》，何兆武、张文杰译，商务印书馆1997年版，第303页。

[3] 对于主体性能否作为马克思主义哲学的方法论原则，学界存在分歧。有的学者认为很难概括出一个基本的主体性原则，有的学者则断言主体性原则不能成立，但大多数学者认为，将主体性原则作为马克思主义哲学的重要方法论原则是成立的。参见陈冲：《主体性原则是马克思主义哲学的基本原则》，《现代哲学》1993年第2期；李德顺、赵剑英：《论马克思主义主体性原则及其现实意义》，《中州学刊》1988年第6期。

指出对对象、现实、感性的理解，不能只着眼于客体的或直观的形式，科学的实践的唯物主义应"把它们当作感性的人的活动""从主体方面去理解"①。列宁也说过："没有'人的感情'就从来没有也不可能有人对于真理的追求。"②可见，马克思和列宁都不排斥人的主体性。马克思历史哲学同时又将主体性原则建立在科学实践观基础之上，使认识的客观性和认识对象的切实存在性成为无可辩驳的事实。马克思主义认为，一方面，实践是人的主体性形成的根源，人只有通过实践活动才能把自己从自然界中提升出来，成为现实的主体，并确定自身的主体性力量。离开实践，主体与客体就无法发生关系，并会导致漫无边际地夸大主体的作用而陷入唯心主义。另一方面，作为主体的人，必须按客体的规律办事，重视客体的作用，即按照世界的本来面目去认识和改造世界。因此，在马克思历史哲学这里主体性和客观性不是对立的概念，正是由于二者的相互制约和相互补充才保证了认识和实践的成效。

（二）主体性不等同于主观随意性

主观性作为主体的根本属性有两种理解视角。第一种含义是指人的头脑对物质的反映，这种意识或认识在人的大脑中以主观的形式存在，并不直接涉及反映是否正确的问题，只表明它被物质决定的性质；第二种含义则是指与臆造性、主观主义、虚构或偏见、成见等词汇连用的主观随意性，也可以称之为"消极的主观性"，主要表现为认识主体只是以自我为中心，将客观的历史事实绝对主观化，这是唯心主义认识论的表现，其结果只能使历史的真实面目离我们越来越远。因此，在党史人物评价中强调主体性，并不排除其达到客观结论的可能性，也并非等于宣扬历史唯心主义。当然，主体性的发挥也会带来消极作用或负效应，近年来的确有一部分党史研究者在人物评价过程中虽明明知道历史的真相，却碍于狭隘价值观的偏见或受政治利益操作故意歪曲历史，其做法正是主观随意性和唯心主义的表现，也是对马克思历史唯物主义的根本背离。

---

① 《马克思恩格斯选集》第1卷，人民出版社1995年版，第54页。
② 《列宁全集》第25卷，人民出版社1988年版，第117页。

（三）主体性与客观性二者是辩证统一的关系

体现在以下几个方面：1. 主体性是客观性产生的先决条件。在党史人物评价中，主体意识的渗透不仅难以避免，也是评价活动进行的必要条件。如果研究者被要求做到像兰克所说的那样"绝对客观"、完全情感无涉和价值无涉，根本无法去进行评价，更不用说获得客观性认识。因此，党史人物评价要达到对人物的真理性认识，不仅不能排除主体性，还需要研究者充分发挥自己的主体作用。2. 评价的根本任务在于获得真理。党史人物评价的最终目的是要在认识人物客体的基础上，作出自己的价值判断。它需要研究者在评价过程中以科学理论为指导，遵循事物发展的客观规律，利用客观的物质条件不断发现、证实和发展对人的真理性认识。3. 主体的客观性认识具有相对性。受客观历史条件和自身认识能力的制约，研究者的历史认识不可能是对客观历史实际的完全揭示，而只能在相对有限的时空范围内去认识历史的个别内容，在某一个方面或几个方面去接近历史的本质，正如列宁所指出的："我们的知识向客观的、绝对的真理接近的界限是受历史条件制约的。"[①] 但这并不意味着作为客观实在的历史事实本身也具有相对性，也绝不表明历史可以像小姑娘一样被任意打扮。

三、正确评价党史人物

科学地评价党史人物，要求在研究中始终坚持主体性和客观性相统一的原则，正确处理主体理论观念与客体历史实际之间的张力，这是党史人物评价要解决的本质和核心问题。

（一）必须有一个正确的历史观

科学认识和评价党史人物是涉及主体历史观的重大问题。对同一个党史人物的评定之所以出现几种不同，甚至截然相反的观点，除评价主体的学术水平或知识能力不同外，最深层的原因还在于其历史观的差异。

---

① 《列宁选集》第 2 卷，人民出版社 1972 年版，第 135 页。

历史观是人们对历史的根本观点和总的看法，它是史学的灵魂，背后隐藏着评价主体的利益和需要。评价主体站在不同的立场上、有着不同的历史观，就会对客观历史现象作出不同的判断。正确的历史观有助于评价主体获得对历史事实的客观性评定，错误的历史观则使其评价违背历史真相。因此，历史观的正确与否关涉到对党史人物评价是否客观、公正。近年来，党史人物评价领域出现了一些问题，尤以历史虚无主义思潮的影响最为明显，这股思潮或千方百计地歪曲、污蔑和攻击党的领袖，或企图为某些反动人物翻案，在青年大学生中产生了一定的负面影响。这些问题的出现，其中一个很重要的原因就是研究者的历史观不正确，当然也有一些是由于对唯物史观的认识及运用出了问题。这就要求党史研究者自觉地以马克思主义的立场和观点分析问题，在党史人物评价中掌握以下几个主要原则或方法：

1. 坚持历史唯物主义原则

党史人物评价要获得真理性认识，就要从特定的历史条件出发，把人物放到中国革命、建设和改革的历史进程及其内在的联系中，设身处地评价这些人物的功过是非，既不能脱离当时的历史背景和情势来谈论他们的得失，也不能以现代的标准或尺度去衡量他们。习近平总书记在纪念毛泽东同志诞辰120周年座谈会上强调："对历史人物的评价，应该放在其所处时代和社会的历史条件下去分析，不能离开对历史条件、历史过程的全面认识和对历史规律的科学把握，不能忽略历史必然性和历史偶然性的关系。不能把历史顺境中的成功简单归功于个人，也不能把历史逆境中的挫折简单归咎于个人。不能用今天的时代条件、发展水平、认识水平去衡量和要求前人，不能苛求前人干出只有后人才能干出的业绩来。"[1] 这"六个不能"，正是以历史唯物主义的观点和态度，表明了科学评价历史人物所应坚持的立场和方法。

2. 正确运用阶级分析法

以马克思主义阶级分析的方法评价党的历史人物，就是要指出他们

---

[1] 习近平：《在纪念毛泽东同志诞辰120周年座谈会上的讲话》，《人民日报》2013年12月27日。

所代表的阶级利益，同时以无产阶级和人民大众的利益的观点进行评判。当前，阶级斗争已不是我国社会的主要矛盾，但阶级分析法并不过时，尤其对于中共党史研究而言，合理地运用这一分析法评价历史人物仍具有必要性和现实性。针对近些年来党史人物评价中出现的"翻案"或"重评"现象，不少党史工作者强调，党史人物不是不可以重新认识和评价，但问题是应该建立在什么立场和出发点之上，要不要对党史人物作基本的阶级分析，如果对此完全置之不顾，恐怕很难保证评定结果的客观性。当然，运用阶级分析法绝不是孤立地以个人出身、成分来评定一个人，也不是简单地否定历史上的非劳动阶级及其代表人物，要避免简单的"唯成分论"和随意乱贴标签。

3. 坚持整体性原则

党史人物评价的客观与否，指的是对某一个认识对象整体性、全局性的反映和把握，而不是一味追究对有关该人的个别史实认识或细节上的正确与否。坚持整体性原则，就是要求研究者拥有宽广的历史视野，把党史人物置于中华民族复兴，乃至世界历史发展的总体进程中去考察。同时要求以全面、系统、比较的方法和实事求是的态度，从总体或大局上评定党史人物的功过是非，从他们的一生中抓住其主要的实践活动，看其在当时的历史条件下有无贡献或贡献大小，而不能将他们一生的历史随意进行切割，更不能因为某些失误和阶段的挫折而全盘否定他们的成就。正如列宁所指出的："如果不是从整体上、不是从联系中去掌握事实，如果事实是零碎的和随意挑出来的，那么它们就只能是一种儿戏，或者连儿戏都不如。"①

（二）必须确定科学的评价标准并正确运用

确定科学的评价标准是进行党史人物评价的关键，它直接影响到评价结果的客观性和科学性。何为科学的评价标准？有论者认为，它一定要符合这四性：一是客观性，要求标准能超越人的主观局限性，使主观符合客观；二是全面性，标准的客观性，不能仅满足于某一方面或某一

---

① 《列宁全集》第28卷，人民出版社1990年版，第364页。

主要方面，而要求能覆盖所有方面；三是本质性，主观符合客观，并不是客观的表征，而是指它的本质属性；四是稳定性，作为一个标准，要稳定就必须高度抽象，使它具有普遍性、长期性。① 另有论者指出，判断标准的是非、好坏主要取决于两个方面：一是它在多大程度上客观、全面地反映了评价客体的内容与属性；二是它在多大程度上满足、符合了评价主体具有普遍意义的合理需要。② 也就是说，科学的评价标准应该能够反映客体属性与主体需要之间的本质关系。中共党史人物评价长期以来偏重政治标准，十一届三中全会以后，党史人物评价标准随着拨乱反正的进行日趋科学化。大抵有这样几种标准：1. 历史作用标准，以党史人物在社会生产、人民生活、国家民族利益以及社会道德等方面所起的推动或阻碍的作用为标准。具体又细化为生产力标准、现代化标准、进步标准、人民利益标准、民族统一与团结标准等。张静如提出用"社会现代化"的视角来评价近现代历史人物、政党等在历史上的作用，认为应该考察其现代化意识之强弱，考察其对变被动社会现代化为主动社会现代化过程的贡献之大小。③ 王炳林主张把生产力标准和群众利益标准结合起来，共同作为评判中共党史事件和人物的标准，认为中国共产党区别于古今中外统治阶级的关键在于，党的活动的最终目的是广大人民群众的根本利益。④ 2. "三个代表"重要思想标准，石仲泉、郭德宏等学者提出把"三个代表"重要思想引进中共党史学，主张从"三个代表"与中共党史两者互动的角度去考察中国共产党的历史，评判历史事件和人物等。⑤ 3. 其他标准。道德标准、需要标准和环境标准等其他一些评价标准也被党史研究者重视和运用。

以上诸多评价标准的提出和运用，代表了党史学界在这一问题上的研究成果。但党史人物最终能否得到客观、公正的评价，还依赖于这些标准能否得到评价主体的合理运用。根据目前党史人物研究的现状和任

---

① 李屏南：《人物评价论》，岳麓书社2000年版，第179页。
② 邓京力：《关于历史评价标准的反思》，《史学月刊》1999年第3期。
③ 张静如：《李大钊与现代化意识》，《北京师范大学学报》1989年第6期。
④ 王炳林：《邓小平理论与中共党史学》，北京出版社2000年版，第13页。
⑤ 郭德宏：《"三个代表"重要思想与中共党史研究》，《理论学刊》2002年第5期。

务，笔者认为，有三个方面需要注意：

首先，多元标准的统一是今后发展的趋向。党史人物研究标准目前已呈多样化范式，但我们最终还是需要一个统一的标准对党的历史人物做出一个综合的整体性判断。正如有论者所指出的："为了如实地反映历史人物活动及其作用的多重性、多向性与不平衡性，历史人物评价标准也应实现在多元化基础上的统一。"[①] 以一己之浅见，党史人物的评价应该根据其所处时代的要求，以是否有利于人民群众的根本利益，是否有利于推动中华民族的伟大复兴，以及服务于这一目标的个人一生的思想和实践活动及个人道德品质进行综合考察。这种综合考察意味着对各种标准的兼收并蓄，但并非是一种泛化的机械式叠加和堆积，而是以"是否有利于人民群众的根本利益和推动中华民族的伟大复兴"这一标准充当轴心，以此去统一、整合与其他标准的关系，也就是形成一元多面、体系化的评价标准。

其次，党史人物的评价，应建构具有自身特点的标准。中共党史人物是中共党史的概念，与一般历史人物相比具有很强的政治性，这种差异决定了党史人物评价在向历史学评价理论借鉴经验的同时，必须考虑到中共党史生成、发展和演变的历史背景，结合学科自身的特色去具体界定和明晰评价标准。例如，就历史人物评价运用较多的进步标准来看，"进步"一词包含着不同的理解层面，有人限制在物质层面上，有人理解为物质与精神的全面进步，还有人认为应以社会主要矛盾的解决为要，从表面上看这些不同的理解似乎使"进步"一词得到厘清，但在党史学研究领域，如何结合党的历史背景以及现实政治对其进行辨析，恐怕仍是一个值得继续深入探讨的问题。再比如道德评价标准，它以蕴含在一定的历史意识之下的某些德行或规范作为参照系，但不同历史时期的道德规范不是一成不变的，比如形容一个人的"节约"美德，在古代主要是指这个人的俭朴无欲，但在近代除了这层内涵外还包括对时间的节约、对效率的追求等，中国共产党的节约理念甚至包括"节约建国"的深刻内涵。

---

① 吴廷嘉：《历史人物研究的几个理论问题》，《安徽史学》1986年第3期。

最后，党史人物评价的标准不是固化不变的，而是动态发展和不断完善的，它要求研究主体必须坚持继承与拓新的统一。随着时代的进步和党史学理论的发展，党史人物评价的标准在新的时空条件和政治、学术背景下也在不断地发展，并提出了新的要求。这就要求研究者始终要站在时代的高度，运用时代的理论成果和认识水平不断调整自己的知识结构和认知能力，提出新的研究视角和研究方法，推进党史人物评价体系的准确性和科学性。但不论标准如何变化，它首先必须要确保自身的科学性，具有学术内涵和实际意义。在这一点上，"反激进主义"和"新保守主义"等一些所谓的评价标准，在本质上均有悖于中国近代客观的历史实际，也就不能作为一种尺度准确地衡量党史人物的价值。

（三）必须正确看待和运用史料

从历史认识论角度看，史料作为认识的中介质是主体与客体之间沟通的重要桥梁。兰克学派甚至提出"史学就是史料学"，认为史学工作就是不偏不倚地进行历史资料的研究，"有一分史料说一句话"。兰克学派强调了史料的客观性，却忽视了史料本身的另外两个重要属性：一是主观性，史料作为前人活动的实际产物渗透了他们的价值认识，并随记录者的阶级属性、时代条件乃至宗派归属的不同，不可避免地呈现认识上的偏见或歪曲。有些史料看起来是对历史事实的客观记载或描述，其实不然，其中必然带有记录者的态度和偏见。二是不完全性，史料是有关历史实际的不完全记载，研究者无法保证所获得的历史信息是完全的。这一方面是指，与无限丰富的历史实际相比，能够留存下来的史料总是很少的一部分，后人能够看到的也只是其中的一部分。另一方面是指，直至目前，仍有相当一部分史料所蕴含的信息难以被史学家真正地理解和把握。

承认史料的不完全性和主观性这些特征，并不否认党史人物评价对客观真理的追求，相反，这是获得科学性结论的前提。在此基础上，党史研究者需要进一步正确地运用史料：首先，要充分地占有史料。党史人物已成既往，不会再现，对其评价只能依据各种史料间接进行，而不能从概念出发。这就需要研究者尽可能多地收集历史材料，尤其要注重对含有较高价值的原始资料或第一手资料的挖掘。其次，要对收集来的史料进行全面、科学的分析和论证。恩格斯指出："只有靠大量的、批判地审查过的、充分地掌握了的历史材料，才能解决这样的任务。"① 在党史人物评价中，一些研究者往往忽视或不注重对史料的分析和鉴别，而简单地把带有历史偏见的史料当作历史事实本身。这体现在：研究者对史料记录者和被记录者的阶级地位和宗派归属不做考察；对相互矛盾的史料不做对比性辨析；又或是仅凭一些表面的、个别的评说就对党史人物妄下结论，看不到史料与历史背景间的复杂联系。最后，避免以论代史。党史人物评价主体要严格保持一种客观的、实事求是的科学态度，不能先入为主地断定党史人物的是非功过，并用以支配自己对史料的选择和分析。当前，一些研究者常以主观愿望假设或预设党史人物的地位和作用，再从历史资料中择取有利于论证自己观点所需要的部分，或者为辩护自己的理论而随意歪曲史实和篡改史料，历史虚无主义者评价党史人物往往循此路径。

古人曰，"知人论世"。意思是要认识历史人物，就不能不研究其所处的社会历史。要获得对特定社会历史的认识，以史为鉴、承接历史，也必须通过对人物的深入了解才能实现。中共党史人物评价的目的，绝不是在于追究个人责任或评判一人的升降、得失，而是为了从前人的实践活动中总结和吸取经验教训，更好地为现实服务。党史人物评价要达成这样的社会功能和目的，就需要研究者在评价活动中始终坚持主体性与客观性的统一，坚持党性与科学性的统一，以及坚持学术价值与社会价值的统一。

[原载《党政干部学刊》2016 年第 6 期]

---

① 《马克思恩格斯全集》第 13 卷，人民出版社 1962 年版，第 527 页。

学习陈云看待历史问题的正确态度和方法

朱佳木

党的十八大后,以习近平同志为核心的党中央高度重视、大力提倡认真学习和正确认识党史国史,深刻总结和善于借鉴历史经验,并把这些作为统一思想、凝聚力量、实现"两个一百年"奋斗目标的重要措施。与此同时,西方敌对势力为对我实施西化、分化战略,加紧诋毁、丑化、抹黑我们的党史国史;国内以否定革命和共产党领导为目的的历史虚无主义思潮,也在频频拿我们的党史国史说事。面对这个大背景,我们在陈云同志诞辰110周年之际着重学习他看待历史问题的态度和方法,显得尤为重要。

中华民族是一个有着优良史学传统的民族;我们党是一个历来重视研究历史问题和总结历史经验的党。早在1938年,毛泽东就指出:"我们是马克思主义的历史主义者,我们不应当割断历史。"[①]改革开放后,邓小平也反复强调学习历史知识、总结历史经验的重要性,要求各级党组织用中国近代史和党的历史教育青年。陈云作为以毛泽东同志为核心的党的第一代中央领导集体和以邓小平同志为核心的党的第二代中央领导集体的重要成员,不仅一生与党史国史息息相关,而且十分重视和关心党史国史的研究、宣传、教育工作。他在对党史国史工作给予指导的过程中,回答了许多人们长期弄不清楚的疑难问题,提出了许多对人们具有启迪意义的精辟见解,给人们树立了许多运用历史唯物主义立场、

---

① 《毛泽东选集》第2卷,人民出版社1991年版,第534页。

观点、方法解决实际问题的范例。所有这些，都值得我们认真学习、深入研究，并从中汲取智慧。

一、要重视对历史和历史经验的运用

陈云自幼家境贫穷，没有多少条件看历史书籍。但他从小酷爱历史，通过民间说唱艺术等形式，获取了大量历史知识。14岁那年，他到上海商务印书馆当学徒，有了接触史书的条件。加入中国共产党后，他更抓紧一切机会，学习马克思主义理论和包括历史在内的文化知识。通过学习，他意识到运用述史形式宣传党的主张、扩大党的影响的重要意义，并在十分危险和动荡的环境下，假借长征途中被俘国民党军医的口吻，亲笔撰写了一篇长达3万余字、题为《随军西行见闻录》的历史纪实性报告文学，生动详细地描绘了红军长征的伟大壮举。该文最初发表于1936年3月巴黎《全民月刊》上，接着在莫斯科出版了单行本。它比斯诺的《西行漫记》还早一年问世，为粉碎敌人对红军的诬蔑，起到了不可替代的作用。

后来，陈云虽然没有时间再写这类体裁的作品，但在讲话、报告、文章中，仍然喜用历史事例阐述革命道理。例如，在党的七大发言中，为了说明个人有成绩应当首先归功于人民的力量和党的领导，他就举过红军长征的例子。改革开放后，他为了说明农村党员集训要误工费是错误的，也曾采用历史对比的方法。他说："解放前，同样在农村，支援战争，运送弹药、伤兵，非但没有误工补贴，而且常常因此而受伤或死亡。相比之下，现在这些误工补贴能算合理吗？"①

陈云在长达70年的革命生涯中，经历了从五卅运动、上海第三次武装起义直至20世纪90年代中期我们党和国家的几乎所有重大事件。他对党史国史的研究工作有着特殊感情，给予过热情支持和许多具体指导。在历史新时期，他出任过主要由老一辈革命家组成的中央党史委员会委员，认真审查过革命博物馆的党史陈列，详细解答过党史工作部门提出的各种问题，为许多革命烈士书写过证明材料，为许多革命圣地和革命

---

① 《陈云文选》第3卷，人民出版社1995年版，第332页。

前辈的纪念碑、纪念书籍、纪念活动题过词，还为专事新中国历史研究的当代中国研究所写过所名。

陈云还十分重视总结和运用历史经验，在主持全国财经工作时，常把国内外经济建设的历史经验、教训作为制定政策的依据。例如，他针对计划编制工作指出："研究合理的比例关系，决不能只依靠书本，生搬硬套，必须从我国的经济现状和过去的经验中去寻找。"① 他针对体制改革指出："改革固然要靠一定的理论研究、经济统计和经济预测，更重要的还是要从试点着手，随时总结经验，也就是要'摸着石头过河'。"② 三年经济困难时期，他通过总结新中国成立以来四次粮食供应紧张与城市人口增加过多之间的关系，提出动员一部分城市人口下乡的主张。他说：这个道理"从历史上看一看就会懂得"③。对于困难程度的大小及克服困难的快慢，他也注意从历史的统计中寻找答案。他说，第一个五年计划时期，粮食平均每年增产120亿斤，而恢复农业的条件，好坏相抵还不如过去，因此，工作的基点应该放在争取快、准备慢上。为了说明钢铁质量、品种胜于数量的道理，他列举美、英、德、日、苏等国过去90年来钢产量的统计数字，指出这些国家钢产量在500万吨到1000万吨的时候，各种工业就已经比较齐全，把工业基础打下来了。他说："根据历史经验，我们应该从现在开始，争取在一定的时间内，使工业产品品种齐全，质量良好，技术先进，适应需要。"④

二、要弄清并尊重历史事实

陈云主张，无论研究历史问题还是总结历史经验，都要先把史实搞清楚，把历史立全面、立准确，使它站得住、立得稳，经得起历史检验。改革开放后，他多次主动过问和亲自主持一些重大历史问题的研究，采取的方法都是先把史实搞清楚，搞准确，用他的话说，叫"铁板钉钉"。

---

① 《陈云文选》第3卷，人民出版社1995年版，第56页。
② 《陈云文选》第3卷，人民出版社1995年版，第279页。
③ 《陈云文选》第3卷，人民出版社1995年版，第161页。
④ 《陈云文选》第3卷，人民出版社1995年版，第213页。

其中花费精力较多的有对潘汉年这一历史积案的平反，有对"伍豪事件的前前后后"这一党内文件的撰写，有对《遵义会议传达提纲》这一历史档案及遵义会议前后中央领导机构组成问题的答复，有对"西路军"这一历史问题的澄清，有对东北解放战争方针形成这一历史过程的编写。这些工作为解决党史诸多疑难问题起了重要作用，也为人们运用历史唯物主义基本观点做出了示范。

纵观陈云一生，他不仅从始至终坚持研究、总结历史都要先把史实搞清楚、弄准确，而且以身作则，绝不随形势和观点的变化而改变对历史事实的认定。例如，他在1977年3月中央工作会议上不顾"两个凡是"的禁令，提出天安门事件应当平反，邓小平同志应当早日恢复工作；在1978年底的中央工作会议上再次突破禁令，呼吁实事求是地解决"文化大革命"及其之前的一系列重大历史遗留问题；在党的十一届三中全会之后，同邓小平等同志一道积极推进刘少奇冤案的平反，等等。再如，他在指导东北解放战争历史的编写时，实事求是地看待林彪和苏联的作用，指出"林彪作为四野的司令员，在当时正确的地方，我们也不必否定"。苏联红军出兵东北，打败日本关东军，"为我们的大部队能抢在国民党前面迅速进入这个地区，为改善我们的装备，创造了十分有利的条件"[①]。再如，他在党的十二大前夕，还断然拒绝把自己履历表里的"小学毕业"改为"相当大学"，说他的学历就是高小毕业，不要改。因为他始终坚持这种尊重历史事实的态度，所以他在历史问题上说过的话，总是能经受住时间的检验。

三、要把历史问题放到一定历史过程中和背景下来看

历史是事物的发展过程，看一个历史事件或历史人物，只有放在历史的全过程中考察，才可能看得清楚，作出科学评价。对于历史唯物主义的这一原理，陈云铭记在心，运用娴熟。1980年，党中央决定就新中国成立以来党的历史问题起草一个决议（即《中共中央关于建国以来党的若干历史问题的决议》，以下简称《历史决议》）。邓小平指出，决

[①] 《陈云文选》第3卷，人民出版社1995年版，第328、326页。

议最核心的一条是"确立毛泽东同志的历史地位,坚持和发展毛泽东思想"。决议初稿拿出后,邓小平认为没有很好地体现他的设想,要重新来过。为此,陈云建议在决议中增加回顾新中国成立以前28年的历史段落,指出:"有了党的整个历史,解放前解放后的历史,把毛泽东同志在六十年中间重要关头的作用写清楚,毛泽东同志的功绩、贡献就会概括得更全面,确立毛泽东同志的历史地位,坚持和发展毛泽东思想,也就有了全面的根据;说毛泽东同志功绩是第一位的,错误是第二位的,说毛泽东思想指引我们取得了胜利,就更能说服人了。"①邓小平当即表示,"这个意见很好"②,指示起草小组照办。

列宁说过:"在分析任何一个社会问题时,马克思主义理论的绝对要求,就是要把问题提到一定的历史范围之内。"③对于历史唯物主义的这一原理,陈云尤其重视,经常强调,并在实际工作中努力贯彻。例如,20世纪80年代初的"两案"审理,涉及不少与林彪集团有牵连的部队老干部。陈云依据《历史决议》的精神,在一个批示中明确指出:"文化大革命"是一场内乱,也是在特定的历史条件下的政治斗争。除了对于若干阴谋野心家必须另行处理以外,对其他有牵连的人,必须以政治斗争的办法来处理。他说:"这种处理办法,既必须看到这种斗争的特定历史条件,更必须看到处理这场政治斗争应该使我们党今后若干代的所有共产党人,在党内斗争中取得教训,从而对于党内斗争采取正确的办法。"④

又如,20世纪80年代中期进行的经济体制全面改革,涉及对50年代计划经济体制的评价。陈云一方面主张对计划经济体制进行改革,另一方面针对一些人关于我国计划经济学的是苏联那一套的非议指出:"对这些问题,都应从历史唯物主义观点来看。"⑤"那时我们不能不学苏联。美国和西方其他国家对中国实行封锁政策,学美国、英国、法国行吗?"⑥

---

① 《陈云文选》第3卷,人民出版社1995年版,第284页。
② 《邓小平文选》第2卷,人民出版社1993年版,第303页。
③ 《列宁选集》第2卷,人民出版社2012年版,第375页。
④ 《陈云文选》第3卷,人民出版社1995年版,第304页。
⑤ 《陈云年谱(1905—1995)》下卷,中央文献出版社2000年版,第407页。
⑥ 《陈云年谱(1905—1995)》下卷,中央文献出版社2000年版,第407页。

"即使那时,我们的经济工作也是按照中国的实际情况办事的,没有完全套用苏联的做法。"①

再如,对外开放后,涉及如何对我国与发达资本主义国家进行比较的问题。陈云认为,进行这种比较,必须放在一定的历史条件下,而且要把发展水平与社会制度区别开来。那时,有些人出国考察,看见外国的摩天大厦、高速公路,等等,就以为中国不如外国,社会主义不如资本主义,马克思主义不灵了。他在党的十二届二中全会发言中说:"对于这些人,我们要进行批评教育;对其中做意识形态工作的同志,经过教育不改的,要调动他们的工作。"②他还在发言最后强调:"资本主义必然要被共产主义所代替,这是无可改变的法则……我们可以充满信心,高呼:社会主义万岁!共产主义万岁!"③

如何看待时代的性质,也是唯物史观中的重要问题。邓小平根据20世纪80年代国际形势的变化,作出了和平和发展是当代世界两个突出问题的重要论断,但他从来没有说过当代是和平和发展的时代,而且始终认为战争的危险仍然存在,和平和发展问题一个也没有解决。1989年9月,陈云在同一位中央负责同志谈话中说:列宁论帝国主义的五大特点和侵略别国、互相争霸的本质没有过时。"那种认为列宁的帝国主义论已经过时的观点,是完全错误的,非常有害的。"④过了八天,邓小平在同一位美籍华裔学者谈话时也说:"美国现在有一种提法:打一场无硝烟的世界大战。我们要警惕。"⑤

四、要分清历史上个人作用与党的作用、党的路线与党的性质的区别

如何看待个人在历史上的作用,站在不同立场,秉持不同历史观,

---

① 《陈云文选》第3卷,人民出版社1995年版,第337页。
② 《陈云文选》第3卷,人民出版社1995年版,第332页。
③ 《陈云文选》第3卷,人民出版社1995年版,第332—333页。
④ 《陈云文选》第3卷,人民出版社1995年版,第370页。
⑤ 《邓小平文选》第3卷,人民出版社1993年版,第325—326页。

得出的结论不仅不同，有时甚至截然相反。陈云坚持人民群众创造历史的唯物史观，反对不恰当地夸大个人的作用。他说："个人的作用是有的，不过自己不要估计太大了。任何人离开了人民，离开了党，一件事也做不出来。"① 在党的七届四中全会上，他针对革命胜利后如何防止党内出野心家的问题，讲了两个重要观点：一是不能只靠毛主席一个人，可靠的、永久的、可传到子孙后代的办法，是提高全党高级干部的革命觉悟和革命嗅觉；二是高级干部在胜利的环境中要警惕骄傲，千万不要背所谓"一贯正确"的包袱。

唯物辩证法告诉我们，任何事物都由本质和现象两方面构成，本质是事物比较深刻、比较稳定的方面，现象有时反映本质，有时并不反映本质。党的性质、宗旨与党的路线相比，更具深刻性和稳定性，在历史上，有时党的路线错了，但不等于我们党代表无产阶级和人民根本利益的性质就变了。这个观点，陈云多次讲过。例如，在党的七大上，他说："在内战后期，虽然路线错了，老百姓还是欢迎我们。我这样说并不是为那时的错误辩护，而是讲事实。老百姓不说你是教条主义路线，他只看见你是共产主义者、共产党，打土豪分田地，为人民谋利益。"② 后来，在1977年审查中国革命历史博物馆的党史陈列时，他又说："'八七'会议后，党号召党员积极分子参加农村暴动。当时凡是积极分子都参加了，不是积极分子的就退党了。暴动中有很多人牺牲了……他们虽然是在盲动主义路线下参加农村暴动的，但是为了反对国民党反动统治而英勇牺牲的，被敌人枪杀时还高呼革命口号。"③ 可见，党的路线与性质有联系也有区别，不能说我们党的路线什么时候正确就代表无产阶级和人民群众，什么时候错误就不代表了。那样看问题不是历史唯物论，而是历史唯心论。

五、要用正确的思想总结历史经验

在如何总结历史经验教训的问题上，陈云也有一个重要观点，那就

---

① 《陈云文选》第1卷，人民出版社1995年版，第295页。
② 《陈云文选》第1卷，人民出版社1995年版，第294页。
③ 《陈云年谱（1905—1995）》下卷，中央文献出版社2000年版，第213页。

是首先要端正指导思想。他认为，指导思想错了，不可能总结出真正的经验。例如，他在1980年作的《经济形势与经验教训》的讲话中就说："开国以来经济建设方面的主要错误是'左'的错误。……在'左'的错误领导下，也不可能总结经验。"①他还认为，要重视别人的经验，更要重视自己的经验；要重视成功的经验，更要重视失败的经验。他说："没有自己的经验，光有别人的经验不行。"要"把失败当成成功之母，从失败中吸取经验教训"②。他告诫人们，对历史经验要从积极方面总结，不要消极总结。在1982年审阅党的十二大报告稿时，他提出："目前在我们的党风中，以至在整个社会风气中，有一个很大的问题，就是是非不分。有些同志在是非面前不敢坚持原则，和稀泥，做老好人，而坚持原则的人受孤立。这种情况，在'文化大革命'以前也有，但现在比那时要严重得多。过去受'左'的指导思想影响，过分强调斗争哲学，不该斗的也斗，动不动就上纲到路线是非。现在又出现了另一种倾向，即怕矛盾，怕斗争，怕得罪人……要提倡坚持原则，提倡是就是是、非就是非的精神。只有我们党内首先形成是非分明的风气，党的团结才有基础，党才有战斗力，整个社会风气才会跟着好转，才会使正气上升，邪气下降。"③他的这个意见，后来被吸收到了党的十二大报告中。

在总结历史经验教训时，陈云还有一个突出特点，就是常把自己摆进去。例如，1979年3月中央政治局会议上，一些同志对他能重新出来领导经济工作表示很高兴，他在发言中说："不要把我说得这么好，也有很多反面教训，一百五十六项中，三门峡工程是我经过手的，就不能说是成功的，是一次失败的教训。"④他还要求把自己写给中央的关于解放战争时期辽东地区土改工作所犯错误的检讨报告，收进他的文选。对此，编辑组几次提出，这个错误在当时带有普遍性，责任不能由他一人负，主张把稿子撤下来，他都没有同意。他说，他这样做就是要让大家知道，他陈云并不是一贯正确，世界上没有一贯正确的人。

---

① 《陈云文选》第3卷，人民出版社1995年版，第281—282页。
② 《陈云文选》第2卷，人民出版社1995年版，第186页。
③ 《陈云文选》第3卷，人民出版社1995年版，第274页。
④ 《陈云文选》第3卷，人民出版社1995年版，第254—255页。

党的十八大以来，习近平总书记先后在纪念毛泽东同志诞辰120周年、邓小平和陈云同志诞辰110周年座谈会上发表了三个重要讲话。这些讲话充分体现了对中国近代史和党史国史主流、本质及其不同历史时期互相关系的准确把握，为我们提供了正确看待党史国史特别是改革开放前后两个历史时期关系、反对历史虚无主义思潮的重要指导思想。我们学习陈云同志看待历史问题的正确态度和方法，要同学习、领会和落实以习近平同志为核心的党中央关于坚持历史唯物主义的一系列指示精神结合起来，正确看待历史和总结历史经验，抵制敌对势力歪曲、污蔑党史国史和党的领袖、英雄人物的阴谋，打赢意识形态领域里没有硝烟的战争，为实现"两个一百年"的奋斗目标汇聚更强大的精神力量。

［原载《前线》2015年第7期，原题为《陈云对待历史问题的态度和方法》］

陈云的国史观及其对国史研究理论与方法的启示

邱 霞

陈云是以毛泽东同志为核心的党的第一代中央领导集体的重要成员，是以邓小平同志为核心的党的第二代中央领导集体的主要成员，他享年90多岁，革命和建设生涯长达70多年。他一生注重学习和运用马克思主义哲学，坚持用辩证唯物主义和历史唯物主义指导各项工作实践。党的十一届三中全会以后，陈云德高望重，在配合邓小平带领全党和全国人民拨乱反正、开启改革开放伟大事业的过程中，坚持唯物史观，对新中国成立以来特别是"文化大革命"期间党和国家的重大事件和重要人物给予了客观准确的评价，集中地体现了他的国史观。陈云始终坚持用马克思主义的立场、观点和方法观察和分析国史问题和国史人物，他的国史观是马克思主义的历史唯物主义的国史观，在今天对于国史研究坚持正确的理论与方法仍然有着重要的启示意义。

一、要坚持唯物史观的根本立场，要实事求是地对待新中国成立以来特别是"文化大革命"期间党和国家的历史

陈云历来重视党和国家的历史。他在"文化大革命"下放期间还同女儿通信，叮嘱她要"学习中国近代史（从鸦片战争到全国解放）"[①]。

[①]《陈云年谱（1905—1995）》下卷，中央文献出版社2000年版，第161页。

"文化大革命"刚刚结束的 1977 年 9 月间,他连续两天两次应邀到中国革命博物馆审查《中共党史陈列》新民主主义革命时期部分,作出了包括六届六中全会与会人员问题、刘少奇"和平民主新阶段"问题、辽沈战役中林彪的问题等在内的六项指示。关于六届六中全会与会人员的问题,他指出,朱理治、高文华、潘汉年参加了会议,黎玉十之八九也参加了,要赶快核对,把参加会议的名单搞清楚。"全会的合影照片,按照历史唯物主义的观点是可以陈列的。"① 对待新中国成立以来特别是"文化大革命"期间党和国家的历史,陈云自觉坚持历史唯物主义的原则立场,要求既要肯定成绩,又要承认错误,客观地分析总结正反两方面的经验教训。

十一届三中全会重新确立了党和国家马克思主义的思想路线、政治路线和组织路线。为了把思想统一到全会的路线上来,把工作重点真正转移到社会主义现代化建设上来,需要对新中国成立以来的历史作出适时的恰当的总结,对"文化大革命"、领导人的是非功过以及共和国历史上的一批重大冤假错案等给予客观的准确的评价。这在当时已经是十分重要并且无可回避的事,但是又绝非易事。陈云在 1979 年 3 月会见马来亚共产党总书记陈平时,中肯地谈了自己对新中国成立以来历史,特别是"文化大革命"以及如何评价毛泽东等问题的看法。他认为,毛泽东发动"文化大革命",主要是为了防止中国变修,防止出现像苏联赫鲁晓夫那样的问题,而且最初也不想搞那么大。但是,对"文化大革命"不能说毛泽东没有一点责任。陈云总结"文化大革命"的经验教训,重要的一条就是,民主集中制搞得很不好。因此,他主张,对"文化大革命"是需要做一个总结的,但是总结时要很慎重,要同时考虑毛泽东发动"文化大革命"的初衷,"文化大革命"所犯的"左"倾错误,以及林彪、"四人帮"等的破坏作用。对毛泽东的评价也要慎重考虑,不能感情用事。他认为,正确评价毛泽东不仅是中国的问题,也是世界的问题,不能像赫鲁晓夫对斯大林那样,要平心静气,掌握分寸。

1981 年 6 月,十一届六中全会通过了《关于建国以来党的若干历史

---

① 《陈云年谱(1905—1995)》下卷,中央文献出版社 2000 年版,第 214 页。

问题的决议》(以下简称《历史决议》)。《历史决议》从 1979 年 10 月底开始组织起草，到 1981 年 6 月通过，历时一年半，讨论了四轮，集中了全党的智慧，还征求了各民主党派、民主人士甚至外国党和国家领导人的意见。邓小平评价《历史决议》实事求是地、恰如其分地评价了"文化大革命"，评价了毛泽东同志的功过是非。① 陈云为《历史决议》的起草作出了重要贡献。他先后多次同起草小组负责人谈话，在谈话中表达自己对这段历史及毛泽东的看法，提出对决议起草的重要意见。据《陈云年谱》记载，他在决议起草期间关于起草意见的重要谈话有七次：1980 年底同胡乔木谈了两次；1981 年初同邓力群谈了四次；1981 年 3 月 24 日同前去探望他的邓小平专门做了一次谈话。陈云的观点是，《历史决议》首先要解决的问题是正确评价毛泽东同志和毛泽东思想、确立毛泽东的历史地位。

粉碎"四人帮"以后，社会上出现了一股以清算毛泽东为目的的思潮，他们极力贬低、攻击毛泽东和毛泽东思想，意在否定毛泽东的历史地位，从而否定毛泽东领导时期党的历史作用，否定新中国成立以来 32 年的历史。与这股思潮相对的另一股极端思潮仍然坚持"两个凡是"，神话毛泽东同志，教条化毛泽东思想。因此，要肯定新中国的历史，正确评价毛泽东同志和毛泽东思想是问题的关键。这个问题，直接关乎全党的利益、中华民族的利益、国际共产主义的利益。像赫鲁晓夫那样简单粗暴地否定斯大林，实际上等于否定了苏联和苏联共产党的历史，后果不堪设想，这早已被后来的历史证明。因此在这个问题上，邓小平、陈云都十分重视，邓小平认为这应该是《历史决议》最核心的问题，陈云对此十分赞成和支持。陈云提出："一定要在我们这一代人还在的时候，把毛主席的功过敲定，一锤子敲定，一点一点讲清楚。这样，党的思想才会统一，人民的思想才会统一。如果我们不这样做，将来就可能出赫鲁晓夫，把毛主席真正打倒，不但会把毛主席否定，而且会把我们这些做含糊笼统决议的人加以否定。因此，必须对这个问题讲得很透彻。"②

---

① 《邓小平文选》第 2 卷，人民出版社 1994 年版，第 307 页。
② 《胡乔木谈中共党史》，人民出版社 1999 年版，第 75 页。

对于新中国成立以来32年党的工作中的错误，陈云也没有回避，他的观点是，"是成绩就写成绩，是错误就写错误；是大错误就写大错误，是小错误就写小错误"，但是一定要写得准确，论断要合乎实际，要"反复推敲，反复斟酌，使它能够站得住，经得起历史的检验"①。邓小平也讲，"这中间有过曲折，犯过错误，但成绩是主要的"②，要进行实事求是的分析。毛泽东在20世纪40年代初就指出，中国共产党是"为民族、为人民谋利益的政党，它本身决无私利可图"③。对新中国成立以后我们所走过的曲折道路，必须实事求是地看到它是一个新生的落后社会主义大国发展中的必经阶段的一面。

二、要坚持唯物史观全面地看待历史人物的科学方法，要正确评价毛泽东同志及毛泽东思想

陈云的观点是，肯定毛泽东的历史功绩是正确评价毛泽东的前提和基础，同时也要客观地承认他晚年所犯的错误，否则就不能得出正确的结论。这正是唯物史观全面地看待历史人物的科学方法。对毛泽东的历史功绩，陈云对邓力群讲：（一）培养了一代人，一大批干部；（二）正确处理了西安事件、制定了抗日战争期间我们党的一系列方针政策并写了许多重要著作；（三）延安整风时期倡导学习马列著作，特别是学哲学，对于全党思想提高、认识统一起了很大作用；（四）毛泽东的一整套理论和政策对中国革命的胜利起了决定性的作用；（五）毛泽东在党内的威望是通过长期的革命斗争实践建立起来的。他同时指出，确立毛泽东的历史地位并不是要回避毛泽东晚年的错误，而是要以马克思主义的实事求是的态度给予科学的评价。他主张对毛泽东晚年的错误要分析，要把毛泽东发动"文化大革命"的动机和实际的结果区分开，同时要从制度上找原因。他认为，毛泽东发动"文化大革命"的初衷是可以理解的，主要是为了防止中国变修。实际上，这个问题即使在今天，也

---

① 《陈云文选》第3卷，人民出版社1995年版，第283页。
② 《邓小平文选》第2卷，人民出版社1994年版，第302页。
③ 《毛泽东选集》第3卷，人民出版社1991年版，第809页。

不能说完全解决了。此外，也不能把"文化大革命"的错误归咎于某个人或者某些人，而必须要考虑制度的因素。陈云认为："这个问题实际上应该说，党内民主集中制没有了，集体领导没有了，这是'文化大革命'发生的一个根本原因。"①

对于毛泽东晚年的错误，陈云同样主张实事求是地分析。他对胡乔木讲："（一）毛主席的错误问题，主要讲他的破坏民主集中制，凌驾于党之上，一意孤行，打击同他意见不同的人。着重写这个，其他的可以少说。（二）整个党中央是否可以说，毛主席的责任是主要的。党中央作为一个教训来说，有责任，没有坚决斗争。假如中央常委的人，除毛主席外都是彭德怀，那么局面会不会有所不同？应该作为一个党中央的集体，把自己的责任承担起来。在斗争时是非常困难的，也许不可能。（三）毛主席的错误，地方有些人，有相当大的责任。毛主席老讲北京空气不好，不愿呆在北京，这些话的意思，就是不愿同中央常委谈话、见面。他愿意见的首先是华东的柯庆施，其次是西南，再其次是中南。"②这就是说，陈云认为，毛泽东在"文化大革命"中是犯了错误的，主要错误是破坏民主集中制，但是错误不是他一个人的，中央领导集体也是有责任的，地方上也有责任。这是实事求是的结论，符合历史的真实。

《历史决议》在数易其稿，征求近万人意见的基础上，最终给予毛泽东科学的评价。《历史决议》指出："毛泽东同志是伟大的马克思主义者，是伟大的无产阶级革命家、战略家和理论家。他虽然在'文化大革命'中犯了严重错误，但是就他的一生来看，他对中国革命的功绩远远大于他的过失。他的功绩是第一位的，错误是第二位的。他为我们党和中国人民解放军的创立和发展，为中国各族人民解放事业的胜利，为中华人民共和国的缔造和我国社会主义事业的发展，建立了永远不可磨灭的功勋。"③陈云在《历史决议》通过后，称赞"改得很好，气势很壮"④。

---

① 《陈云文选》第3卷，人民出版社1995年版，第274页。
② 《陈云年谱（1905—1995）》下卷，中央文献出版社2000年版，第260—261页。
③ 《三中全会以来重要文献选编》（下），中央文献出版社2011年版，第155—156页。
④ 《中华人民共和国史稿》第4卷，人民出版社、当代中国出版社2012年版，第101页。

三、要坚持以唯物史观发展的眼光看待历史事件，应在《历史决议》中增加对新中国成立前 28 年历史的回顾

以唯物史观发展的眼光看待历史事件，在《历史决议》中增加对新中国成立以前 28 年历史的回顾，从确立毛泽东的历史地位、坚持和发展毛泽东思想的角度出发，体现毛泽东无可比拟的功绩，坚持和发展毛泽东思想就有了更加全面的令人信服的依据。陈云认为，毛泽东在新中国成立以后特别是"文化大革命"当中犯了"左"倾错误，但是评价毛泽东不能只局限于"文化大革命"十年和他晚年的错误。[1]1981 年 3 月，陈云同邓力群谈话时指出："《决议》要按照小平同志的意见，确立毛泽东同志的历史地位，坚持和发展毛泽东思想。要达到这个目的，使大家通过阅读《决议》很清楚地认识这个问题，就需要写上党成立以来六十年中间毛泽东同志的贡献，毛泽东思想的贡献。"[2]他认为："有了党的整个历史，解放前解放后的历史，把毛泽东同志在六十年中间重要关头的作用写清楚，那末，毛泽东同志的功绩、贡献就会概括得更全面，确立毛泽东同志的历史地位，坚持和发展毛泽东思想，也就有了全面的根据；说毛泽东同志功绩是第一位的，错误是第二位的，说毛泽东思想指引我们取得了胜利，就更能说服人了。"[3]

同时，毛泽东在新中国成立前 28 年领导中国革命的过程中有大量的哲学著作，代表性的有《矛盾论》《实践论》等。陈云认为要在党内干部和青年中提倡学哲学、学历史，《历史决议》增加新中国成立前的这段历史正好还可以达到这个目的。陈云讲，毛泽东亲自跟他讲过三次要学哲学。延安时期，有一段时间他的身体不大好，需要休息，利用这个机会，他把毛泽东的主要著作和他起草的重要电报认真读了一遍，收益很大。他由此深刻地领会到，工作要做好，一定要实事求是。陈云认为，

---

[1] 《胡乔木谈中共党史》，人民出版社 1999 年版，第 75 页。
[2] 《陈云文选》第 3 卷，人民出版社 1995 年版，第 283—284 页。
[3] 《陈云文选》第 3 卷，人民出版社 1995 年版，第 284 页。

新中国成立以后，我们的一些工作发生失误，原因还在离开了实事求是的原则。正确评价新中国成立以来的历史，正确评价毛泽东和"文化大革命"，也离不开实事求是，离不开马克思主义的原则、方法。因此，他提出在党内、在干部中、在青年中提倡学哲学，这有根本的意义。只有掌握了马克思主义哲学，思想上、工作上才能真正提高。同样，也要学历史。青年人不知道我们的历史，特别是中国革命、中国共产党的历史，就不能正确理解新中国成立以后的历史，不能准确理解毛泽东。当时是这样，现在也是这样，这是一个有着更加深远意义的思考。陈云讲，这个事情现在要抓，以后也要抓，要一直抓下去。

四、要坚持从实际出发，具体问题具体分析，重视调查研究，应对新中国成立以后特别是 20 世纪 50 年代中后期到"文化大革命"期间的一批重大冤假错案予以平反

陈云在 20 世纪 60 年代初就讲过："真事说不假，假事说不真，真理总归还是真理，历史实践是会证明谁是谁非的。"① 新中国成立以后，几次政治运动中出现了不少冤假错案。在"反右倾"运动时对许多干部的错误批评，陈云在 60 年代就指出过，"对于那些犯了一般性质的错误，而被当成右倾机会主义的，要恢复名誉"②。"文化大革命"结束后，陈云在 1978 年中央工作会议上首先提出要平反冤假错案。在向上海代表团提交的书面发言中，他谈了自己对"天安门事件"的四点看法：（一）当时绝大多数群众是为了悼念周总理。（二）尤其关心周恩来同志逝世后党的接班人是谁。（三）至于混在群众中的坏人是极少数。（四）需要查一查"四人帮"是否插手，是否有诡计。他明确指出："邓小平同志与天安门事件是无关的。为了中国革命和中国共产党的需要，听说中央有些同志提出让邓小平同志重新参加党中央的领导工作，是完全正确、完全必要

---

① 《陈云文集》第 3 卷，中央文献出版社 2005 年版，第 376 页。
② 《陈云文集》第 3 卷，中央文献出版社 2005 年版，第 285 页。

的，我完全拥护。"①就在这次会上，还有领导同志坚持认为"天安门事件"是"反革命事件"，粉碎"四人帮"后"继续批邓、反击右倾翻案风"是正确的。

陈云坚持从实际出发，具体问题具体分析，重视调查研究，对新中国成立以后特别是20世纪50年代中后期到"文化大革命"期间的一批重大冤假错案予以平反。他还提出对刘少奇问题、叛徒定性问题等，必须摆在当时的历史条件下去看，不能拿现在的情况看过去。刘少奇案的平反，陈云起了关键的作用。陈云认为："刘少奇是党的副主席、国家主席，掌握党政军大量机密。如果他真的是内奸，要出卖是很容易的，但没有材料能够说明这一点。"②他主张，刘少奇冤案是党和国家的事情，这个案子是要平反的，但是不能像"四人帮"那时那样，随便栽赃，随便定性，而要逐条甄别，重新调查。"要否认那些罪名，也让它公布于世，经得住历史的检验，让世人来检验。"③在邓小平和陈云的共同努力下，十一届五中全会为刘少奇平反。全会公告指出："五中全会为刘少奇同志平反，不仅是为了刘少奇同志个人，而且是为了党和人民永远记取这个沉痛的教训，用一切努力来维护、巩固、完善社会主义民主和社会主义法制，使类似刘少奇同志和其他许多党内外同志的冤案永远不致重演，使我们的党和国家永不变色。"④经陈云直接提议复查和平反的党的重要领导人和文化界著名人士还有：瞿秋白、张闻天、萧劲光、马寅初、潘汉年、徐懋庸等。

五、要坚定地站在党的立场上，要从大局全局、党和人民的最高利益和长远利益出发慎重处理林彪、江青两个反革命集团案

对于林彪、江青两个反革命集团案，陈云站在党的立场上，指出要从大局、全局，从党和人民的最高利益、长远利益出发来处理。他提出：

---

① 《陈云文选》第3卷，人民出版社1995年版，第230页。
② 《陈云传》（下），中央文献出版社2005年版，第1522页。
③ 《陈云传》（下），中央文献出版社2005年版，第1521页。
④ 《三中全会以来重要文献选编》（上），人民出版社1982年版，第441—442页。

"对于这场政治斗争,不能从局部角度、暂时的观点来处理,必须从全局观点、以党的最高利益、长远利益为出发点来处理。"① 当时有一种认识影响很大,认为"文化大革命"主要是林彪、"四人帮"两个反革命集团的犯罪活动,有人甚至提出八届十二中全会、九大都是非法的,"文化大革命"就是一场"反革命政变"。中央政治局开会讨论,许多同志都主张判江青死刑。陈云认为,"文化大革命"是一场内乱,但是一场政治斗争,是在特定的历史条件下的政治斗争,这场政治斗争被若干个阴谋野心家利用了。在这场斗争中,很多干部、党员、非党人士受到了伤害。但是,我们必须看到,这场政治斗争的特定的历史条件,对这场政治斗争的处理,"应该使我们党今后若干代的所有共产党人,在党内斗争中取得教训,从而对于党内斗争采取正确的办法"②。从1980年底开始,国家司法机关对林彪、江青反革命集团案依法进行审判,根据"只审罪行,不审错误"的原则,严格区分触犯刑律和违反党纪两种不同情况。1981年1月25日,最高人民法院对两个反革命集团的10名主犯进行了终审判决,依照《中华人民共和国刑法》有关条文,判处江青死刑,缓期两年执行,剥夺政治权利终身。事实证明,党内斗争不能开杀戒是一个底线,不能让人产生党内存在残酷权力斗争的印象,这不利于党的最高利益和长远利益。

陈云在20世纪80年代中期同离任的秘书话别时,又提道:"一九七八年底的中央工作会议上,我也是顶的,讲了彭德怀的问题,超出了当时华国锋关于平反冤假错案不得超出'文化大革命'时期的界限。以后,审判'四人帮',政治局开会讨论,许多同志主张江青判死刑。我说不能杀,同'四人帮'的斗争终究是一次党内斗争。有人说,党内斗争也可以杀。我说党内斗争不能开杀戒,否则后代不好办。"③ 对于1989年政治风波的处理,陈云坚持了同样的党性立场。他认为,这场风波是新中国成立以来没有发生过的非常复杂的政治事件,也是我们党内在特定历史条件下的一场特殊的政治斗争。当时中央常委有两种不同的声音,

---

① 《陈云文选》第3卷,人民出版社1995年版,第304页。
② 《陈云文选》第3卷,人民出版社1995年版,第304页。
③ 《陈云年谱(1905—1995)》下卷,中央文献出版社2000年版,第381页。

加上中央有些报纸进行了错误的宣传，使得中央和地方的不少领导同志都不了解真实情况。"所以我主张，对于这场政治斗争，应该采取正确的党内斗争方针来处理。就是说，应该从全局的观点，即从党的最高利益、长远利益为出发点来处理。对犯有错误的同志的审查，应该是实事求是的。当然，对于那些触犯法律的，应当依法惩办。"①从党的最高利益和长远利益来看，这样有利于安定团结，有利于团结教育大多数。

六、小结

（一）世界观与国史研究：国史研究要坚持以唯物史观为指导，坚持唯物史观的立场、观点和方法，坚决抵制历史虚无主义，真实反映全党和全国人民在党的领导下建设中国特色社会主义的伟大实践

自20世纪80年代以来，一股旨在否定新中国历史（包括十一届三中全会前后两个30年的历史），否定中国共产党历史地位的历史虚无主义思潮甚嚣尘上，公开挑衅马克思主义和唯物史观的指导地位，矛头直指共和国，对国史研究产生了十分消极的影响。而国史研究作为一门政治性和意识形态性都很强的历史分支学科，其"指导思想不同，历史观不同，即使是对于同一个历史事实，也会得出不同甚至完全相反的结论。指导思想和历史观错了，得出的结论肯定是错误的"②。应当说，坚持马克思主义的唯物史观，还是坚持资产阶级的唯心史观，是国史研究中最根本的问题。陈云主张实事求是地对待新中国成立以来特别是"文化大革命"期间党和国家的历史，既要肯定成绩又要承认错误，客观地分析总结正反两方面的经验教训的观点，自觉地坚持了唯物史观的原则立场，正是坚持以唯物史观为指导对待国史事件和人物的范例。

历史虚无主义是一种唯心主义的历史观，以政治诉求为依据，片面引用史料，不尊重历史事实，任意歪曲历史，否定对重大历史事件和重

---

① 《陈云文选》第3卷，人民出版社1995年版，第369页。
② 陈奎元：《以唯物史观为指导，大力开展国史研究》，《当代中国史研究》2003年第6期。

要历史人物的科学评价，其实质是以"重新评价历史"的名义，歪曲否定中国共产党领导下的中国革命和建设的历史，否定毛泽东，进而否定中国的社会主义制度。古往今来，一切民族和国家没有不重视自己的历史的，世界上没有哪一个国家是背弃自己的历史而走向辉煌的。唯物史观是人类科学思想中的最大成果之一，它实现了人们社会历史观的彻底变革，使"过去在历史观和政治观方面占支配地位的那种混乱和随意性，被一种极其完整严密的科学理论所代替"①，使历史学成为真正的科学。国史研究作为当代中国史研究，一头连着历史，一头连着现实，要关注历史现实的经济社会问题，又要总结共和国历史发展的一般规律。研究国史，就是要坚持马克思主义的唯物主义历史观，总结建设中国特色社会主义的经验，揭示建设中国特色社会主义的规律，反映全党和全国人民在中国共产党的领导下建设中国特色社会主义的伟大实践。

任何人研究历史都不可能缺失历史观，任何历史研究的结论也都不可能没有立场、绝对的客观。社会科学研究是不可能实现完全的价值中立的，有些历史研究者声称没有立场，实际上，他们在"把历史唯物主义视为一种非学术、非文化、非生活的意识形态话语而加以排斥的同时，也就从根本上改变了历史研究的原有宗旨，而有意无意地接受了另一种历史观的支配"②。国史研究旨在"为共和国立传、为人民写史"，是有着特殊的政治性与人民性的史学研究。由此，国史研究和国史研究者持有怎样的历史观，具有根本性的意义。陈云对新中国成立以来重要国史事件和国史人物的评判，完全符合《历史决议》的精神，是客观准确的，其根本原因就在于他始终坚持唯物史观。正是有了正确的历史观，才能够准确把握国史事件和国史人物。唯物史观是马克思主义的历史观，以唯物史观为指导的国史研究，具体来说就是要坚持马克思主义的党性，要搞清楚国史研究的目的是什么、国史研究为谁服务。知道是为谁写史，才能写出好的国史。

---

① 《列宁选集》第2卷，人民出版社1995年版，第311页。
② 侯惠勤：《略论唯物主义历史观对于历史研究的意义》，《历史研究》2008年第6期。

（二）方法论与国史研究：国史研究要坚持唯物史观的科学的方法论，全面地发展地看待国史事件和国史人物，具体地分析国史研究中的重点、难点、热点问题，力求得出合乎历史真实、反映客观规律的结论

国史，在时间断限上属当代史。研究离我们最近的这段历史会让我们发现，历史的舞台并没有那么高，我们每个人都站在上面。但是，为什么同是历史的亲历者，对历史事件和历史人物的判断会有巨大的差别？除历史观的迥异，研究国史的方法是另外一个重要原因。为什么陈云能够对毛泽东的功过是非做出客观的判断？为什么陈云能够对林彪、江青两案提出正确的处理意见？这里的原因，从史学研究角度讲，就是采用什么样的方法研究国史的问题，也就是同样地占有史料，如何鉴别分析的问题。对于国史来说，因为是刚刚发生的历史，抛开信息不对称的因素，作为亲历者，占有的史料是相同的，有没有正确的方法论作指导，就成为是否能够正确认识历史，是否能够正确判断、评价、对待历史事件和历史人物的一个关键。如果不能坚持正确的方法论，即使是同样的历史事实，也会得出不同的甚至完全相反的结论。正如翦伯赞在他撰写的《历史哲学教程》序言里提出的："我所以特别提出历史哲学的问题，因为无论何种研究，除去必须从实践的基础上，还必须要依从正确的方法论，然后才能开始把握其正确性。历史哲学的任务，便是在从一切错综复杂的历史事变中去认识人类社会之各个历史阶段的发生、发展与转化的规律性，没有正确的哲学做研究的工具，便无从下手。"①

唯物史观即马克思主义的历史唯物主义，"为社会科学提供了唯一正确的理论和方法，使得社会历史的研究第一次有可能克服人们过去对于历史和政治所持的混乱和武断的见解"②。陈云正是自觉地坚持了唯物史观的科学的方法论，才避免了武断的见解。陈云的国史观对唯物史观在方法论层面上对国史研究指导意义的体现，主要集中于两点：第一，研

---

① 翦伯赞：《历史哲学教程》，北京大学出版社1990年版，第2—3页。
② 艾思奇：《辩证唯物主义历史唯物主义》，人民出版社1962年版，第207页。

究国史要辩证地，即全面地联系地发展地看问题，要从长期的整体的历史着眼，力求客观地准确地评价国史事件和国史人物。第二，研究国史必须坚持实事求是的原则，要运用唯物史观的立场、观点和方法具体地分析国史研究中的重点、难点、热点问题，力求得出合乎历史真实、反映客观规律的答案。

马克思、恩格斯在《德意志意识形态》中系统表述了唯物史观的基本思想，"这种历史观和唯心主义历史观不同，它不是在每个时代中寻找某种范畴，而是始终站在现实历史的基础上，不是从观念出发来解释实践，而是从物质实践出发来解释观念的东西"①。李大钊在最先传播马克思主义的时候就指出：历史的唯物的解释，"这种历史的解释方法不求其原因与心的势力，而求之于物的势力，因为心的变动常是为物的环境所支配"②。他批评唯物史观以前的历史观只能看出一部分的真理而未能窥其全体，而"唯物史观所取的方法，则全不同。他的目的，是为得到全部的真实，其及于人类精神的影响，亦全与用神学的方法所得的结果相反"③。瞿林东在《唯物史观和中国史学发展》一文中提出，唯物史观在四个方面影响了20世纪中国史学的面貌，推动了中国史学的发展，使其朝着科学化的道路前进：一是唯物史观要求研究全部历史，也可以说是要研究整体的历史；二是唯物史观告诉人们，人类社会的历史是一个自然发展过程，因而是有规律可循的；三是唯物史观要求人们用辩证的观点、方法看待人类社会历史的发展；四是唯物史观最鲜明地提出了人民群众对于推动历史发展的巨大作用。④这四个方面都是从方法论的角度阐释唯物史观对史学包括国史研究的意义。

在已公开出版的陈云著作文献中，直接反映陈云国史观的内容虽然不多，但意义重大。陈云始终坚持以历史唯物主义的立场、观点和方法分析国史问题、评价国史人物，为国史研究坚持正确的理论指导和科学方法树立了光辉典范。唯物史观作为世界共产主义运动兴起和发展的理

---

① 《马克思恩格斯选集》第1卷，人民出版社1995年版，第92页。
② 李大钊：《史学要论》，时代文艺出版社2009年版，第143页。
③ 李大钊：《史学要论》，时代文艺出版社2009年版，第144页。
④ 瞿林东：《唯物史观与中国史学发展》，《史学史研究》2002年第1期。

论先导，作为当代真正科学的历史观和方法论，直到今天仍然以它所蕴含的历史进步及人类解放的深刻内涵，成为抵制历史虚无主义等反唯物主义思潮的最有力武器。张海鹏在他的《六十年来中国近代史学科的确立与发展》一文中提出："我们的国家是社会主义国家，是中国特色社会主义国家，宪法规定了国家的指导思想是马克思主义。在学术领域多元多变的情况下，有远见的历史学者在注意吸收各种有价值的西方史学理论的时候，不能放弃马克思主义的方法论和世界观。"当然，"用马克思主义理论，用唯物史观指导历史学研究，不是要一句一句地去背诵马克思主义的只言片语，而是要掌握马克思主义的立场、观点和方法，是用实事求是的态度，客观地看待历史，研究历史。这样的研究，对于我们还原历史真相，对于我们认识历史发展规律，是会大有帮助的"①。陈云的国史观对国史研究理论和方法的启示，也就在于此。

[原载《武陵学刊》2013 年第 4 期]

---

① 张海鹏：《六十年来中国近代史学科的确立与发展》，《历史研究》2009 年第 5 期。

胡乔木与国史编研
——为纪念胡乔木诞辰一百周年而作

朱佳木

胡乔木是久经考验的忠诚的共产主义战士、无产阶级革命家、杰出的马克思主义理论家、政论家和社会科学家、我党思想理论文化宣传战线的卓越领导人,同时也是中华人民共和国史编研事业的开拓者和奠基人。他积极倡导、支持和推动国史编研的开展,并在繁忙的公务活动中挤出时间致力于编研国史,潜心解决国史编研中的各种重大和疑难问题,为党领导的国史编研事业做出了不可磨灭的贡献。

一、大力推动国史编研

1977年11月,胡乔木被派到中国社会科学院担任首任院长,未等中央的任命通知发出和国务院颁发的"中国社会科学院"印章启用,他便以原中国科学院哲学社会科学学部临时领导小组的名义,起草了一份"三年规划的初步设想",上报国家计委。在这个设想中,他提出此后三年要编写的一批各学科的基础性著作和工具书,以及14个需要新建立的研究所,其中就包括中国现代史研究所。

接着,胡乔木在1978年1月社科院科研规划制定的动员大会上,详细阐述了对社科院三年规划和八年设想的指导思想、主要内容,进一步丰富了有关新增研究所和设立重点课题的想法。他把中国社会主义革命和建设同马克思列宁主义、毛泽东思想一起，作为各研究所计划里应当首先增加的最基本的著作，并明确指出："中华人民共和国成立以后的历史，现在还没有人着手研究，要赶快着手研究。"会后，他主持制定了《八年内拟新建的研究所（草案）》和《马克思主义基本著作选题一百例》，前者报送中共中央、国务院，后者报送中宣部，并在中宣部《宣传动态》上刊出。在《八年内拟新建的研究所（草案）》中，原来设想新建的14个研究所被扩充为40个，并将原来拟建的中国现代史研究所改名为中华人民共和国史研究所。在《马克思主义基本著作选题一百例》中，除列有中华人民共和国史之外，还列出许多属于国史中专门史或专题的题目，如中华人民共和国的政治制度、抗美援朝战争史、无产阶级"文化大革命"、反对"四人帮"的斗争、中国的社会主义革命、中国的社会主义建设、新中国与帝国主义、人民中国外交史、中国农业生产合作化史、中国手工业社会主义改造、中国社会主义工业化的道路、中国的农村人民公社、资本主义工商业的社会主义改造，以及中国的社会主义工业、农业、交通运输、商业、文化、教育、科学与技术、卫生与体育、财政金融，伟大的社会主义祖国、中国的社会主义民族、内蒙古自治区、新疆维吾尔自治区、西藏自治区、大寨和学大寨运动、大庆和学大庆运动，等等。另外还列有许多与国史相关的题目，如毛泽东传、周恩来传、朱德传、中国人民解放军史、中国人民解放军的政治工作、中国革命根据地的建立和发展——从井冈山到中华人民共和国、中国土地革命史、中苏边界问题的历史、党和国家的民主集中制，等等。

在主持制定社科院科研规划的同时，胡乔木又倡议和指导了全国哲学社会科学规划的制定，并草拟了《1978—1985年全国哲学社会科学发展规划纲要（初稿）》，供讨论修改使用。在这个初稿中，重点课题和主要著作按学科分为20类，"马克思主义基本著作选题一百例"中的中华人民共和国史研究被列入史学类，与国史有关的其他选题，则被分别列入了相关学科类，并增加了一些与国史有关的新选题。例如，在教育学类里，增加了"建国以来教育战线两条路线的斗争及其基本经验"；在文艺理论类里，增加了"建国以来文艺战线的思想斗争"；在民族学类里，增加了"广西自治区"和"宁夏自治区"；在新闻学类里，增加了"建国以来我国新闻工作的主要经验和几个理论问题"；在博物馆学类里，增加了"研究和总结建国以来博物馆事业建设工作经验"。

囿于当时各方面条件的限制，中华人民共和国史研究所迟迟未能建立起来。于是，胡乔木组织成立了三个写作组，分头负责撰写中华人民共和国史、新民主主义革命史和毛泽东思想基础。为使这三个组尽快开展工作，他出面找人谈话，还亲自为它们找办公地点。以后，中国社科院在他的建议下，成立了中国现代史研究室，放在近代史研究所里代管。

1982年4月，胡乔木考虑自己除了担任中共中央书记处书记，还身兼中央文献研究室和中央党史研究室两个部门的主任，实在难以拿出精力再做中国社会科学院院长的工作，故决意辞去了院长一职。就在辞职一个月后，鉴于《关于建国以来党的若干历史问题的决议》（也称"党的第二个历史决议"）在中共十一届六中全会已正式通过，系统总结新中国历史经验的条件已经成熟，他向社科院建议，对新中国成立以来各条战线的历史经验作出有科学价值的总结，编写若干专著，并指出这不仅是为中国现代史研究积累资料，也是为了从中找出规律性的东西，用以指导全党工作。根据胡乔木的建议，中国社科院上报了组织编纂大型丛书《当代中国》的方案，明确其意义之一在于"为以后进一步修中华人民共和国史做好准备"。该报告受到中央高度重视，经过中央书记处批准，由中央宣传部出面部署，中国社科院、新闻出版署和后来成立的当代中国研究所组织实施，先后动员了10万多名学者、干部参与编写工作。丛书按照部门、行业、省市、专题设卷，历时15年，陆续出版了152卷、211册，总计1亿字、3万幅图片。它的出版为国史编研的开展提供了翔实资料，打下了坚实基础。

胡乔木在从中央领导岗位上退下来后，仍时常挂念国史编研工作。1989年底，他根据1989年政治风波的教训和《当代中国》丛书编纂工作取得的成果，再次提出编写中华人民共和国史的意见，并对中央党史研究室、中央文献研究室和中国社会科学院的负责同志说：中华人民共和国成立40多年了，我们应当对共和国的历史进行研究，编写共和国的历史。半年后，他借鉴中国古代重视国史，设置国史馆，"左史记言、右史记事"的传统，以中央党史领导小组正副组长杨尚昆、薄一波和他的名义，起草了一个给中共中央政治局常委的报告，郑重建议成立行政上由中国社科院代管、政治上由中央党史领导小组指导的当代中国研究所（以下简称"当代所"），得到了中央的批准。报告指出："我国建国已 40 余年，建国以来的历史已占党的历史的大部分，而至今对于建国以来国家和党的历史的研究工作都极为薄弱，极需有计划、有组织、有领导地予以加强。"[①] 当代所成立后，陆续创办了国史研究的杂志——《当代中国史研究》和负责出版国史类书籍的出版社——当代中国出版社，成立了挂靠在当代所、负责联系全国国史学界同仁的学术团体——中华人民共和国国史学会，创办了学会刊物——《国史参阅》，又在中国社科院研究生院里设立了培养国史研究高级人才的国史系，使国史编研终于有了开展工作和学术交流、人才培养的基地。

二、悉心指导国史编研

国史编研工作应从哪里着手，这是国史编研机构面对的首要问题。前面讲到，胡乔木曾三次提议设立国史编研工作机构。在每次提议的同时，他都提出要先搞中华人民共和国的编年史。第一次是他刚到中国社会科学院，提议建立包括现代史研究所在内的一批新研究所，指出现代史研究所的第一个任务是编纂中华人民共和国编年史。第二次是他在现代史研究所一时难以组建的情况下，提议先建立一个现代史研究室，指出这个研究室的任务之一是编纂中华人民共和国编年史。第三次是他在1989 年提议成立当代中国研究所，再次指出这个研究所要"先搞一个中华人民共和国编年史"。

历史分期，即给历史断限，是史学工作者为便于自己研究，也为引导人们认识历史阶段性特点的一种方法。在不同的背景下，出于不同的标准、角度，史学工作者对同时段历史的分期往往是不同的。就在胡乔木提议建立当代中国研究所时，他具体谈了对国史分期的设想。他把1949—1989 年的 50 年分为 9 个时期，即 1949—1952 年，1953—1957

[①] 《胡乔木书信集》，人民出版社 2002 年版，第 791 页。

年，1958—1962年，1963—1965年，1966—1971年，1972—1976年，1977—1978年，1979—1984年，1985—1989年。这一设想是在当时历史条件下、从一定角度提出的，今天看起来并不一定那么妥当，但国史工作者仍可从中受到启发，把它作为研究国史分期问题的一种参考。

既然我们党有党史研究及其工作机构，为什么还要进行国史研究、成立国史编研机构呢？这是一个要推动国史研究向广度和深度发展就不能不回答的问题。对此，胡乔木虽然没有直接回答过，但从他的有关谈话中，仍然可以看出他的见解。有一次，他在谈党史编写的工作时说道：党史要跟政治史、军事史相区别，党史是党史，跟党史太远的事情不能成为党史的正式篇幅。①这个话反过来讲，不就是说政治史、军事史要和党史相区别吗？1979年8月，他在同社科院文学研究所同志谈有关当代文学史研究对象时指出，当代文学史要以在社会上发表过并得到社会上一定评价的文学作品为对象，要紧紧围绕主要作品、它的出现、它和过去文学的继承和区别来研究，而不应过多描述政治对作家个人生活的影响，不能把文学史写成作家的活动史、传记集。政治必然会影响文学，文学史也必然有一定的政治观点，如在评论某位作家的重要作品时不可能不说到它的思想政治意义，但不应夸大政治对文学对作家的影响。新中国出版的好作品很多，这是社会主义社会优越性合乎规律的表现，但不能把它们看成是政治领导或政治批判的结果。社会主义文学发展的规律不是文学史研究的对象，而是另一种历史研究的任务。在这篇谈话中他还指出，科学史、哲学史、经济史等研究的对象，也只能是科学、哲学、经济本身发展的实际成果和变化，而不能变成科学管理史、哲学批判史、经济政策史。这些意见所针对的文学、科学、哲学、经济学学科中的当代史问题，虽然与国史学科的专门史研究并不完全相同，但它毕竟触及了国史研究的学科定位问题，因此对后来国史编研的开展，尤其是如何区分国史与党史研究、如何界定国史学科各专门史研究的内涵，都具有相当的指导作用。

除了国史编研本身的问题以外，胡乔木有关历史研究和中共党史研

---

① 《胡乔木谈中共党史》，人民出版社1999年版，第302页。

究的大量论述，许多对国史编研也同样起了和继续起着指导作用。这些论述主要有：

（一）历史研究要为现实服务

胡乔木指出，用马克思主义的方法研究问题，也就是用历史的方法研究问题。我们在处理任何问题时，都不可能不首先弄清楚那个问题的历史，其中包括当代的历史，即历史在当代发展的各个侧面。如果对有关问题的历史没有相当的了解，从历史上观察和分析问题，我们就不可能全面地、系统地、正确地、有说服力地对现实问题作出判断，提出从根本上解决问题的办法。我们生活在历史中间，历史上的问题不可避免地会经常作为各种各样的现实问题出现在我们面前。我国是一个世界大国，跟世界许多国家有着各种各样的联系，不是孤立地存在着。我们需要了解我们同这些国家经济、文化关系的历史，同周边国家在领土问题上争执的历史，同一些国家相互冲突的历史。我国从来就是一个多民族国家，民族之间有许多历史问题。即使汉族也是许多民族逐渐融合起来的，有各种各样的外来成分。中国的文明并不全都是土生土长的，也有各种各样的外来因素，正如我们的文化渗透到其他国家和民族中去一样。这些历史也常常成为现实问题，需要我们去研究，从而得到正确的认识。

（二）历史研究要以科学理论为指导

胡乔木指出，历史学本身就是一种理论性研究，如果仅仅是记录过去的史实，那并不构成历史学。历史学作为一门科学，当然要研究历史发展的规律性，这就离不开马克思主义理论的指导。因此，史学界必须学习和掌握马克思主义的理论。但是，这种学习和掌握不应当是教条式的、简单化的，而应当像毛主席经常说的那样，要学习和掌握马克思主义的立场、观点、方法，其中包括它的基本原理；要把它当成历史研究的向导，而不能成为终点。另外，不能认为马克思主义产生以前的历史学都不是科学或完全不是科学，也不能认为马克思主义产生以后的非马克思主义的历史学全都不是科学或没有科学的成分和价值。马克思主义要发展，就要不断用历史科学以及其他科学提供的新成果来丰富自己，不断吸收马克思主义产生以前和以后的一切非马克思主义的或没有标明是马克思主义的历史研究成果。因此，除了要学习马克思主义理论，对其他一切具有科学性的理论也要学习。

（三）历史研究必须掌握基本功

胡乔木认为，研究历史，掌握马克思主义理论是不容忽视的基本功，但它不是唯一的基本功，不能用它来代替其他科学的方法。比如，研究中国古代史，必须懂得年代学、职官学、地理学、目录学，还要通晓古汉语。研究世界史，必须精通对象国的语言和历史。研究中国民族史，必须了解少数民族的历史和文学。另外，还要学会收集、辨别和筛选资料。在这方面，没有什么"捷径"可走，必须狠下功夫。马克思主义只是我们行路的向导，路究竟能走多远，要看我们自己付出多大的努力。

（四）历史研究要放宽视野

胡乔木在1980年中国史学会第二次全国代表大会上的讲话中，专门论述了这个问题。他说，多年来我们有意识地或不知不觉地形成一种现象，就是集中和消耗了过多力量，用于编纂通史。通史可以越编越好，但如果不是依靠许多断代史和专题研究，它的前途是有限的。另外，还有一些研究课题，既不属于断代史，也不是传统意义上的专题，例如，社会史、文化史、经济史、政治制度史、政治生活史，等等，这些几乎没有什么人研究。我们要把中国的历史科学推进到一个新的高度，就必须开辟更广阔的研究领域。

显然，胡乔木对历史研究和中共党史研究讲的这些意见，也应当是国史工作者遵循的原则。此外，胡乔木在指导党史上卷的写作过程中，还发表了许多关于如何撰写史书的见解。例如，他要求编写历史一定要分析当时的形势，不仅要分析党内形势，也要分析那个时期的整个政治形势，以厘清头绪，把历史线索搞清楚，把历史脉络写清楚。要夹叙夹议，史论结合，把历史发展的关键点出来，并讲出道理，以体现思想。不能光看档案写历史，简单罗列历史现象。不要用会议的决议、文件来解释历史，要从文山会海的格局中走出来。要向司马迁写《史记》学习，着重写人物，不仅要写党的领袖，而且要写与党合作的党外人士，写一些在革命斗争中起过作用的小人物，显示党是在人民中间奋斗的；另外，还要写一些反动人物。对人物的评价要客观、公正，注重事实，既不要拔高、溢美，也不要任意贬低。在写到某个人时，要对这个人做个简单介绍，使人感到亲切，随时给人以知识。要把抽象的事实、具体的事实、事实的背景三者搭配好，文字要有波澜起伏，要用很精彩的话把事情提纲挈领地写出来，写得引人入胜，让人读起来眉飞色舞。要多用历史事实说话，如引用当时报纸的反应或各种人物的评论。要有一些历史过程的镜头，让人看了有一种身临其境的感觉。要抱着对党史对革命先烈的满腔热情来写历史，笔端要常带感情，用可歌可泣的文字书写可歌可泣的人和事。上述这些意见虽然是就党史编写而讲的，但其精神对编写国史也都是适用的，同样值得国史工作者认真领会。

三、积极从事国史编研

胡乔木不仅重视、倡导、关心、支持国史编研，而且本身就是一位国史编研的积极实践者、探索者。自从新中国成立以后，特别是在改革开放时期，他结合党的文件起草工作、理论宣传工作，深入钻研国史中许多重大而疑难的问题，作出了有说服力的回答，拿出了具有相当学术水平和政治影响的研究成果，对国史学界起到了很好的示范和引导作用。

早在 1951 年中国共产党成立 30 周年前夕，毛泽东鉴于新中国已成立近两年，经济已基本恢复，抗美援朝、土地改革和镇压反革命运动也节节胜利，布置胡乔木写一个"党史大纲"，用以纪念党的生日，宣传党的历史。胡乔木依据自己担任毛泽东秘书以来参与党的历史文献编辑和对党的历史经验总结的长期积累，用不到一周时间便写出了三万多字的《中国共产党的三十年》初稿，随后几经修改补充，又经过刘少奇审改和毛泽东定稿，以他个人名义公开发表。这本小册子虽然主要回顾的是党成立以来的历史和对其基本经验、教训的总结，阐述的是毛泽东思想在革命战争年代形成、发展的过程及其历史地位和伟大意义，但由于记述时段的下限是 1951 年 6 月，所以里面已经有了很多国史的内容。例如，其中说到中国人民政治协商会议共同纲领的制定和中华人民共和国中央人民政府的成立；说到中央人民政府将国民党官僚资本变成社会主义性质的国家经济，统一了全国财政，终止了22年的恶性通货膨胀，系统进行了工业生产、农业生产、交通事业和贸易事业的恢复工作，在重点发展农业、轻工业和国内贸易的同时，着手建立少数必要的国防工业和动力工业，逐步引导私人资本主义工商业走上服从国家需要的轨道，发展为国家经济服务的国家资本主义经济，领导新解放区农民进行土地改革，在全国范围开展了人民代表大会政权的建设以及大规模镇压反革命破坏活动的工作；美国对朝鲜的侵略严重威胁到我国东北国境的安全，中国人民志愿军出兵朝鲜，经过五次战役，将侵略军驱逐到北纬38度线附近，等等。所以，可以说它既是我们党的第一本党史读本，也是第一本有关国史的作品。它充分显示出胡乔木善于驾驭史料和抓住历史脉络的能力，对后来的国史编研工作产生了深远影响。

此后，胡乔木虽然没有机会再动笔撰写历史书，但却通过主持起草庆祝中华人民共和国成立30周年大会的讲话和党的第二个历史决议，指导编写党史新中国成立后的部分特别是《中国共产党的七十年》第七、八、九章，提出了许多关于国史问题的真知灼见。他在评论《中国共产党的七十年》一书中新中国成立后的三章时指出："这三章确是比较难写好的部分。八大以后的十年曲折很多；'文化大革命'十年是悲惨的十年，但这时期也并非只是漆黑一团；而在改革开放取得伟大成就的十年中，却又出现了两任总书记的严重错误。客观的历史是怎么样，写出来的历史也必须是怎么样。"[①] 他认为，这三章乃至这本书，都"写得比较可读、可信、可取，因为它既实事求是地讲出来历史的本然，又实事求是地讲出历史的所以然"。另外，胡乔木在晚年为赴美访问，撰写了三篇学术讲演稿，即《中国在五十年代怎样选择了社会主义》《中国为什么犯二十年的"左"倾错误》和《中国领导层怎样决策》。这三篇文章是他为党和国家进行对外宣传的力作，同时也是他对国史进行专题研究形成的精品。

与其他学术研究一样，国史研究也有许多不大容易解决的重点难点

---

① 《胡乔木谈中共党史》，人民出版社1999年版，第404页。

问题。例如，如何看待中国的社会主义制度，如何看待社会主义社会的阶级和阶级斗争问题，如何看待毛泽东的晚年错误和毛泽东思想，如何看待"文化大革命"的起因和性质，等等。这些都是影响国史研究的重大问题，如果得不到正确解决，不仅难以深入研究，就连撰写都难以下笔。对于这些问题，胡乔木迎难而上，从理论与实际、政治与学术的结合上，一一作出了令人信服的回答。这些回答主要集中在他主持中共中央文件的起草和会见外宾的谈话中，以及宣讲党的理论、路线、方针时的讲话、报告和文章中。

（一）如何看待中国的社会主义制度

首先遇到的一个问题是，革命胜利前夕，党的领导人曾决定在夺取全国政权后，先实行十几年到20年的新民主主义政策，然后再搞社会主义，但为什么新中国成立不到3年，就改变了方针，要提前向社会主义过渡呢？对这个问题，胡乔木在《中国在五十年代怎样选择了社会主义》一文中做了深入分析。他指出，中国之所以在1952年至1953年间根据毛泽东的建议，作出选择社会主义的决定，源于新中国成立初期出现的四个变化，即政府实行了全国财政经济的统一，迅速战胜了投机，稳定了物价，从而把国家很自然地引向高度统一的计划经济轨道；政府没收了国民党的官僚资本作为社会主义性质的国营资本，并使其迅速强大，其中工业产值和批发商业营业额的份额在1952年均占到60%左右；政府为发展经济特别是进行大规模工业建设，不能不对资本主义工商业实行加工订货、统购包销，对粮棉食油实行统购统销，从而使资本主义工商业只能接受社会主义改造；中国在朝鲜战争爆发后与西方的关系更加紧张，只能向社会主义苏联寻求援助，从而更多地学习苏联的经验。因此，他认为，就20世纪50年代中国经济和中国历史的全局而论，无论早几年或迟几年，保留多少私有成分，经营管理上和计划方法上具有多大程度应有的灵活多样性，对社会主义的选择都是不可避免的。

再一个问题是，按照马克思主义经典作家的定义，能否说中国已进入了社会主义？中国是社会主义社会，还是农业社会主义或封建社会主义社会？胡乔木认为，提出这个问题的实质在于，中国的社会主义改造是否搞错了，是否需要补资本主义这一课，或者恢复新民主主义制度？他指出，马克思、恩格斯对社会主义社会的设想，前后并不完全一致。我们对什么是社会主义的问题，不能只照搬他们著作中的某些词句，而不顾社会主义运动发展的实际。新中国有过一个新民主主义阶段，并早已进入社会主义，这些都是基本的客观事实。社会主义制度在我国的建立是合乎历史需要和历史发展规律的，不能采取削足适履的办法来对待历史。

还有一个问题是，应当如何正确理解和解释社会主义？有人用极左的思想对待社会主义，比如"文化大革命"中提出"宁要贫穷的社会主义，不要富裕的资本主义"的口号。胡乔木指出，社会主义是比资本主义更先进的社会制度，如果没有高度发展的经济，社会主义建立不起来。而且，不集中精力发展经济，也背离了革命的根本目的。社会主义不仅要发展经济，而且要使劳动人民掌握国家的命运，确保人民的民主权利，实行社会主义法治，建设高度的精神文明，同一切爱好和平的国家和人民联合起来，反对侵略战争，等等。否则，就不能算是真正的社会主义。

（二）如何看待社会主义社会的阶级斗争

早在党的十一届三中全会刚结束，胡乔木就提出对社会主义时期阶级斗争的形式和作用要重新认识。他认为，不适当地夸大阶级斗争的范围、作用和严重性，把社会主义改造完成后的阶级斗争仍然看成社会的主要矛盾，提出"以阶级斗争为纲"，甚至到党内寻找阶级斗争，是造成我们党1957年以后犯20年"左"倾错误的原因之一。因此，不能再使用"以阶级斗争为纲"这个不适合于社会主义社会的口号。但他同时指出，资产阶级腐朽思想还会渗入我们的社会中，形成破坏社会主义的力量；资本主义国家及境外敌对势力也会从外部和我们内部，进行危害社会主义的阴谋活动，因此，阶级斗争还会在经济、政治、文化等范围里长期存在，这也是不容否认的客观事实。对于人民内部的矛盾，如干部的官僚主义问题、物价问题、就业问题、工作中的不公正问题，等等，如果处理不好，也会被敌对势力所利用，发生严重后果。他还认为，对党内的路线斗争、路线错误这些概念也要慎用，不能说党的历史是路线斗争史、路线错了一切皆错、路线正确一切皆对,不要去抓党内的资产阶级。但是,也不能说党内就没有错误思想,没有违反纪律的行为,没有腐败分子,不应当进行必要的思想斗争。

(三)如何看待毛泽东的晚年错误和毛泽东思想

毛泽东是新中国的缔造者和共和国将近30年的主要领导人,对他的评价同党史、国史都息息相关。如何在纠正毛泽东晚年错误的同时肯定毛泽东的历史地位、坚持毛泽东思想,这是邓小平自中共十一届三中全会否定"两个凡是"方针以后,一直强调的大问题。他在党的第二个历史决议起草期间说过:"确立毛泽东同志的历史地位,坚持和发展毛泽东思想。这是最核心的一条。……十一届五中全会为刘少奇同志平反的决定传达下去以后,一部分人中间思想相当混乱。有的反对给刘少奇同志平反,认为这样做违反了毛泽东思想;有的则认为,既然给刘少奇同志平反,就说明毛泽东思想错了。这两种看法都是不对的。必须澄清这些混乱思想。"① 他要求决议把"重点放在毛泽东思想是什么、毛泽东同志正确的东西是什么这方面"②。他表示:"如果不写或写不好这部分,整个决议都不如不做。"③

胡乔木对邓小平的这些指示完全同意并且认真贯彻,为写好决议宵衣旰食、殚精竭虑。他提出,要把毛泽东晚年错误同毛泽东思想加以区别,指出毛泽东的错误是作为马克思主义者的错误,并把毛泽东思想概括为三个基本方面,即实事求是、群众路线和独立自主、自力更生。他说,毛泽东思想的基本原则与马列主义是一致的,同时又有所发展。这个发展不能只讲坚持武装斗争、农村包围城市,否则无法适用于今天和今后。不解决这个问题,坚持毛泽东思想的口号就没有力量,就是空的。④

在这个前提下,胡乔木进一步指出了毛泽东思想在社会主义革命与

---

① 《邓小平文选》第2卷,人民出版社1994年版,第291页。
② 《邓小平文选》第2卷,人民出版社1994年版,第297页。
③ 《邓小平文选》第2卷,人民出版社1994年版,第299页。
④ 《胡乔木谈中共党史》,人民出版社1999年版,第56页。

建设问题上丰富和发展马克思列宁主义的具体表现。例如，毛泽东提出有中国特点的社会主义改造道路，人民民主专政的学说，严格区分和正确处理两类不同性质矛盾的学说，团结—批评—团结和长期共存、互相监督的方针，百花齐放、百家争鸣的方针，国家、集体、个人三者利益统筹兼顾的方针，工农业同时并举的方针，实行干部参加劳动、工人参加管理、改革不合理规章制度和技术人员、工人、干部"三结合"的方针，调动一切积极因素、化消极因素为积极因素的思想，等等。这些都是毛泽东将马克思列宁主义同中国的社会主义革命和建设实际相结合的产物，是毛泽东思想对马克思列宁主义的丰富和发展。

（四）如何看待"文化大革命"

"文化大革命"是一场灾难，使党和国家、人民遭到新中国成立以来最为严重的挫折和损失。但它又是毛泽东亲自发动的，并且占了新中国成立到中共十一届三中全会这段历史几乎 1/3 的时间。因此，如何正确认识和科学解释"文化大革命"的性质、原因，以及这一时期党与国家的状况，不仅关系到对毛泽东和党的评价，而且势必关系到国史的研究和撰写。对此，胡乔木同样花费了很大心血。

关于"文化大革命"的性质，胡乔木明确指出，它不是经过法定程序发动的，不能在任何意义上称为一个革命；说要"抓革命促生产"，实际上"革命"愈厉害，生产力愈下降。但他同时又指出，不能把"文化大革命"称为反革命，因为党和国家、军队的性质都没有变，将来写中华人民共和国历史时，恐怕要说这是十年内乱时期。

关于"文化大革命"发生的原因，胡乔木明确指出，其中有毛泽东犯错误、破坏民主集中制、个人专断的原因，也有社会的历史的原因。但他同时又指出，毛泽东之所以发动"文化大革命"，从根本上说是由于对社会主义产生了一种"左"的认识，错误估计了阶级斗争和资本主义复辟的形势，而不是出于个人恩怨，或仅仅为了把什么人打倒。

关于"文化大革命"时期的党和国家，胡乔木指出，"文化大革命"虽然破坏了党和国家的一些基本原则和制度，使党和国家的政治生活陷于变态，林彪、"四人帮"得以上台；但在那个时期，党并没有分裂，基本维持了统一,林彪、"四人帮"都没有能控制国务院,"四人帮"也没有控制中央军委;党的大部分干部和群众并没有跟着林彪、"四人帮"跑,相反在困难的情况下做了大量工作,保护了党的健康力量,也使社会主义建设继续在进行,外交工作、经济工作、部分科学工作也都取得了一定成绩。特别是毛泽东在"文化大革命"后期提出"三个世界"划分的理论,改善了中国同西方的关系,为后来实行开放政策提供了前提条件。当然,这些成绩并不是"文化大革命"的功劳,如果没有"文化大革命",成绩会更大更多。

很明显,上述问题的正确认识和解释,对于国史的研究和编写具有至关重要的意义。

胡乔木为开展国史编研所做的工作,这里不可能一一说到。他在国史编研方面的贡献,充分体现了他作为我党思想理论战线的领导人和马克思主义理论家的敏锐政治眼光、深厚理论功底和高超学术素养以及科学严谨的学风。我们今天纪念胡乔木,应当记住他为推动国史编研事业而付出的努力、做出的贡献,学习他观察和研究国史问题的立场和方法,领会他对于国史和国史编研工作的精辟见解和谆谆教诲,把党的国史编研事业不断推向前进,更好地发挥国史编研资政、育人、护国的功能。

[原载《当代中国史研究》2012 年第 3 期]

一本注意妥善处理改革开放前后两个
历史时期关系的新中国史书

朱佳木

由当代中国研究所编写并由中央宣传部审定的《新中国70年》，是一部贯通描述新中国70年历史、向中华人民共和国成立70周年献礼的史书，也是一部站在新时代中国特色社会主义高度，认真贯彻习近平总书记关于要正确处理改革开放前后两个历史时期关系的论述精神的新中国史书。

自从改革开放以来很长一段时间，如何看待改革开放前后两个历史时期的关系，一直是当代史学界乃至理论界、意识形态领域中争论的焦点问题之一。这个问题与如何看待新中国史密切相关，也与如何看待中国特色社会主义密切相关。只要仔细观察就会发现，凡是认为改革开放前的历史也是伟大光辉的历史、中国特色社会主义仍然是社会主义的人，必然会把这两个历史时期看成是虽有重大区别但却内在统一的；而凡是否定改革开放前的历史和否定中国特色社会主义是社会主义的人，必然会把这两个历史时期加以割裂和对立。

党的十八大召开以后，习近平总书记就在2013年的"一·五"讲话中，用最清晰的语言，对应当如何看待上述问题给予了明确回答。他指出："中国特色社会主义是社会主义，不是别的什么主义。"改革开放前后的两个历史时期，"是两个相互联系又有重大区别的时期，但本质上都是我们党领导人民进行社会主义建设的实践探索"，"两者决不是彼此割裂的，更不是根本对立的"。"改革开放前的社会主义实践探索为改革开放后的社会主义实践探索积累了条件，改革开放后的社会主义实践探索是对前一个时期的坚持、改革、发展。"①《新中国 70 年》正是由于比较好地理解和贯彻了习近平总书记的这一重要论述精神，所以，在处理这两个历史时期的关系上，也做得比较妥当。我认为，这主要体现在以下三个方面。

一、在章节布局上，将改革开放前几个犯错误时期和基本正确的时期合在一起，都放在了题为"社会主义建设的艰辛探索和曲折发展"一章之中

以往出版的新中国史书，一般是把改革开放前的犯错误时期单独设章设节，如把"大跃进"和总路线、人民公社合并为独立章节，把十年"文化大革命"与十年社会主义建设探索的章节并列设置，等等。如果说在改革开放初期，新中国历史仅有 30 多年的情况下，这样设置章节尚属合理和恰当的话，那么，当新中国历史已经延续了 70 年之久，再这样设置就不那么合理、不那么恰当了。更重要的是，这样设置章节，对人们正确认识改革开放前后两个历史时期的关系，对教育群众特别是青少年热爱新中国，树立社会主义的道路自信、制度自信，是十分不利的。

"大跃进""文化大革命"无疑都是全局性的错误，都给党和人民的事业造成了严重损失，甚至造成灾难性后果。但就其本质来说，它们毕竟都是对中国自己的社会主义道路的探索，只不过这种探索并不成功或遭到失败罢了。因为，发动"大跃进"的初衷是加快社会主义建设，发动"文化大革命"的初衷是巩固社会主义制度，之所以最终失败，都是由于主观上急于求成，客观上缺乏经验，尤其后者还被野心家、阴谋家所利用。另外，"大跃进"前前后后持续了三年之久，"文化大革命"更长达十年之久。在那些年里，前者虽然给国民经济造成了严重损失，但也取得了许多实实在在、给此后经济发展带来长远效益的成就；后者虽

---

① 《十八大以来重要文献选编》（上），中央文献出版社 2014 年版，第 109、111—112 页。

然给党和国家带来了灾难,但国民经济也取得了一定进展,在国防、科技、外交工作方面还取得了突破性进展。这些成就、进展,都成为改革开放后之所以能快速发展的条件之一。

对于上述事实,如何在国史书的章节设置上加以体现,是新中国史进入第 70 个年头,国史工作者不能不考虑的大问题。《新中国 70 年》把"大跃进"和"文化大革命"统统纳入从 1956 年党的八大开始到 1978 年党的十一届三中全会截止的"社会主义建设的艰辛探索和曲折发展"这一章,并把"大跃进"和国民经济调整合在一起,作为其中的一节,可以说为解决这个问题作出了有益探索,体现了正确看待和处理改革开放前后两个历史时期的精神。

二、在编撰内容上,将犯错误时期的错误与犯错误的时期加以区别,不使二者相互混淆

古人说:"灭人之国,必先去其史。"过去,历史虚无主义诋毁新中国特别是改革开放前历史的一个惯用手法,就是把犯错误时期的错误与整个时期加以混淆。例如,说到"大跃进",只讲那个时期违反科学的蛮干和人民生活的普遍困难;说到"文化大革命",也只讲那个时期对领导干部、知识分子的迫害和对经济建设的破坏。受这股思潮的影响,我们过去一些关于新中国的史书,凡讲到改革开放前那几个犯错误时期,也只注重讲其中的错误,而淡化那几个时期的成绩和成就。

改革开放前的历史总共不过 29 年,这几个犯错误时期就占了其中几乎一半时间;如果再渲染历次政治运动出现的扩大化倾向,那段历史势必给人一种一连串错误集合的印象。把这样的国史书拿给群众读,甚至作为大中学校的教科书,怎么可能让人热爱新中国的历史,又怎么可能在群众特别是青少年中培育爱国主义思想、坚定新中国的历史自信呢?所以,作为国史工作者,必须反历史虚无主义思潮之道而行之,做到"护己之国,必先卫其史"。

在这方面,《新中国 70 年》也作出了有益的尝试。例如,在叙述"大跃进"运动时,用相当多的笔墨介绍了那三年水利建设上的成就,指出

"直到20世纪90年代，中国已有大型水库中的2/3是在此期间开工建设的"。另外，还特别提到那个时期建成的北京十大建筑，说它们"代表了当时中国建筑的最高水平"。再如，书中对"文化大革命"十年中党和人民取得的成就，也采取了实事求是的态度，不仅说到过去已见于文件、书籍的一些成就，如第一颗氢弹爆炸、第一颗人造卫星及返回式卫星发射、籼型杂交水稻优良品种培育成功等，还说到过去不大强调的"文化大革命"时期进行的"三线"建设、秦山核电站建设、百万次集成电路计算机研制、抗疟药青蒿素提取，等等；不仅说到经济、外交、军事战线的成绩，还强调了全面整顿和文艺政策的调整，环境保护工作方针的制定，农村合作医疗的推广和赤脚医生的普及，等等；不仅说到林彪、"四人帮"两个集团的捣乱、破坏，而且强调了老一辈革命家和广大干部群众、科研人员对他们的抵制。其中还用相对较大的篇幅，介绍了周恩来、邓小平在毛泽东支持下，围绕四届人大筹备问题同"四人帮"展开的斗争和取得的胜利。这样书写犯错误时期的历史，有助于读者对那段历史形成比较全面的认识，既有益于人们从中吸取教训，又有益于人们从中看到光明的主流。这时再说新中国的历史是伟大光辉的历史，就有了更充分的依据，也使人们有了更多的自信。

三、在书写行文上，注意将改革开放前的成就与改革开放后的发展彼此呼应，更鲜明地体现出两个历史时期的内在联系

一段时间以来，一些人在讲新中国历史时，不仅刻意回避改革开放前的成就，而且制造一种似是而非的舆论氛围，似乎谁要肯定和宣传改革开放前的成就，谁就是在贬低和否定改革开放。针对这种舆论，习近平总书记旗帜鲜明地指出："如果没有1949年建立新中国并进行社会主义改革和建设，积累了重要思想、物质、制度条件，积累了正反两方面经验，改革开放也很难顺利推进。"[①] 为了把这一论述精神贯彻到历史撰

[①] 《十八大以来重要文献选编》（上），中央文献出版社2014年版，第112页。

写中,《新中国70年》不惜笔墨,在陈述改革开放前历史所积累的重要思想、物质、制度和正反两方面经验的同时,注意点明它们对改革开放后历史的积极作用。

例如,书中在记述党的八大作出的关于把在新的生产关系下保护和发展生产力作为国家主要任务的同时写道:"新中国以后几十年的历史证明,坚持这个基本论断,建设就成功,否则就要遭受挫折";在评价《关于正确处理人民内部矛盾的问题》具有马克思主义发展史开创性意义的同时写道:这一文献"为后来的社会主义改革奠定了理论基础,至今仍然是我们处理国家、人民内部矛盾的指导性文献";在称赞"一五"计划的超额完成"初步奠定了中国社会主义工业化的基础"的同时写道:它"为其后的社会主义经济建设起到了重要的支撑作用";在讲到第一次国民经济调整时期农村一些地方出现的"包产到户"同时写道:这虽然在当时没有能坚持下去,但"为1978年以后推广农村家庭联产承包责任制积累了实践经验";在记述20世纪60年代中期开始至80年代初结束的"三线"建设成就同时写道:"这为我国改革开放初期实施优先发展东部外向型经济的战略,提供了充盈的物资、能源、动力支持""为国家安全提供了长久可靠的保障""也为改革开放时期优先发展沿海地区经济解除了后顾之忧";在评论以"两弹一星"为代表的一系列科技战线重大突破的同时,引用邓小平的话说:"如果六十年代以来中国没有原子弹、氢弹,没有发射卫星,中国就不能叫有重要影响的大国,就没有现在这样的国际地位";在记述20世纪50年代至60年代文艺方面涌现的一批脍炙人口的优秀作品同时写道:"这些作品至今仍被人们喜爱";在论述1962年毛泽东提出的"以农业为基础、以工业为主导"的国民经济建设方针的同时写道:"尽管后来在执行中出现过反复,但它始终是中国工业化的重要方针";在评论"文化大革命"时期的一些外交突破对改善中国外部环境意义的同时写道:它们"为改革开放时期中国的对外交往和积极参与国际事务创造了有利条件",等等。

如何对待改革开放前后两个历史时期的关系,从表面看似乎是一个历史问题,但实际上却是一个与政权安危紧密相关的问题。这从苏联解体、苏共垮台的历史中可以得到证明,从习近平总书记对这一问题的高度重视中更可以看出来。习总书记说:"我之所以强调这个问题,是因为这个重大政治问题处理不好,就会产生严重政治后果。"他还说:"正确处理改革开放前后的社会主义实践探索的关系,不只是一个历史问题,更主要的是一个政治问题。"① 正是从这个意义上,我认为《新中国70年》是一部站在新时代中国特色社会主义高度,把习近平新时代中国特色社会主义思想作为编撰指导的新中国史书。当然,这并不是说它就很完美了,没有缺陷了。我只是说,作为一本新中国历史的史书,这样处理改革开放前后两个历史时期的关系,在方向上是完全正确的。

[原载《当代中国史研究》2020年第2期]

---

① 《十八大以来重要文献选编》(上),中央文献出版社2014年版,第113、114页。

"做"口述历史的实践规范与理论探讨

邱 霞

《大家来做口述历史（第3版）》[①]一书是国际口述历史学界公认的经典著作。作者唐纳德·里奇（Donald A. Ritchie）教授是美国参议院历史学家，曾担任美国口述历史协会主席，并获得美国历史学家组织颁发的理查德·利奥波德奖和大西洋中部地区口述历史协会颁发的弗瑞斯特·波格奖，在国际口述历史学界享有盛誉。《大家来做口述历史》是他的代表作之一。

该书首次出版于1995年，作为一本全面、具体、务实、明晰的口述历史实践指南，深受学界和大众好评。美国著名口述历史学家谢娜·格卢克（Shena Gluck）曾评价该书"为当代口述历史研究人员提供了实践性建议和合理性解释，这本书接近口述史学研究领域的百科全书"[②]。进入21世纪以后，随着数字化革命的到来，口述历史领域出现了许多新的变化和发展。作者及时修订补充了口述历史实践和理论的新进展，于2003年出版了第2版。美国《口述历史评论》评价该书第2版"不仅是一部实务指南，而且是口述历史从业者迈入更广阔天地的一个转折点"[③]。

[①] ［美］唐纳德·里奇：《大家来做口述历史（第3版）》，邱霞译，当代中国出版社2019年版。

[②] ［美］唐纳德·里奇：《大家来做口述历史（第2版）》，王芝芝、姚力译，当代中国出版社2006年版，第319页。

[③] ［美］唐纳德·里奇：《大家来做口述历史（第3版）》，邱霞译，当代中国出版社2019年版。

2015年，基于快速发展的时代引起的口述历史的新变化，作者修订出版了第3版。[①]第3版对国际互联网、数字化技术在口述历史实践中的应用等问题进行了更加深入的探讨，全面地介绍了数字音频和视频访谈记录技术的最新发展。这一版的主要内容包括：口述历史基础理论、设立口述历史项目、进行访谈、访谈后续工作、利用口述历史进行研究、制作影像记录、在档案馆或者图书馆保存口述历史资料以及口述历史教学和公众展示等，较前一版增加了近10万字。该书在美国被认为是从事口述历史实践的首要指南，是口述历史学家、公共历史学家、档案学家等在大学课程和公共历史社区核心课程教学中使用的指定教材。

一

唐纳德·里奇撰写该书的一个核心理念是倡导大家能够积极从事口述历史实践，即"做"，他在"引言和致谢"中提出："这本书想要为那些计划进行口述历史访谈和收集口述史料的人们提供实用的建议和合理的解释。它的重点在于'做'。"[②]从口述历史的角度来说，一方面，大多数口述历史学家是通过实践来学习的，我们对访谈理论的理解和解释往往滞后于访谈实践；另一方面，口述历史面临的诸多现实问题、原则问题会使访谈者顾虑重重，进而阻碍研究的进程。因此，对于口述历史，必须放下顾虑，大胆地"做"，在"做"的过程中解决问题，学习和掌握理论，进而推进口述历史理论的发展以及理论对实践的指导。口述历史以受访者的记忆为核心，而人的生命是有限的，当访谈者做好了一切准备时，也许受访者已经不在人世了，这样让人遗憾的事俯拾皆是。该书提醒人们："过长时间的思考和犹豫会带来风险：你非常想要采访的那些人物，在接受采访之前就去世了"；"口述历史学家永远都是在同生命的时

---

① Donald A. Ritchie, *Doing Oral History*, New York: Oxford University Press, Third edition, 2015.

② [美]唐纳德·里奇：《大家来做口述历史（第3版）》，邱霞译，当代中国出版社2019年版，第Ⅵ页。

钟赛跑"①。

　　20世纪中叶，现代意义上的口述历史自美国兴起，经过半个多世纪的发展，逐渐传播到世界各地，几乎涉及各个史学分支领域，如政治史、经济史、社会史、军事史以及妇女史、艺术史、建筑史、企业史等，涌现了一大批口述历史学家、专业研究团体以及出版了大量口述历史著述，但是，对于口述历史的严格定义、研究方法、功能、定位等基本问题，至今学界仍然莫衷一是。口述历史是一个史学分支学科？还是一种历史研究方法？它是为了补充文献档案资料的不足，还是要从根本上改变历史的书写和建构？它是为了否定和挑战传统历史，还是为了构建更加多元的历史？它是带着主观偏见的历史，还是真实的历史？它是边缘的历史，还是代表着史学未来的发展方向……这些问题尚未达成共识。那么，我们是否能够等到这些问题都得到解答的时候再去开始口述历史实践？当然不能。

　　世界各地口述历史的繁荣发展已经证明，只有我们去"做"，才能使模糊的概念逐渐清晰，才能为解决问题找到可行的途径。在口述历史发展初期，美国和英国的口述历史代表了两种完全相反的观念。美国早期口述历史是为了填补文献档案的不足，访谈对象多为上层人士，侧重政治史，与当时"自上而下"的历史研究视角并行。而英国的口述历史起步虽然晚于美国，但从一开始便注重理论探讨，强调口述历史的首要价值在于可以在更大程度上再造原有的各种立场，②实际上是一种"自下而上"研究历史的新视角，因此英国口述历史在社会史、妇女史等领域成就斐然。英国口述历史先驱保尔·汤普逊（Paul Thompson）在20世纪70年代出版他的代表作《过去的声音——口述史（第1版）》③时便强调了口述史学的社会目的。随着美国新社会史转型和公共史学思潮的兴起，美国口述历史学家逐渐开始关注社会大众，在《大家来做口述历史（第

---

① ［美］唐纳德·里奇：《大家来做口述历史（第3版）》，邱霞译，当代中国出版社2019年版，第Ⅵ页。
② ［英］保尔·汤普逊：《过去的声音——口述史》，覃方明、渠东、张旅平译，辽宁教育出版社2000年版，第6页。
③ Paul Thompson, *The Voice of the Past: Oral History*, London: Oxford University Press, 1978.

3版)》中即探讨了新一代美国口述史家"自下而上"书写历史的新变化。"这些访谈者大多来自民权运动、反战运动和女权运动领域。渴望为那些被官方历史文献遗忘的群体书写历史,又缺乏精英群体那些手稿和官方文献可用,他们转向口述历史。"①

20世纪80年代,中国的口述历史研究逐渐兴起,一些学者在理论方面进行了探讨,更多的是具有不同学科背景的学者积极投身口述历史实践,"筚路蓝缕,出版了一批或是对重大历史事件亲历者的访谈实录,或是记录布衣百姓市井百态的口述史学著作。这些作品披露了大量珍贵的口述史料,充分展示了历史的多样性和复杂性;同时大大拓展了历史研究的视野和深度,丰富了史学研究的内容与方法"②。2019年伊始,澳门科技大学社会和文化研究所、澳门大学《南国学术》编辑部联合发布了"2018年度中国历史学研究十大特点","口述历史理论、方法与实践"位居第二,③这从一个侧面说明了中国口述历史发展的成就,而这正得益于"做"。尽管中国口述历史实践还存在很多问题,如"理论先天不足并严重滞后""研究缺乏必要的深度""实践缺乏工作规范"等,④但"道虽迩,不行不至;事虽小,不为不成"⑤。正如《大家来做口述历史(第3版)》所说:"初学的口述历史工作者切不可因为解释学、话语分析,或是解构理论的复杂望而却步。在口述历史上刚起步的人,与其按照理论去实践,不如采用更务实的方式'将实践融入理论'。在还未深入研究理论之前,不妨先取得一些访谈经验。进行访谈实际上也能引发对方法论争论的好奇,因为访谈者很快会发现他们并非只是搜集'单纯的事实'。"⑥

---

① [美]唐纳德·里奇:《大家来做口述历史(第3版)》,邱霞译,当代中国出版社2019年版,第9页。
② 辛逸、高洁:《口述史学新解——以山西十个合作社的口述史研究为例》,《中共党史研究》2011年第8期。
③ 《2018年度中国历史学研究十大热点》,《南国学术》2019年第2期。
④ 左玉河:《中国口述史研究现状与口述历史学科建设》,《史学理论研究》2014年第4期。
⑤ 方达评注:《荀子》,商务印书馆2016年版,第24页。
⑥ [美]唐纳德·里奇:《大家来做口述历史(第3版)》,邱霞译,当代中国出版社2019年版,第18页。

放下一切顾虑，尝试去"做"，进行口述历史实践，这是我们阅读和利用这部书的出发点及落脚点。

二

在明确了口述历史首先要去"做"之后，摆在我们面前的第二个问题就是怎样去"做"？这正是该书的主要内容，作者以自问自答的写作形式使读者能够清晰地了解怎样才能"做"好口述历史。

《大家来做口述历史（第3版）》共八章，第一章"我们这个时代的口述历史"，探讨了口述历史的基本概念和相关理论问题并做了简短的学术史回顾。第二章"口述历史项目的设立"，从"经费和人员配置""设备器材及访谈方式""后期加工""法律相关事宜""档案保存及网络利用"五个方面阐述了开展口述历史需要注意的问题，并提出了怎样去"做"的建议。第三章"口述访谈的过程"，探讨了口述访谈的相关内容，这也是口述历史实践的关键。第四章"口述历史在研究和写作中的应用"，主要研究了口述历史的利用问题。第五章"影像口述史"，专门讲视频访谈的问题，并增加了对影像口述历史利用的讨论。第六章"档案馆和图书馆的口述历史保存"，论述了口述历史资料的保存问题，这也是中国口述历史研究的薄弱环节，其中许多内容值得我们借鉴。第七章"口述历史教学"，专门谈到在大中小学开展口述历史教育的问题。第八章"口述历史的展现"，包括"口述历史网站""社群历史""家庭访谈""口述历史的医疗用途""博物馆和历史遗迹""广播和电视""舞台表演"七节，基本上覆盖了全部口述历史展示的可能领域。此外，书后还附录了"美国口述历史协会关于口述历史的原则和最佳实务规范"以及五份"法律授权表格样本"，并分类详细列举了相关参考文献和网络资源。

就口述历史实务指南而言，该书的主要特点是前沿、全面、细致入微。正因如此，这部书被誉为是一部口述历史最佳实务指南。

（一）前沿性

该书吸收了世界各地口述历史前沿的方法和技术，删除了已经过时的参考资料，更新了对于一些仍然受到关注问题的讨论。如书中提供了新的在线资源，"为寻找潜在的资助者提供了帮助"①。又如，书中谈到了新型口述历史检索工具，"布法罗大学的兰德福斯公司通过开发视频与视频词汇搜索使访谈的可用性更强，即使没有抄本，也可以创建索引，对访谈进行注释，交叉引用，搜索和浏览。该系统还可以将主题相近的访谈片段集中在一起来制作幻灯片演示"②。此外，书中还探讨了口述历史如何被用于临终关怀③、访谈时"共情"的重要性④等前沿问题。

（二）全面性

该书几乎涉及了口述历史实践的各个环节。从访谈开始、进行访谈、到访谈的后续工作，从在独立的研究中使用访谈成果（包括录音、录像、抄本）到访谈成果在图书馆和档案馆里的保存，从口述历史教学到向公众展示口述历史，对于这些不同的阶段，该书均做了考察。作者认为，虽然很少有口述历史学家会参与到所有阶段，大多数人只是专注于某些方面，但是读者不应将自己局限于某个单一的领域，而是应该去探究口述历史的复杂性。⑤更难能可贵的是，作者在书后各章注释、参考文献中列出了详尽的参考资料，并提供了丰富的网络资源。从具体方面来看，如在口述历史的展示一章中，专门增加了"口述历史网站"一节，全面回答了关于口述历史网站的各种问题。⑥

---

① ［美］唐纳德·里奇：《大家来做口述历史（第3版）》，邱霞译，当代中国出版社2019年版，第218页。
② ［美］唐纳德·里奇：《大家来做口述历史（第3版）》，邱霞译，当代中国出版社2019年版，第223—224页。
③ ［美］唐纳德·里奇：《大家来做口述历史（第3版）》，邱霞译，当代中国出版社2019年版，第337—338页。
④ ［美］唐纳德·里奇：《大家来做口述历史（第3版）》，邱霞译，当代中国出版社2019年版，第112—113页。
⑤ ［美］唐纳德·里奇：《大家来做口述历史（第3版）》，邱霞译，当代中国出版社2019年版。
⑥ ［美］唐纳德·里奇：《大家来做口述历史（第3版）》，邱霞译，当代中国出版社2019年版，第307—717页。

（三）细致性

该书并没有因为全面而忽略细节，因为这部书是作者总结、反思多年从事口述历史实践的经验写成的。细致入微的探讨使读者获益匪浅。除延续上一版的细节问题，如"抄本是否应当重现口音和方言？"① 等，《大家来做口述历史（第 3 版）》新增的细节内容，如在准备访谈的部分，书中提到可利用社交网络包括 Facebook、Twitter、YouTube 和私人博客等新的自媒体。② 再如关于"访谈的问题应该按照年代还是主题来安排顺序"的问题，书中总结了六种基本类型的问题：基本描述性的或"帮助我理解"的问题，结构性的或"陪我走过典型的一天"的问题，后续或澄清问题，经验或举例问题，比较或对比问题，结尾的问题。③

倡导大家来"做"口述历史，并不意味着口述历史没有门槛，也不是任何人所做的录音都是口述历史。人人可"做"、大家来"做"口述历史，一方面使口述历史具有更大的史学价值，并预示着未来更广阔的发展前景；另一方面也使其可靠性和学术性面临着新的挑战。该书的一个主要目的就是迎接这些挑战。从该书第 1 版出版，唐纳德·里奇就希望能够为口述历史的实践者提供一部满足收集、保存和传播口述历史所需要的最新的及方便使用的指南。随着科学技术的进步，口述历史理论研究视角更加多元，作者根据变化了的实际情况，结合不同国家实践者的经验教训，及时修订增补了相关内容，力图告诉读者"什么是能做的，什么是应该避免的"④。

当我们准备去"做"口述历史并力求可靠性和学术性的时候，应当认真研读和充分利用该书。

---

① ［美］唐纳德·里奇：《大家来做口述历史（第 3 版）》，邱霞译，当代中国出版社 2019 年版，第 77 页。
② ［美］唐纳德·里奇：《大家来做口述历史（第 3 版）》，邱霞译，当代中国出版社 2019 年版，第 96 页。
③ ［美］唐纳德·里奇：《大家来做口述历史（第 3 版）》，邱霞译，当代中国出版社 2019 年版，第 104—105 页。
④ ［美］唐纳德·里奇：《大家来做口述历史（第 3 版）》，邱霞译，当代中国出版社 2019 年版，第 VII 页。

三

《大家来做口述历史（第 3 版）》不仅是一本实务指南，而且涉及很多重要的口述历史基本理论问题。学界通常认为，美国的口述历史注重实践而轻视理论，即使是理论探讨也只是方法论层面的，实际上，该书探讨了关于口述历史及其意义、价值等方面的许多理论问题，我们可以概括为以下三个方面：

（一）关于口述历史特性的探讨

该书认为："一个访谈要成为口述历史，必须是经过录音、特别的后期处理并保存在档案馆、图书馆等处，或者一字不漏地出版。口述历史的特性是：能够供一般研究使用，能够重新阐释，能够核实。口述历史学家往往保存访谈的音像和抄本，尽可能地保留完整、真实和可信的访谈记录。"[①] 这就是说，用于研究的口述史料不一定必须要历史学家亲自进行访谈。这也是口述历史区别于新闻采访之处，新闻记者必须亲自进行访谈，访谈的成果只有自己使用；而研究人员可以使用其他人写在书中的访谈，"这些口述历史档案在受访者和访谈者去世多年之后，仍然可以作为证据、被诠释并重新使用"[②]。

关于口述历史的跨学科性质问题，唐纳德·里奇认为："口述历史学家、民俗学家、民族志学者、文化人类学家、社会学家和语言学家都从事访谈，但各自不同的目标影响了他们的方法论。""尽管在分析和对访谈的使用上这些学科存在不同之处，但方法论上交叉带来了相互间合作的可能。跨学科的口述历史项目包括社区、种族、族群、移民等多种内容。"[③] 口述

[①] ［美］唐纳德·里奇：《大家来做口述历史（第 3 版）》，邱霞译，当代中国出版社 2019 年版，第 10 页。

[②] ［美］唐纳德·里奇：《大家来做口述历史（第 3 版）》，邱霞译，当代中国出版社 2019 年版，第 155 页。

[③] ［美］唐纳德·里奇：《大家来做口述历史（第 3 版）》，邱霞译，当代中国出版社 2019 年版，第 30—31 页。

历史是多学科的。这些观点代表了口述史学界的一种主流认识,但是还有待于进一步探讨。有的学者认为,口述史料的获得必须由史家亲自去访谈获得第一手的资料。也有的学者认为,口述历史在不同学科之间的融合是不可能的,也无必要。①

(二)关于口述历史的价值和影响的探讨

该书专门探讨了这样一个问题:"档案馆已经被纸质记录填满,为什么他们还要不厌其烦地收集口述历史?"②唐纳德·里奇认为:"许多档案学者在充分认识到文字记录的局限性后,已经承认'辅助性文件'的必要性。口述历史不仅仅是对其他档案材料的补充,更是一种替代。作为诸多研究工具中的一种,在弄清人们或机构的行为动机方面,口述历史特别能够发挥作用。"③这是口述历史价值的一个方面。另外,口述历史的价值还体现在,它不是单纯地否定以往的历史叙述,而是提供了审视历史的多重视角。唐纳德·里奇认为:"大多数情况下,我们接触到的口述历史都倾向于混淆而非肯定我们的推测,将矛盾的观点摆在我们面前,鼓励我们,从多个视角审视历史事件。口述历史的价值不是来自去否定那些意想不到,而是要享受。通过加入更多元广泛的声音,口述历史并不会简化历史叙事,而是使之更加复杂——也更加有趣。"④

关于口述历史的著作权,即口述历史的成果是属于受访者还是属于访谈者的问题,学界一直存在不同争论。目前主流的看法以迈克尔·弗里施(Michael Frisch)在其《共享的权威》一书中的观点为代表,认为参与访谈的双方在访谈的创作上都负有责任,并且共享著作权。⑤唐纳德·里奇

---

① 《口述与文字 谁能反映历史真相》,《光明日报》2002年7月18日。
② [美]唐纳德·里奇:《大家来做口述历史(第3版)》,邱霞译,当代中国出版社2019年版,第212页。
③ [美]唐纳德·里奇:《大家来做口述历史(第3版)》,邱霞译,当代中国出版社2019年版,第214页。
④ [美]唐纳德·里奇:《大家来做口述历史(第3版)》,邱霞译,当代中国出版社2019年版,第Ⅳ页。
⑤ Michael Frisch, *A Shared Authority: Essays on the Craft and Meaning of Oral History and Public History*, Albany: State University of New York Press, 1990.

认同"共享权威"的观点,他提出:"访谈者和受访者共同参与口述历史,任何一方的角色都不可低估。"①也有学者认为,能够使口述史料在史学研究中发挥重要作用乃至不可替代作用的,最终是史学家的见识和思想。②

关于口述历史的影响,该书认为"可能要到未来很久才会完全呈现""随着一代代人的逝去,历史记录的参与者不再活在世上,未来的研究者将不得不依赖于早年间被收集、处理和存储在档案中的采访资料"。今天的口述历史会塑造未来人们所写的我们这个时代的历史吗?因此唐纳德·里奇提出:"口述历史学家要超越他们自己当下的需要,而去思考他们的工作会为未来留下什么。"③

(三)关于口述历史可靠性的探讨

该书探讨了关于口述历史收集到的信息是否可靠的问题,书中指出,尽管档案文献具有不受到后续事件或时间影响的优点,而受访者往往会受到这些影响,但是"文献有时候是不完整、不准确的,甚至是伪造的"。口述历史的一个好处是"由训练有素的访谈者来进行的,访谈者既能提出问题,又能对含混的回答提出质疑"④。书中专门用了一节内容来探讨"口述证据"的问题。关于口述历史作为历史证据的确实性有多少?作者认为:"及时被记载下来的叙述,未必就比日后回想时所做的叙述更真实。无论手写或口述,证据都必须具有说服力并且要经得起检验证实";"处理口述证据要像处理任何其他形式的证据一样严肃谨慎"⑤。

---

① [美]唐纳德·里奇:《大家来做口述历史(第3版)》,邱霞译,当代中国出版社2019年版,第18页。
② 辛逸、高洁:《口述史学新解——以山西十个合作社的口述史研究为例》,《中共党史研究》2011年第8期。
③ [美]唐纳德·里奇:《大家来做口述历史(第3版)》,邱霞译,当代中国出版社2019年版。
④ [美]唐纳德·里奇:《大家来做口述历史(第3版)》,邱霞译,当代中国出版社2019年版,第12—13页。
⑤ [美]唐纳德·里奇:《大家来做口述历史(第3版)》,邱霞译,当代中国出版社2019年版,第144—145页。

《大家来做口述历史（第3版）》是一部集口述历史理论、方法与实践于一体的百科全书式手册。但是，就其中关于理论探讨的部分而言，有一些观点仅代表作者一家之言，对我们进一步深入思考有着重要的启示。正如作者在引言中所说："做口述历史不存在单一的路径，因为我们的工作程序和理解都是在不断革新的。"①我们可以从书中清晰地看到，作者对于口述历史理论和方法的诉求具有鲜明特色，即包容性、多元性、规范性。

四

《大家来做口述历史（第1版）》中译本由台湾学者王芝芝翻译，1997年台湾远流出版公司出版，在口述史学界产生了很大影响。第2版由中国社会科学院当代中国研究所学者姚力翻译，并于2006年由当代中国出版社出版，在中国历史学界引起了较大的反响，定宜庄先生称其为"从事口述史实践的必读书"②。

笔者以为，真正的历史并不仅仅存在于传统的历史文献中，它还存在于更真实、更生动的历史场景中，存在于每个亲历者的心中。写作历史的最高境界在于洞悉人性、反映人心。正如王安石在《读史》诗中所感叹的："糟粕所传非粹美，丹青难写是精神。区区岂尽高贤意，独守千秋纸上尘。"现代口述史无疑是能够助我们抵达历史精微处和人的灵魂深处的桥梁。尤其值得一提的是，口述历史对于当代中国史的研究和编纂具有独特的意义，一方面它是当代中国史学界存史、资政、育人、护国的重要的史料来源和史学研究方法，另一方面当代中国史学界也肩负着抢救、留存珍贵口述史料的使命。笔者认为，要掌握口述历史的方法，必须亲自去"做"。当代中国的口述历史于20世纪80年代自西方引入，经过30多年的发展已经取得了很大成绩，抢救了许多宝贵史料，并激发了大众对口述历史的兴趣，但是缺乏实践规范的弊端也日益凸显。中华

---

① ［美］唐纳德·里奇：《大家来做口述历史（第3版）》，邱霞译，当代中国出版社2019年版，第Ⅶ页。

② 定宜庄、汪润主编：《口述史读本》，北京大学出版社2011年版，第9页。

口述历史研究会秘书长左玉河研究员认为，现在已经到了"口述历史规范化操作的中国时刻"①。"别裁伪体亲风雅，转益多师是汝师。"希望《大家来做口述历史（第 3 版）》能够在当代中国史的研究和编纂中，为倡导大家来"做"口述历史，确保口述历史的可靠性、学术性，规范口述历史实践提供及时、有益的帮助。

[原载《当代中国史研究》2019 年第 4 期]

---

① 左玉河：《多维度推进的中国口述历史》，《浙江学刊》2018 年第 3 期。

批驳历史虚无主义与构建当代中国史话语体系

国史研究要重视同历史虚无主义思潮的斗争

朱佳木

党的十八大后,以习近平同志为核心的党中央高度重视意识形态领域的斗争,尤其重视对历史虚无主义的批判。国史研究者要进一步提升自身水平,要继续发挥国史研究资政育人护国的作用;要为社会主义核心价值体系建设做贡献,就要响应党中央和习总书记的号召,在进行学术研究的同时积极开展同历史虚无主义思潮的斗争。

当前,历史虚无主义思潮在理论界、学术界、新闻出版界、文艺界以及社会舆论界都有表现,在国史学领域的表现尤为突出。其表现,我认为主要集中在以下三个方面:

第一,虚无新中国成立的历史正义性、合理性、合法性,美化帝国主义、封建地主阶级、官僚买办资产阶级,歌颂以蒋介石为首的国民党反动派,反而把中国共产党领导的新民主主义革命诬蔑为外因造成的,违反了中国自身的文化传统,破坏了中国的社会发展。例如,说凡是被帝国主义"租借""割让""占领"的地方经济发展都快,如果中国早些被殖民化就好了,如果再当500年殖民地就更好了;说中国的地主是勤劳俭朴、善于经营的农村精英,黄世仁、周扒皮、南霸天、刘文彩等都是作为地主阶级代表人物而被人为丑化的,其实他们都是对农民很好的大善人;说近代买办是沟通中西交流的桥梁,是历史的进步力量;说蒋介石是中国现代第一伟人,蒋、宋、孔、陈"四大家族"并没有对中国经济进行垄断,也没有和帝国主义、封建势力相互勾结;说中国共产党是少数知识分子在共产国际秘密支持下建立起来的,是靠拿卢布、搞阴谋、耍诡计、窃情报而取胜的;说新民主主义不仅不应当向社会主义过渡,而且它本身就有问题,是和"宪政民主"、市场经济背道而驰的,等等。

第二,虚无新中国的成立及其对中国乃至世界发展进步的伟大意义,否认世界社会主义运动和民族解放运动的进步性,抹杀正义战争与非正义战争的区别,诬蔑共和国领袖和烈士、英雄、模范人物,夸大新中国历次运动中的缺点、错误,把新中国历史描写成一连串错误的集合。例如,说 1949 年 10 月 1 日不能作为中国人民站起来的标志;说"一边倒"的政策是在国际斗争中的错误选择;说美国出兵朝鲜是反侵略,中国抗美援朝是上了苏联的当,耽误了国内建设,得不偿失;说土地改革、合作化运动、镇压反革命、"三反"、"五反"、知识分子思想改造都是错误的,反右斗争更是一场阴谋;说优先发展重工业战略是中国经济长期落后的根源,计划经济从一开始就是错误的,提前向社会主义过渡是领导人主观意志的产物,公私合营是对私营工商业者的无理剥夺,实行这些举措使中国走上了人类历史发展的岔路;说肯定"大跃进"和"文化大革命"时期中的经济、科技、国防、外交战线有成绩就是肯定"大跃进"和"文化大革命",搞"三线"建设是劳民伤财;说支援亚非拉民族解放运动是"打肿脸充胖子",20 世纪 60 年代与苏共的争论是为了争夺国际共产主义运动的领导权,没有是非可言,等等。

第三,虚无新中国改革开放前后两个历史时期的内在一致性,或者用改革开放后的历史时期否定改革开放前的历史时期,或者用改革开放前的历史时期否定改革开放后的历史时期。例如,说中国历史只有帝制时期和后帝制时期,改革开放前也是帝制时期;说 1978 年的改革开放如同 1840 年的鸦片战争一样,是划分中国历史时期的标志性事件;说改革开放前的社会主义是斯大林版的社会主义,改革开放使中国回归了世界文明;说中国特色社会主义实际上是中国特色的资本主义;说毛泽东、邓小平都是所谓专制"皇帝",毛泽东使中国陷入普遍贫穷,邓小平则把中国引向两极分化,等等。

如果按照历史虚无主义思潮对历史的这些叙述和解释,不仅中国近代史、现代史要推倒重写,而且进步与反动、正义与邪恶的观念等都要被颠倒。其结果，只能是"剥削有理、压迫有理、侵略有理，而革命有罪、劳动人民有罪、中国共产党有罪、新中国有罪"。如果那样，在中国5000年文明史中最为辉煌的人民共和国史还有什么让中华儿女感到骄傲的呢？还谈得上什么中国特色社会主义的道路自信、理论自信、制度自信？

我们的国史研究是在党的领导下以马克思主义为指导的国史研究。我们所要研究的国史，是中国共产党领导中国人民进行社会主义革命、建设、改革的历史，是千千万万烈士用鲜血和生命换来的历史，是国家有主权、民族有尊严、人民当家作主的历史。我们研究国史的目的，是给人民创造美好未来提供宝贵的历史经验，是让中国通向美好未来的道路不被动摇和颠覆提供充分的历史依据。这就决定了我们在进行国史研究时，不可能不同历史虚无主义思潮发生矛盾和冲突，不可能回避同历史虚无主义思潮的斗争。下面，我谈几点看法，供大家参考。

一、要认清历史虚无主义思潮的实质

历史虚无主义究竟是一种什么性质的思潮？对这个问题的判定，涉及同这股思潮斗争的方针、策略和方法。

习近平同志在2013年的"一·五"重要讲话中指出："古人说：'灭人之国，必先去其史。'国内外敌对势力往往就是拿中国革命史、新中国历史来做文章，竭尽攻击、丑化、污蔑之能事，根本目的就是要搞乱人心，煽动推翻中国共产党的领导和我国社会主义制度。苏联为什么解体？苏共为什么垮台？一个重要原因就是意识形态领域的斗争十分激烈，全面否定苏联历史、苏共历史，否定列宁，否定斯大林，搞历史虚无主义，思想搞乱了，各级党组织几乎没任何作用了，军队都不在党的领导之下了。最后，苏联共产党偌大一个党就作鸟兽散了，苏联偌大一个社会主义国家就分崩离析了。这是前车之鉴啊！"[①]这一重要论述清楚地告诉我们，所谓历史虚无主义，并非什么学术上的不同主张、不同学派、不同思潮，而是一种由国内外敌对势力鼓吹和散布，以推翻中国共产党

---

① 《十八大以来重要文献选编》（上），中央文献出版社2014年版，第113页。

领导和社会主义制度为目的,以否定革命、"告别革命"为核心,以伪造、篡改、歪曲、"恶搞"历史为手段的政治思潮。我们同这股思潮的斗争,也不是什么学术观点之争,而是要不要坚持中国共产党领导、要不要坚持中国特色社会主义道路的大是大非之争。

我们当然不能把受历史虚无主义思潮影响的人同操弄这股思潮的人混为一谈,对受影响的人要做耐心细致的思想工作。但我们必须清醒地看到,由于历史研究具有向公众叙述历史、解释历史的功能,所以往往与维护或推翻政权的斗争有着直接的关联,不能不带有强烈的政治性。无论要维护还是要推翻一个政权,斗争双方总要争夺对历史的叙述权、解释权,用以说明自己行为的正当性、合理性,以及对方行为的不正当性、不合理性。当前历史虚无主义思潮之所以泛滥,就其根源来说,就是早已被中国共产党领导中国人民打倒的帝国主义、封建地主阶级、官僚买办资产阶级的残余不甘心退出历史舞台,在国内国际的新形势下,联合各种反对新中国的敌对势力,妄图用歪曲、篡改历史的方法,否定新民主主义革命和社会主义革命取得的胜利成果,丑化新中国的领袖以及一切为建立和建设新中国做出贡献的英雄模范人物,瓦解人民心中对新中国历史的一切美好记忆,从而为推翻共产党领导和社会主义制度营造舆论氛围。这是我们同历史虚无主义思潮斗争的性质。把受这股思潮影响的人与制造这股思潮的人加以区别,不等于要模糊这场斗争的性质。

我们也不能把对新中国历史的缺点、错误所进行的研究,不加区别地笼统看成是历史虚无主义。我们反对历史虚无主义,并不是要掩盖和回避新中国历史的曲折,更不是拒绝对新中国的历史教训进行反思。相反,我们要高度重视对历史曲折的研究,注意从中吸取教训,避免重犯错误、重走弯路。然而,现在的问题在于,自从党中央1981年做出《关于建国以来党的若干历史问题的决议》(以下简称《历史决议》)之后,对新中国头29年和改革开放初期的一系列重大历史问题已经有了实事求是的结论,对其中的经验教训也有了科学的总结。因此,研究新中国历史中的曲折和教训,应当遵循《历史决议》的精神。如果不是这样,而是背离、否定《历史决议》精神,以研究新中国历史错误为名,行攻击党和社会主义制度之实,这种所谓"研究"只能是历史虚无主义的表现,是我们必须坚决反对的。

对于研究中的不同学术观点,我们也不能随意扣上历史虚无主义的帽子。然而,不是历史虚无主义的学术观点,不等于都可以拿到社会上公开发表。自改革开放以来,我们党在处理涉及现实政治的学术问题时,形成了一种行之有效的做法,叫作"研究无禁区、宣传有纪律"。就是说,有些涉及现实政治的重大问题可以在内部讨论,但对其中还不成熟的观点不能未经组织审批就拿到媒体上发表。因为一旦向社会公开,就进入了宣传领域。对此,共产党员和党领导的研究机构及媒体必须从党和国家的工作大局出发,遵守党的宣传纪律。我们国家现在比历史上的任何时候都更接近于中华民族伟大复兴的目标,因此特别需要把全社会的力量集中到国家各方面的建设上来,防止一些具有政治敏感性而又不成熟的观点捅到社会上,搅乱人们的思想,分散人们的注意,妨碍安定的大局。至于有人把这种纪律约束说成是什么"搞历史虚无主义",那只能是倒打一耙、故意把水搅浑,是不值一驳的。

二、要树立同历史虚无主义思潮斗争的自觉性

毛泽东同志说过:"真理是在同谬误作斗争中间发展起来的。马克思主义就是这样发展起来的。"[①] 同样,和历史虚无主义思潮做斗争,也会发展马克思主义指导下的国史研究。这种斗争可以是对历史虚无主义思潮的正面回击,也可以是与它的短兵相接、直接交锋。无论采取哪种方式,都需要有同这股思潮做斗争的自觉性。

历史虚无主义思潮来势汹汹、甚嚣尘上,很能迷惑一些不明真相的群众,尤其现在有互联网技术和新媒体,可以加快其传播速度,更给我们同它的斗争造成相当困难。但它既然不是严肃的科学研究,而只是拿历史说事,它就不可能不采用诡辩和偷换概念、断章取义、夸大事实、以偏概全、攻其一点、不及其余,以至胡搅蛮缠、瞎编滥造等手段。而要这样做,它就不可能不露马脚、不出破绽。因此,我们只要有同历史

---

① 《毛泽东文集》第7卷,人民出版社1999年版,第280页。

虚无主义思潮斗争的自觉性，是不难发现其问题的，也是不难找到批驳和揭露它的方法的。

历史虚无主义思潮之所以有一定的欺骗性，在于它往往编造一些似是而非的所谓"理论"，使一部分群众尤其青年觉得它有道理。例如，在如何看待新中国60多年历史的问题上，历史虚无主义制造的一个"理论"，就是利用改革开放前后两个历史时期确实存在的差别，一方面把它们的差别加以夸大，另一方面掩盖它们的一致性，然后将二者割裂和对立起来，把它们形容为两种社会形态。例如，说改革开放前是所谓"封建社会主义"，而改革开放后是所谓"民主社会主义"；或者说改革开放前是"真社会主义"，而改革开放后是"打着社会主义幌子的资本主义"，等等。要把这种"理论"批倒，必须抓住问题的要害，并把道理讲透彻。在这方面，习近平总书记为我们做出了很好的示范。他一方面肯定这两个历史时期确实是"有重大区别的时期"，另一方面指出它们"本质上都是我们党领导人民进行社会主义建设的实践探索"；一方面不否定"这两个历史时期在进行社会主义建设的思想指导、方针政策、实际工作上有很大差别"，另一方面指出它们"决不是彼此割裂的，更不是根本对立的"。在此基础上，他把这两个历史时期的关系概括为："改革开放前的社会主义实践探索为改革开放后的社会主义实践探索积累了条件，改革开放后的社会主义实践探索是对前一个时期的坚持、改革、发展"，最后做出既"不能用改革开放后的历史时期否定改革开放前的历史时期，也不能用改革开放前的历史时期否定改革开放后的历史时期"①的结论。这种论述方法抓住了问题的根本，显示出了理论的彻底性，所以具有很强的说服力，得到了绝大多数群众的认同。马克思说过："批判的武器当然不能代替武器的批判，物质力量只能用物质力量来摧毁；但是理论一经掌握群众，也会变成物质力量。理论只要说服人，就能掌握群众；而理论只要彻底，就能说服人。所谓彻底，就是抓住事物的根本。"②我们应当学习习总书记这种分析问题的方法，在同历史虚无主义思潮的斗争中善于抓住问题的要害，并进行实事

---

① 《十八大以来重要文献选编》（上），中央文献出版社2014年版，第112页。
② 《马克思恩格斯选集》第1卷，人民出版社2012年版，第9—90页。

求是的透彻的说理，争取使更多的人自觉站到马克思主义一边。

历史虚无主义思潮之所以有一定欺骗性，还与它常常编造所谓的"史实"有很大关系。从表面上看，它拿出来的"史实"言之凿凿、煞有介事。但我们只要下一番功夫，进行认真核对、考证，就会发现这些所谓"史实"其实是经不起推敲的，而且说得越具体、显得越"真实"，就越经不起推敲。例如，有人为贬损毛泽东的形象，造谣说《毛泽东选集》第1至4卷160余篇文章中，由毛泽东执笔起草的只有12篇，经毛泽东修改的只有13篇，其余都是别人写的。这个弥天大谎显然违背中国革命史的基本常识。陈云同志在第二个《历史决议》起草期间就讲过，毛泽东在延安时代写了许多重要著作，"我们党里头没有第二个人写出这样好的著作"①。然而，如果对这个谎言不进行针锋相对的揭露，许多人仍然可能将信将疑，上当受骗。所以，当中央档案馆负责保管毛泽东手稿的同志站出来，用铁的事实对这个谣言加以揭露后，它的欺骗性、丑恶性才彻底暴露。再如，有人为了给反对中国共产党执政寻找理由，造谣说三年困难时期"饿死了3600万人"，并且以"统计数据"和"县志记载"为证。这个谣言虽然与绝大多数经历过那个时期的人的实际体验不相符合，但却具有很大欺骗性，在一部分群众中和国际上都造成了极为恶劣的影响。如果不对这个谣言所拿出的数字进行辨伪，要消除它的影响确实有一定难度。最近，江苏师范大学一位长期从事数学研究和教学的教授，凭着学者的良心，查阅了大量县志，发现谣言制造者们声称依据的县志上，实际只是记载了人口的死亡数，并没有说那些人是饿死的；而且，许多志书上连死亡数字都没有记载，完全是凭空编造出来的。尤其让人感到可贵的是，这位教授还运用历史唯物主义的观点和统计学的专业知识，对我国20世纪60年代人口统计中存在的具体问题进行了考证，指出所谓"饿死3600万人"的说法，不仅是有意把统计公式计算出的那个时期的人口减少数与死亡数、死亡数与饿死数相混淆的结果，而且统计公式计算出的那个时期人口减少的数字本身，就是忽略当时历史背景下几千万人口由农村进入城市又由城市下放到农村过程中户籍漏报、补

---

① 《陈云文选》第3卷，人民出版社1995年版，第284页。

报、注销等实际情况的产物。经过这番辨伪和考证，不仅"饿死 3600 万人"这个谣言的虚假性、荒谬性被暴露在光天化日之下，而且统计部门公布的我国三年困难时期人口数据异常减少的矛盾也得到了合理的解释。当前，像这类历史虚无主义思潮制造的所谓"史实"还有不少。我们只要以历史唯物主义做指导，运用历史的方法，借鉴其他相关学科的知识，进行深入的研究，它们的虚假性是完全可以被识破的。这是维护中国共产党领导和社会主义制度、实现"两个一百年"奋斗目标的需要，也是马克思主义指导下的国史研究自身发展的需要。

总之，历史虚无主义思潮要搞"灭人之国，必先去其史"那一套，国史研究者就要反其道而行之，做到"卫己之国，必先护其史"。我们护史的办法不是别的，就是用科学的研究战胜它们制造的谬误，用严谨的考证戳穿它们散布的谎言。

三、要增强同历史虚无主义思潮斗争的韧性

我们一些同志对于同历史虚无主义思潮的斗争，目前存在两种情绪：一种是看到这股思潮的蔓延，感到有些积重难返了，因而产生消极情绪；另一种是虽然积极，但总想通过一两次斗争就把这股思潮打退，因而产生急躁情绪。这两种情绪说到底，都是源于对历史虚无主义思潮的背景以及与之斗争的长期性、复杂性的特点缺少足够的认识。

历史虚无主义思潮既然是国内外敌对势力鼓吹的旨在否定共产党领导和社会主义制度的政治思潮，背后就不可能没有国际资本的支持。帝国主义政治家早在第二次世界大战结束时就提出了对社会主义国家进行武装侵略的另一种战略，即和平演变。他们说："最终对历史起决定作用的是思想，而不是'武器'""播下思想的种子……有朝一日会结成和平演变的花蕾""在宣传上花 1 美元，等于在国防上花 5 美元"，要同社会主义国家"打一场没有硝烟的战争"。向社会主义国家散布历史虚无主义，就是他们用来打这种"没有硝烟的战争"的一件重要"武器"。而且，这件"武器"在苏联解体、苏共下台的过程中确实起到了一定作用。苏联解体、东欧剧变后，世界社会主义运动进入了低潮，西方敌对势力集

中力量，加紧对我国进行西化和分化。这些年，我国综合国力明显上升，但在经济、科技、军事上的西强我弱态势并未根本改变。历史虚无主义思潮在我国的出现和蔓延，正是这种形势的客观反映。所以，同这股思潮的斗争不可能是短时间的事，必须具有斗争的韧性。

韧性来自哪里呢？首先来自对社会主义和共产主义必胜的信念，其次来自对社会主义同资本主义两种制度斗争长期性的清醒认识。中共十八大报告指出："对马克思主义的信仰，对社会主义和共产主义的信念，是共产党人的政治灵魂，是共产党人经受住任何考验的精神支柱。"同时，正如习近平总书记反复强调的那样："资本主义最终消亡、社会主义最终胜利，必然是一个很长的历史过程"，要"充分估计到西方发达国家在经济科技军事方面长期占据优势的客观现实，认真做好两种社会制度长期合作和斗争的各方面准备"[①]。我们对于由国际资本做后盾的历史虚无主义思潮，同样要有与之长期斗争的思想准备。有准备当然不是说只有等到世界社会主义运动高潮到来的时候，等到经济、科技、军事上我强西弱的时候才开始斗争。天底下任何胜利，不付出努力，不艰苦奋斗，靠等都是等不来的。我们要看到同历史虚无主义思潮斗争的长期性、艰巨性，更要看到斗争的必要性、必胜性；要看到斗争中会有曲折，更要看到通过斗争是一定可以取得战斗或战役胜利，取得阶段性成果的。我们不能因为斗争的长期性而悲观失望、丧失信心、"刀枪入库"、"解甲归田"；也不要寄希望于一两个回合就"得胜回朝"，更不要奢望"毕其功于一役"。在同历史虚无主义的斗争中，我们就是要有这样的定力和韧性。我们坚信，有以习近平同志为核心的党中央的坚强领导，同历史虚无主义思潮的斗争一定会不断积小胜为大胜，直到取得最后胜利。

[原载《当代中国史研究》2015年第6期]

---

① 《十八大以来重要文献选编》（上），中央文献出版社2014年版，第39、117页。

在回应历史虚无主义思潮的挑战中推动中国当代史研究的理论创新和话语体系建设

朱佳木

党的十一届三中全会以来，中国当代史研究事业在马克思主义指导下得到迅速发展，研究队伍日益壮大，研究成果不断涌现，与此同时，当代史理论研究也越来越受到学界的重视。

当前，中国当代史研究面临的总体状况，与习近平总书记在评论我国哲学社会科学状况时所指出的情况有着类似之处，那就是研究队伍、论文数量、政府投入等都不少，但"在学术命题、学术思想、学术观点、学术标准、学术话语上的能力和水平同我国综合国力和国际地位还不太相称"①。尤其应当看到的是，中国当代史研究的对象本来就是中国的历史，而且是当代中国的历史，要解读这个领域的问题，构建这个专业的理论，我们应当最有发言权。然而在实践中，情况也同整个哲学社会科学界差不多，即我们的"声音还比较小，还处于有理说不出、说了传不开的境地"②。两相比较，更加显得不太相称。

2015年底和2016年中，习近平同志《在全国党校工作会议上的讲话》和《在哲学社会科学工作座谈会上的讲话》中，都论述了关于构建具有中国特色、中国风格、中国气派的哲学社会科学体系的问题，而且

---

① 习近平:《在哲学社会科学工作座谈会上的讲话》，《人民日报》2016年5月19日。
② 习近平:《在哲学社会科学工作座谈会上的讲话》，《人民日报》2016年5月19日。

都谈到话语权和理论创新的问题。他指出:"发挥我国哲学社会科学作用,要注意加强话语体系建设。"①"支撑话语体系的基础是哲学社会科学体系。没有自己的哲学社会科学体系,就没有话语权。"②而"我们的哲学社会科学有没有中国特色,归根到底要看有没有主体性、原创性"③。"创新是哲学社会科学发展的永恒主题,也是社会发展、实践深化、历史前进对哲学社会科学的必然要求。"④"哲学社会科学创新可大可小,揭示一条规律是创新,提出一种学说是创新,阐明一个道理是创新,创造一种解决问题的办法也是创新。"⑤而"问题是创新的起点,也是创新的动力源";"理论创新只能从问题开始。从某种意义上说,理论创新的过程就是发现问题、筛选问题、研究问题、解决问题的过程"⑥。把上述讲话贯通起来,可以看出这样的逻辑联系,即要加强中国哲学社会科学的影响力,必须取得话语权;要取得话语权,必须构建具有中国特色、中国风格、中国气派的学科体系、学术体系、话语体系;要构建这三个体系,必须坚持马克思主义指导下的理论创新,哪怕是阐明一两个道理,创造一两种解决问题的方法,以不断增强哲学社会科学的主体性、原创性;而要做到理论创新,就必须以问题为起点。

习近平总书记以上两篇讲话面对的是我国整个哲学社会科学界和全国党校系统,但其精神我认为同样适用于中国当代史研究,同样应当成为加强当代史研究理论创新,构建当代史研究学科体系、学术体系、话语体系的行动指南。对于中国当代史研究来说,当前需要发现、筛选、研究、解决的问题很多,但有一个问题我认为是必须面对、必须重视、必须回应的,那就是历史虚无主义思潮的挑战。

近些年来,为反击历史虚无主义思潮对新中国历史和新中国领袖、英模人物的攻击、丑化、污蔑,我们党和党所领导的学术机构、学者已

---

① 习近平:《在哲学社会科学工作座谈会上的讲话》,《人民日报》2016年5月19日。
② 习近平:《在哲学社会科学工作座谈会上的讲话》,《人民日报》2016年5月19日。
③ 习近平:《在哲学社会科学工作座谈会上的讲话》,《人民日报》2016年5月19日。
④ 习近平:《在哲学社会科学工作座谈会上的讲话》,《人民日报》2016年5月19日。
⑤ 习近平:《在哲学社会科学工作座谈会上的讲话》,《人民日报》2016年5月19日。
⑥ 习近平:《在哲学社会科学工作座谈会上的讲话》,《人民日报》2016年5月19日。

经做了不少理论创新的工作，形成了一系列主体性、原创性的话语，取得了一定的话语权。例如，在如何看待社会主义制度的建立，如何看待中国特色社会主义道路的开辟，如何看待改革开放前后两个历史时期的关系等问题上，提出了"社会主义制度的建立是中国历史上最深刻最伟大的社会变革，为当代中国一切发展进步奠定了根本政治前提和制度基础"的观点；提出了"中国特色社会主义事业使中华民族大踏步赶上了时代前进潮流，迎来了伟大复兴的光明前景"的观点；提出了"改革开放前后两个历史时期在关于建设的指导思想、方针政策、实际工作上虽有很大差别，但二者本质上都是对社会主义建设的实践探索，绝不能将它们彼此割裂、相互对立"的观点。这些话语业已得到人民群众的广泛赞同，在意识形态领域占据了主流；即使在国际上，凡持公正态度看中国的人士，也是认同的。

  不过，也不能不看到，在许多问题上，历史虚无主义思潮还有很大市场，对一部分群众特别是青年还有相当的迷惑性。究其原因，除了其中夹杂许多谣言和诡辩外，也与其鼓吹者制造和散布了许多涉及理论问题的谬论有关。这就给我们提出了如何运用唯物史观的基本原理，还原历史的真相，从理论层面上批驳和揭露这些谬论的任务。同时，理论上的问题与实践上的问题一样，都不可能一劳永逸。老问题解决了，又会产生新问题，这就需要我们跟踪历史虚无主义思潮鼓吹者的动向，不断回应其中带有理论性的问题，以揭示其荒谬性，解脱受其蒙蔽的群众。做这样的工作当然不轻松，要取得成效更不可能一蹴而就。然而正如马克思所说过的："批判的武器当然不能代替武器的批判，物质力量只能用物质力量来摧毁；但是理论一经掌握群众，也会变成物质力量。理论只要说服人，就能掌握群众；而理论只要彻底，就能说服人。所谓彻底，就是抓住事物的根本。"[①] 我们只要抓住历史虚无主义思潮中出现的难点、热点问题，用马克思提倡的这种精神进行深入分析，努力阐明能说服群众的道理，就是理论创新，就能形成主体性、原创性的话语。事实说明，在中国当代史研究领域，有许多问题是需要通过也是完全可以通过批判

[①]《马克思恩格斯选集》第1卷，人民出版社2012年版，第9—10页。

历史虚无主义谬论来实现理论创新，形成主体性、原创性话语的。

比如，在如何看待新中国提前向社会主义过渡的问题上，历史虚无主义鼓吹者编造其原因在于毛泽东主观上急于搞社会主义，攻击这是决策失误，使国家走了弯路。抓住这个问题深入分析，我们就会发现这一决策不仅不是领导人主观意志的产物，相反是党中央从当时国际国内客观形势出发、不失时机作出的正确决断；不仅不是什么决策失误，相反是为中华民族追赶世界先进工业国抓住的一次千载难逢的历史机遇；不仅不是什么使国家走了弯路，相反是为了使中国由落后农业国尽快变为先进工业国而抄的一条近道。

再如，在如何看待社会主义社会必须坚持中国共产党领导的问题上，历史虚无主义鼓吹者总是把这说成是什么违背了"普世价值"和"西方宪政"，是"不合法"的、"不民主"的。抓住这个问题深入分析，我们就会发现坚持中国共产党领导不仅是人民的选择、历史的选择，而且是公有制和按劳分配占主体地位的社会主义经济基础所决定的，也是中国宪法所规定的，更是大多数人的民主的实现形式。

又如，在如何看待在建设中国特色社会主义的时期必须坚持共产主义理想信念的问题上，历史虚无主义鼓吹者竭力宣扬"告别革命"论，故意混淆时代特征和时代性质的区别，并将执政与革命的关系加以割裂和对立，胡说现在是"和平与发展的时代"，鼓噪共产党"要由革命党转变为执政党"。抓住这个问题深入分析，我们就会发现和平与发展只是当今时代的特征，而时代的性质仍然是由资本主义向社会主义过渡；共产主义虽然不能很快实现但决不等于它是虚无缥缈的乌托邦；我们不能因为党执政了就抛弃革命理想，而应当坚持"革命理想高于天"，做"革命的执政党"或"执政的革命党"。

还如，在如何看待社会主义社会还存在阶级斗争的问题上，历史虚无主义鼓吹者为掩盖国际资本和国内外敌对势力颠覆、分裂社会主义中国的图谋，故意抹杀阶级斗争客观存在的事实，把马克思主义阶级斗争的观点等同于"以阶级斗争为纲"。抓住这个问题深入分析，我们就会发现在社会主义初级阶段，阶级斗争不仅将在一定范围内长期存在，而且在某种条件下还有可能激化，历史虚无主义思潮的泛滥本身正是阶级斗争在意识形态领域内的一种反映，我们对这股思潮的批判就是同国际资本和国内外敌对势力的斗争。

像以上这些被历史虚无主义思潮搅乱是非、颠倒黑白的问题还有不少，抓住这类问题进行研究，并加以拨乱反正、正本清源，不仅能起到驳斥谬论、说服群众的作用，而且有助于中国当代史研究的理论创新，促进中国当代史研究话语体系的形成。这里不过是举几个例子。中国特色社会主义事业是正义的事业，道理在我们这边。只要有理，经过努力总会说得出，说出来总会传得开。我们应当拥有这样的理论自信和文化自信。

习近平总书记指出："社会总是在发展的，新情况新问题总是层出不穷的，其中有一些可以凭老经验、用老办法来应对和解决，同时也有不少是老经验、老办法不能应对和解决的。如果不能及时研究、提出、运用新思想、新理念、新办法，理论就会苍白无力，哲学社会科学就会'肌无力'。"[1] 他在 2014 年党的十八届四中全会上还说："在西方和国内一些人鼓噪下，不少群众受到蒙蔽，一些党员、干部的认识也发生了偏差。"[2] "各种敌对势力绝不会让我们顺顺利利实现中华民族伟大复兴，这就是为什么我们要郑重提醒全党必须准备进行具有许多新的历史特点的伟大斗争的一个原因。这场斗争既包括硬实力的斗争，也包括软实力的较量。"[3] "别人乱说我们一通，如果我们不及时加以澄清和纠正，就会以讹传讹，反倒让世人觉得我们输了理似的。我们要主动发声，让人家了解我们希望人家了解的东西，让正确的声音先入为主。对别有用心的人散布的政治谣言和奇谈怪论……我们不能默不作声，要及时反驳，让正确声音盖过它们。这与韬光养晦或不争论是两码事。"[4] 毛泽东当年也说过："有鉴别，有斗争，才能发展。真理是在同谬误作斗争中间发展起来的。马克思主义就是这样发展起来的。"[5] "某些错误东西的存在是并不

---

[1] 习近平：《在哲学社会科学工作座谈会上的讲话》，《人民日报》2016 年 5 月 19 日。
[2] 《习近平总书记重要讲话文章选编》（内部发行），中央文献出版社 2016 年版，第 226 页。
[3] 《习近平总书记重要讲话文章选编》（内部发行），中央文献出版社 2016 年版，第 227 页。
[4] 《习近平总书记重要讲话文章选编》（内部发行），中央文献出版社 2016 年版，第 228 页。
[5] 《毛泽东文集》第 7 卷，人民出版社 1999 年版，第 280 页。

奇怪的，也是用不着害怕的，这可以使人们更好地学会同它作斗争。"①可见，为反击历史虚无主义思潮而不断发现、研究、解决新出现的问题，揭露这股思潮的欺骗性和反动本质，向群众解疑释惑，帮群众明辨是非，这是中国当代史研究发挥自己社会功能的体现，是展示自己资政、育人、护国作用的机会，也是推动中国当代史研究理论创新，以及形成主体性、原创性话语的难得机遇和有效途径。

当然，中国当代史研究要更多地形成主体性、原创性的话语，更大范围地取得话语权，最根本的还是要像习近平总书记所号召的，努力构建具有中国特色、中国风格、中国气派的学科体系、学术体系、话语体系。做到这些，仅仅揭示一两条规律、提出一两种学说、阐明一两个道理、创造一两个解决问题的办法是远远不够的，还要进一步明晰中国当代史研究的发展战略，健全中国当代史的教育体系，促进中国当代史研究评价体系的科学化，完善管理体制和运行机制，提高人才队伍的素质，等等；要进一步解决对于构建中国当代史研究的学科体系、学术体系、话语体系具有基础意义的一些重大理论问题，如中国当代史如何分期、如何编撰？如何看待中国当代史的主流、主线、主要经验？如何使中国当代史研究突出与其他学科相区别的特点，主动与相关学科结成同盟军？如何认识和发挥中国当代史研究的社会功能？等等。在这些方面，国史学会将一如既往地履行联系、团结和服务中国当代史学界的义务，发挥好学术团体的作用，与学界广大同仁一起，为贯彻习近平总书记在哲学社会科学工作座谈会上的讲话精神，为促进中国当代史研究事业的繁荣和发展，鞠躬尽瘁，不懈努力！

[原载《当代中国史研究》2016年第6期]

---

① 《毛泽东文集》第7卷，人民出版社1999年版，第280—281页。

用党的初心校准改革开放的实践

朱佳木

习近平总书记在2018年中共中央政治局第六次集体学习会上提出，要"推动全党把坚持正确政治方向贯彻到谋划重大战略、制定重大政策、部署重大任务、推进重大工作的实践中去，经常对表对标，及时校准偏差"[①]。这里说的实践，自从党的十一届三中全会后，最大的莫过于现代化建设和改革开放。这里说的对的"表"和"标"，最大的也莫过于我们党的初心。因此，要求把坚持正确政治方向贯彻到谋划重大战略、制定重大政策、部署重大任务、推动重大工作的实践中，经常对表对标，及时校准偏差，我理解，实际上就是要求我们用党的初心校准改革开放的实践。

一个政党的初心，首先是指这个党成立时确立的奋斗目标，以及后来对这个目标的不断完善。我们党成立时，确定党的名称叫"中国共产党"，这本身就表明了党的初心。党的一大通过的纲领，遵循马克思主义基本原则，规定党要通过武装革命推翻资产阶级政权，通过无产阶级专政消灭阶级区分，通过消灭资本主义私有制实行生产资料的公有制，这些更加清楚地表明了我们党的初心，即党的远大奋斗目标和最高纲领，就是实现社会主义和共产主义。

---

① 《把党的政治建设作为党的根本性建设　为党不断从胜利走向胜利提供重要保证》，《人民日报》2018年7月1日。

后来，根据中国当时仍处于半殖民地半封建社会的实际，我们党又制定了反帝反封建的近期奋斗目标和民主革命的最低纲领。正如毛泽东当年所说：我们党有现在的纲领和将来的纲领，或最低纲领和最高纲领两部分。"在现在，新民主主义，在将来，社会主义，这是有机构成的两部分，而为整个共产主义思想体系所指导的。"① 当新民主主义革命胜利后，我们党又领导人民适时地进行了社会主义革命和建设，并随着实践的深入，逐渐认识到在我国社会主义社会中还存在一个相当长的初级阶段，相应制定了党在这个阶段的基本路线、基本纲领，即以经济建设为中心，坚持四项基本原则，坚持改革开放。以上过程说明，我们党不同时期的奋斗目标和最低纲领是随着形势变化而变化的，但其奋斗的最终目标和最高纲领，即党的初心，是始终不变的。

改革开放是我们党的一次伟大觉醒，也是中国人民和中华民族发展史上的一次伟大革命。40年来，我们通过解放思想、实事求是，大胆地试、勇敢地闯，干出了一片新天地，极大改变了中国的面貌、中华民族的面貌、中国人民的面貌、中国共产党的面貌。然而，无须讳言，这个过程也存在种种偏离党的初心的现象。对此，历届党中央都曾给予过极大关注，并以极大努力加以纠正。这从历次全国党代会的报告中可以看得很清楚，从接连开展的各种主题的党内教育活动和不断印发的各种纪律条例、规定中也可以看出来。在全党努力下，这些现象有的得到了改变，也有一些沉淀下来，伴随改革开放的逐步深入和经济建设的日益发展而不断花样翻新，使问题越积越多。在党的十八大之前，诸如分配差距大、意识形态乱、腐败弊病重、生态环境差等问题，已到了相当严重的程度。

上述状况的原因固然有很多，但我们也不能不看到其中的认识论上的原因。我们所说的改革主要是以市场经济体制为取向；所说的开放，也主要是与西方资本主义主导的国际经济相接轨。在不改变社会主义基本制度的条件下，要实行市场经济，同国际经济接轨，不仅前无古人、没有先例可循，而且本身就存在很大矛盾和风险，更何况我国是

---

① 《毛泽东选集》第2卷，人民出版社1991年版，第686页。

一个有十几亿人口并实行社会主义制度的大国。因此，从一定意义上说，出现上述状况，带有某种必然性，要想改变，没有一个使矛盾逐步暴露和使自己逐步认识矛盾、摸索规律、积累经验的过程，是难以做到的。毛泽东说过："实践的观点是辩证唯物论的认识论之第一的和基本的观点。"①"人对事物的认识，总要经过多少次反复，要有一个积累的过程。"②"一个正确的认识，往往需要经过由物质到精神，由精神到物质，即由实践到认识，由认识到实践这样多次的反复，才能够完成。"③"由必然王国到自由王国的飞跃，是在一个长期认识过程中逐步地完成的。"④这些论述说明，要取得对社会主义基本制度与市场经济和国际经济相结合的正确认识，同样要有一个较长的时间。

另外，唯物辩证法也告诉我们，在事物发展的三大规律中，否定之否定规律的显现，相对于对立统一规律和质量互变规律来说，也需要一个较长时间。马克思曾借用黑格尔的术语，把这一规律在人类社会中的表现概括为正题、反题、合题的过程。就是说，如果历史发展中的肯定是一个正题的话，那么，对它的第一次否定就是一个反题，而对这个反题的否定，即对否定的否定，便是历史的合题。在否定的否定过程中，每次否定对于过去都不是简单的抛弃，而是有所取舍的扬弃。人类历史正是在这一规律作用下，呈现出了螺旋式上升和波浪式前进的状态。

到党的十八大召开的 2012 年，改革开放进行了整整 33 年，从时间上已超过改革开放前的 29 年。因此，各种矛盾暴露得已经比较充分了，解决矛盾的经验也积累得比较丰富了。更加重要的一点是，自中共十八大以来，以习近平同志为核心的党中央在过去 30 多年改革开放的实践基础上，贯通总结了改革开放前后两个时期的历史经验，系统回答了新时代坚持和发展什么样的中国特色社会主义、怎么坚持和发展中国特色社会主义这一重大时代课题，形成了习近平新时代中国特色社会主义思想，推动中国特色社会主义进入了新时代。这一切，使我们对改革开放进入

---

① 《毛泽东选集》第 1 卷，人民出版社 1991 年版，第 284 页。
② 《毛泽东文集》第 8 卷，人民出版社 1999 年版，第 389 页。
③ 《毛泽东文集》第 8 卷，人民出版社 1999 年版，第 321 页。
④ 《毛泽东文集》第 8 卷，人民出版社 1999 年版，第 198 页。

了认识论所说的由必然王国向自由王国的飞跃阶段；也使改革开放进入了辩证法所说的否定之否定阶段，从而使我们不仅在客观上，而且在主观上具备了站在螺旋式上升运动中更高一级螺旋的高度，用党的初心校准改革开放实践的条件。

对于党的初心，习近平总书记近几年曾作过多次论述。如果把这些论述归纳一下，我认为可以概括成三条，即第一，坚定对社会主义、共产主义的信念和对马克思主义的信仰；第二，为中国人民谋幸福和为中华民族谋复兴；第三，坚持全心全意为人民服务的宗旨，永远不脱离群众、不漠视群众疾苦。只要回顾党的十八大以来党中央治国理政的一系列新理念、新观点、新举措，便不难看出，我们党正是在用以上这三条，不断衡量和检验着改革开放的实践，凡是符合的就坚持就发展，凡是不符合的就调整就纠正。

一、关于改革开放有无方向和应当以什么为方向的问题

这个问题从党的十一届三中全会后不久便提出来了，就是说，改革开放究竟存在不存在朝社会主义方向改还是朝资本主义方向改的问题，改革开放要不要坚持社会主义方向？

在这个问题上，我们党的态度一向是十分明确的。十一届三中全会公报就讲：全党全国人民要解放思想，努力研究新情况、新事物、新问题，但前提是"在马列主义、毛泽东思想的指导下"；要多方面改变同生产力发展不适应的生产关系和上层建筑，改变一切不适应的管理方式、活动方式、思想方式，但其本质是"为在本世纪内把我国建设成为社会主义的现代化强国而进行新的长征"①。十一届三中全会后不久，邓小平针对怀疑、否定社会主义、人民民主专政、中国共产党领导和马列主义、毛泽东思想指导的资产阶级自由化思潮，更加明确地提出了必须坚持这四项基本原则，指出："四项基本原则并不是新的东西，是我们党长期以来所一贯坚持的。粉碎'四人帮'以至三中全会以来，党中央实行的一

---

① 《三中全会以来重要文献选编》（上），人民出版社 1982 年版，第 11、5 页。

系列方针政策，一直是坚持这四项基本原则的。"①后来，他还多次强调："在改革中坚持社会主义方向，这是一个很重要的问题。"②"我们实行改革开放，这是怎样搞社会主义的问题。作为制度来说，没有社会主义这个前提，改革开放就会走向资本主义。"③

尽管我们党在这个问题上从一开始就表明了态度，但斗争并没有因此停止。正如邓小平所说："某些人所谓的改革，应该换个名字，叫作自由化，即资本主义化。他们'改革'的中心是资本主义化。我们讲的改革与他们不同，这个问题还要继续争论的。"④就在这个争论过程中，发生了"过去两个总书记都没有站住"的问题。邓小平对此解释说："并不是选的时候不合格。选的时候没有选错，但后来他们在根本问题上，就是在坚持四项基本原则的问题上犯了错误，栽了跟头。"⑤"两个人都失败了，而且不是在经济上出问题，都是在反对资产阶级自由化的问题上栽跟头。这就不能让了。"⑥可见，在改革究竟以什么为方向的问题上，斗争不仅始终存在，而且还是非常激烈的。

进入新时代，面对"改革开放本身就是方向，无所谓社会主义方向还是资本主义方向""政治体制改革滞后了""现在需要重启改革"等论调，习近平总书记给予了针锋相对的驳斥。他指出："我们的改革开放是有方向、有立场、有原则的。我们当然要高举改革旗帜，但我们的改革是在中国特色社会主义道路上不断前进的改革。"⑦"要牢牢把握改革正确方向，在涉及道路、理论、制度等根本性问题上，在大是大非面前，必须立场坚定、旗帜鲜明。"⑧"世界在发展，社会在进步，不实行改革开放死路一条，搞否定社会主义方向的'改革开放'也是死路一条。在方向

---

① 《邓小平文选》第2卷，人民出版社1994年版，第165页。
② 《邓小平文选》第3卷，人民出版社1993年版，第138页。
③ 《邓小平年谱（1975—1997）》下卷，中央文献出版社2004年版，第1317页。
④ 《邓小平文选》第3卷，人民出版社1993年版，第297页。
⑤ 《邓小平文选》第3卷，人民出版社1993年版，第324页。
⑥ 《邓小平文选》第3卷，人民出版社1993年版，第380页。
⑦ 《习近平关于全面深化改革论述摘编》，中央文献出版社2014年版，第14页。
⑧ 《把握大局审时度势统筹兼顾科学实施　坚定不移朝着全面深化改革目标前进》，《人民日报》2014年1月23日。

问题上，我们头脑必须十分清醒。我们的方向就是不断推动社会主义制度自我完善和发展，而不是对社会主义制度改弦易张。我们要坚持四项基本原则这个立国之本，既以四项基本原则保证改革开放的正确方向，又通过改革开放赋予四项基本原则新的时代内涵。"①

既然改革开放是有方向、有立场、有原则的，既然这个方向、立场、原则是使社会主义制度自我完善和发展，那就意味着什么能改、什么不能改、什么要快改、什么要慢改，都要以是否有利于社会主义制度的自我完善和发展为准。习近平总书记说："怎么改、改什么，有我们的政治原则和底线，要有政治定力。"②"就是不论怎么改革、怎么开放，我们都始终要坚持中国特色社会主义道路、中国特色社会主义理论体系、中国特色社会主义制度，坚持党的十八大提出的夺取中国特色社会主义新胜利的基本要求。"③他还说："不能笼统地说中国改革在某个方面滞后。在某些方面、某个时期，快一点、慢一点是有的，但总体上不存在中国改革哪些方面改了，哪些方面没有改。问题的实质是改什么、不改什么，有些不能改的，再过多长时间也是不改。"④就在2018年庆祝改革开放40周年大会上，他重申必须"牢牢把握改革开放的前进方向。改什么、怎么改必须以是否符合完善和发展中国特色社会主义制度、推进国家治理体系和治理能力现代化的总目标为根本尺度，该改的、能改的我们坚决改，不该改的、不能改的坚决不改"⑤。

在据理批驳那些指责我们不改革的各种言论的同时，习近平总书记还深刻揭露了这些言论背后的目的和照着做的恶果。他表示："我们不断推进改革，是为了推动党和人民事业更好发展，而不是为了迎合某些人的'掌声'，不能把西方的理论、观点生搬硬套在自己身上。"⑥"如果我们用西方资本主义价值体系来剪裁我们的实践，用西方资本主义评价

---

① 《习近平关于全面深化改革论述摘编》，中央文献出版社2014年版，第15页。
② 《习近平关于全面深化改革论述摘编》，中央文献出版社2014年版，第49页。
③ 《习近平关于全面深化改革论述摘编》，中央文献出版社2014年版，第15页。
④ 《习近平关于全面深化改革论述摘编》，中央文献出版社2014年版，第15页。
⑤ 习近平：《在庆祝改革开放40周年大会上的讲话》，《人民日报》2018年12月19日。
⑥ 《习近平关于协调推进"四个全面"战略布局论述摘编》，中央文献出版社2015年版，第69页。

体系来衡量我国发展，符合西方标准就行，不符合西方标准就是落后的陈旧的，就要批判、攻击，那后果不堪设想！最后要么就是跟在人家后面亦步亦趋，要么就是只有挨骂的份。"① 他强调："我们不仅要防止落入'中等收入陷阱'，也要防止落入'西化分化陷阱'。"②

由于党的十八大后，我们党坚持用党的初心校准改革开放的实践，在改革开放有没有方向、以什么为方向的问题上亮明了自己的观点，使那些妄图引诱我们朝资本主义方向改的敌对势力找不到半点可钻的空子，过去一些煞有介事、咄咄逼人的公开叫嚣，不得不偃旗息鼓、转入地下去了。

二、关于经济体制改革要不要坚持社会主义基本经济制度的问题

经济体制改革的初衷是改变不适应生产力发展的生产关系和上层建筑，以提高劳动生产率，而要提高劳动生产率，不能不提高效率。于是，有人在提高效率上做文章，胡说要提高效率就不能强调公有制为主体、发挥政府作用、分配公平，并为此散布了一套所谓"经济人假设""只有私有制才有效率""公有制与市场经济不相容""市场经济是永恒的"等"新自由主义"观点；鼓吹"政府作用越小越好""收入分配差距要进一步拉大""没有几千万人下岗就没有另一部分人享受"等主张。这些观点和主张一度很是时兴，某种程度上甚至影响到改革的理论和措施。自党的十八大以来，我们党也用党的初心对这种偏向进行了校准，调整了过去一些不符合党的初心的改革思路。

（一）改革究竟应当以什么为中心？

认为公有制效率低、收入分配应进一步拉大差距等观点，说穿了是把效率作为了改革的中心，把效率与公平放到了相互对立的位置，给人

---

① 习近平：《在全国党校工作会议上的讲话》，人民出版社2016年版，第9页。
② 《习近平关于全面深化改革论述摘编》，中央文献出版社2014年版，第22页。

一种印象，似乎讲公平就不能讲效率，讲效率就不能讲公平。在这个观点的影响下，有的文件一度也提出"效率优先、兼顾公平"的口号，进而提出教育产业化、医疗产业化等改革举措，成为城乡区域发展和居民收入分配差距不断扩大的一个政策上的原因，致使反映分配差距的基尼系数甚至超过了国际公认的警戒线，使部分低收入群体生活陷入了困境。①

党的十八大之前，我们党对这个问题已经注意到了，并将"效率优先、兼顾公平"的口号逐渐改为"既重视效率也重视公平、把公平放在更加突出的位置""初次分配注重效率、再分配注重公平""初次分配和再分配都要处理好效率和公平的关系、再分配要更加注重公平"。然而，改来改去，始终未能跳出把效率与公平当成一对矛盾的圈子。

进入新时代，党中央不再并提"效率与公平"，而是把处理这对关系置于发展和改革都要"以人民为中心"这一总的指导思想之下。习近平总书记在党的十八大之后不久便提出要把为人民服务的宗旨贯彻到全面深化改革的战略布局中，指出："全面深化改革必须以促进社会公平正义、增进人民福祉为出发点和落脚点。这是坚持我们党全心全意为人民服务根本宗旨的必然要求……如果不能给老百姓带来实实在在的利益，如果不能创造更加公平的社会环境，甚至导致更多不公平，改革就失去意义，也不可能持续。"② 他还说："发展仍然是我们党执政兴国的第一要务，仍然是带有基础性、根本性的工作，但经济发展、物质生活改善并不是全部，人心向背也不仅仅取决于这一点。发展了，还有共同富裕问题。物质丰富了，但发展极不平衡，贫富悬殊很大，社会不公平，两极分化了，能得人心吗？因此，经济总量无论是世界第二还是世界第一，未必就能够巩固住我们的政权。"③

为了端正全面深化改革的出发点和落脚点，习近平总书记提出以下两个原则：

---

① 根据国家统计局公布的数据，我国居民收入基尼系数 20 世纪 80 年代初为 0.3 左右，2003 年为 0.48，2008 年为 0.49，而国际公认的警戒线是 0.4，主要发达国家一般在 0.24 至 0.36 之间。
② 《十八大以来重要文献选编》（上），中央文献出版社 2014 年版，第 552—553 页。
③ 《做焦裕禄式的县委书记》，中央文献出版社 2015 年版，第 35 页。

首先，改革必须给人民群众更多的获得感。他强调：要"把以人民为中心的发展思想体现在经济社会发展各个环节，做到老百姓关心什么、期盼什么，改革就要抓住什么、推进什么，通过改革给人民群众带来更多获得感"①。"在全面深化改革进程中，遇到关系复杂、难以权衡的利益问题，要认真想一想群众实际情况究竟怎样？群众到底在期待什么？群众利益如何保障？群众对我们的改革是否满意？"②

当前，人民群众对于不公平都有哪些反映呢？从习近平总书记的论述可以看出，主要是基本需求中还有许多未能得到满足，主要是收入差距拉大，劳动报酬在初次分配中的比重较低，居民收入在国民收入分配中的比重偏低。他具体列举了许多人民群众对改革最关心最期盼的问题，如食品安不安全、暖气热不热、雾霾能不能少一点、河湖里的水能不能清一点、垃圾焚烧能不能不有损健康、住房能不能租得起或买得起、养老服务顺不顺心，等等。他说："相对于增长速度高一点还是低一点，这些问题更受人民群众关注。如果只实现了增长目标，而解决好人民群众普遍关心的突出问题没有进展，即使到时候我们宣布全面建成了小康社会，人民群众也不会认同。"③

有人说，我国正处于并将长期处于社会主义初级阶段，因此贫富悬殊是不可避免的，不宜过早强调共同富裕。针对这种观点，习近平总书记明确指出：分配优先于发展的说法当然不符合党对社会主义初级阶段的判断，"我们不能做超越阶段的事情，但也不是说在逐步实现共同富裕方面就无所作为，而是要根据现有条件把能做的事情尽量做起来，积小胜为大胜，不断朝着全体人民共同富裕的目标前进"④。他还说："我国社会历来有'不患寡而患不均'的观念。我们要在不断发展的基础上尽量把促进社会公平正义的事情做好，既尽力而为、又量力而行。"⑤"我们

---

① 《改革既要往增添发展新动力方向前进　也要往维护社会公平正义方向前进》，《人民日报》2016年4月19日。
② 《十八大以来重要文献选编》（上），中央文献出版社2014年版，第554页。
③ 《习近平关于社会主义社会建设论述摘编》，中央文献出版社2017年版，第19页。
④ 《十八大以来重要文献选编》（下），中央文献出版社2018年版，第169页。
⑤ 《习近平关于全面深化改革论述摘编》，中央文献出版社2014年版，第97页。

必须坚持发展为了人民、发展依靠人民、发展成果由人民共享，作出更有效的制度安排，使全体人民朝着共同富裕方向稳步前进，绝不能出现'富者累巨万，而贫者食糟糠'的现象。"①他要求进一步调整收入分配格局，完善以税收、社会保障、转移支付等为主要手段的再分配调节机制，解决好收入差距问题，"使发展成果更多更公平惠及全体人民"②。

习近平总书记尤其关心贫困人口的脱贫工作，说这是党的十八大以来他"最关注的工作之一"。从那时起，他每次下基层调研，都要到贫困村贫困户了解情况，并多次主持召开跨省市的脱贫攻坚座谈会。他对地方同志说：要促进公共资源向基层延伸、向农村覆盖、向弱势群体倾斜，多做雪中送炭的事情，做那些现实条件下可以做到的事情，让群众得到看得见、摸得着的实惠。他反复提醒大家："过去有饭吃、有学上、有房住是基本需求，现在人民群众有收入稳步提升、优质医疗服务、教育公平、住房改善、优美环境和清洁空气等更多层次的需求。"③因此，民生工作要跟上形势的发展。

其次，改革必须紧紧抓住和解决损害群众权益的问题。过去一个时期，一些城镇建设中出现不少让老百姓诟病的问题，如大拆大建、争盖高楼，遍地是工地；建设缺乏特色、风格单调、贪大求洋，只为追求干部任期内的视觉效果；漠视历史文化保护，毁坏城市古迹和历史记忆；教育、卫生、文化、体育等基本公共服务不配套，给市民带来极大不便。他指出："这些问题，既与城市建设经验和能力不足有关，也与一些干部急于求成、确定的定位过高、提出的口号太多有关。"④对于住宅越盖越多，价格却越抬越高，不缺住房的人大量买房，而急需的人却一房难求的现象，他明确表示："房子是用来住的，不是用来炒的"⑤，要求今后多盖公租房。他批评一些地方在推进农业转移人口市民化的工作搞所谓"三集中"，逼农民进城、上楼的做法是让农民"被落户""被上楼"。针

---

① 《十八大以来重要文献选编》（中），中央文献出版社2016年版，第827页。
② 《十八大以来重要文献选编》（下），中央文献出版社2018年版，第169页。
③ 《习近平关于社会主义社会建设论述摘编》，中央文献出版社2017年版，第17页。
④ 《十八大以来重要文献选编》（上），中央文献出版社2014年版，第602页。
⑤ 《中央经济工作会议在北京举行》，《人民日报》2016年12月17日。

对一些地方对群众报警求助置之不理、普通群众打不起官司、滥用权力侵犯群众合法权益、执法犯法造成冤假错案等现象，他指出："要把促进社会公平正义、增进人民福祉作为一面镜子，审视我们各方面体制机制和政策规定，哪里有不符合促进社会公平正义的问题，哪里就需要改革；哪个领域哪个环节问题突出，哪个领域哪个环节就是改革的重点。"①

党的十八大后的六年多来，城乡居民收入增速超过了经济增速，中等收入群体持续扩大，贫困线以下人口减少了 8000 万人，贫困发生率从 10.2% 降到 4% 以下。目前，党和政府正实施精准扶贫，并在全力以赴地确保 2020 年基本实现农村全部脱贫。这些都说明，用党的初心校准改革开放实践的行动已经初见成效。

（二）改革究竟还要不要坚持公有制为主体？

20 世纪 50 年代在进行"一化三改"的过程中，由于指导思想出现"左"的偏差，产生要求过急、改变过快、形式过于简单划一等问题，致使全民所有制和集体所有制经济一统天下，一定程度上限制了生产的多样性、灵活性和群众生产、经营的积极性，也影响了城市服务业的发展和就业安排。改革开放后，随着个体、私营、合资经营等多种所有制经济的出现，逐步形成了公有制为主体、多种所有制经济共同发展的社会主义初级阶段基本经济制度。然而，"新自由主义"信奉者们却一边宣扬经济转型"要靠私有化推动"，鼓吹"要以民营经济为主体"，"民营经济也是党的执政基础"等论调；一边攻击、抹黑国有企业，编造所谓国有企业"垄断论""与民争利论"，散布所谓"国进民退"的舆论，制造所谓"冰棍理论"，说什么"国有企业迟早要卖，晚卖不如早卖"，声称"肢解是国有企业改革的最佳方式"，提出"要把国有企业量化到个人"。在这股"新自由主义"思潮影响下，一些国有企业被贱卖给了外国公司，或被民营企业以"白菜价"收购，造成国有即全民资产的严重流失。

进入新时代，习近平总书记面对"新自由主义"思潮的喧嚣，一方面反复强调"两个毫不动摇"，即毫不动摇地巩固和发展公有制经济，毫

---

① 《习近平关于全面深化改革论述摘编》，中央文献出版社 2014 年版，第 98 页。

不动摇地鼓励、支持、引导非公有制经济发展；另一方面，把做强做优做大国有经济纳入以人民为中心、让人民共享改革成果这一总的指导思想之下，强调公有制主体地位和国有经济主导作用，是保证我国各族人民共享发展成果的制度性保证；公有制经济是长期以来在国家发展历程中形成的，是全体人民的宝贵财富；国有企业承担了大量社会责任，是保障人民共同利益的重要力量。他说："许多投资大、收益薄的基础设施和公共服务建设，许多周期长、风险大的基础性研发，许多国防科技工业的重大项目，许多重大自然灾害、突发事件的抗击救援，许多脱贫攻坚、改善民生的项目实施，都是国有企业扛起来的。"[1]针对那些借国有企业改革之名贬低、唱衰国有经济的舆论，他指出，推动国有企业改革绝不是去国有化、去主导化，不是要把它搞小、搞垮、搞没，而是要它强身健体，有效防止国有资产流失。他还揭露各种敌对势力和一些别有用心的人恶意攻击、抹黑国有企业的企图，说："这些人很清楚国有企业对我们党执政、对我国社会主义制度的重要性，想搞乱人心、釜底抽薪。"[2]他批评一些同志对这个问题看不清楚、想不明白，接受一些模糊的、似是而非的甚至错误的观念，说：对这个问题要从政治上看，"决不能认为这只是一个简单的所有制问题，或者只是一个纯粹的经济问题。那就太天真了"！"如果把国有企业搞小了、搞垮了、搞没了，公有制主体地位、国有经济主导作用还怎么坚持？工人阶级领导地位还怎么坚持？共同富裕还怎么实现？我们党的执政基础和执政地位还怎么巩固？中国特色社会主义还怎么坚持和发展？"他告诫我们，对这个问题一定要想清楚，"不能稀里糊涂跟着喊口号，更不能中别人的圈套"[3]。

在要不要坚持公有制为主体的问题上，还有一个如何看待农村土地"确权"的问题。随着农村分工分业发展和大量农民进城务工，相当一部分承包土地的农民不种地了，承包经营权流转的农民家庭越来越多，承包权、经营权两个主体分离，成为我国农村生产关系变化的趋势，对完善农村基本经营制度提出了新的要求。面对这种形势，党中央提出要建

---

[1]《十八大以来重要文献选编》(下)，中央文献出版社2018年版，第392页。
[2]《十八大以来重要文献选编》(下)，中央文献出版社2018年版，第391页。
[3]《十八大以来重要文献选编》(下)，中央文献出版社2018年版，第393页。

立土地承包经营权登记制度,以稳定土地承包关系。这时,一些人又乘机出来鼓吹要"把土地还给农民""要进行第二次土改"。对此,习近平总书记义正词严地指出:"坚持农村基本经营制度,就要坚持农村土地集体所有制。""这是坚持农村基本经营制度的'魂'。农村土地属于农民集体所有,这是农村最大的制度。"①"不管怎么改,不能把农村土地集体所有制改垮了。"②在党中央的鲜明表态下,这股鼓吹农村土地私有化的歪风最终未能得逞。

(三)改革究竟还要不要发挥政府宏观指导作用?

改革开放初期,资源配置由过去的单一计划手段变为计划手段为主、市场手段为辅。计划经济过渡到社会主义市场经济后,市场成为资源配置的基础,而计划和价格、金融、税收等手段被统统纳入宏观调控范畴。这时,经济学界有些人跑出来制造"市场万能论",攻击宏观调控仍然是"计划经济痕迹的残留",提出要搞所谓"大市场、小政府",鼓吹"要少一些集中力量办大事,多一些市场说了算","今后政府只要做好市场服务就行了"等观点。

其实,关于还要不要国家宏观指导、要不要发挥政府作用的问题,早在党的十四大上确定把社会主义市场经济体制作为改革目标时就已明确指出,这一体制是同社会主义基本经济制度结合在一起的,以为搞市场经济可以离开国家宏观指导和调控,可以放任自流、自行其是、随心所欲的观点完全是一种误解。

进入新时代,党中央为了进一步规范市场秩序、发展生产要素市场、统一市场规则、促进市场竞争、转变政府职能、抑制消极腐败现象,把市场在资源配置中起基础性作用的提法改为"起决定性作用"。然而,这并不等于政府在市场经济中的作用就要被削弱。习近平总书记在对市场作用作出这一新的定位之始就指出:"市场起决定性作用,是从总体上讲的,不能盲目绝对讲市场起决定性作用,而是既要使市场在资源配置中

---

① 《十八大以来重要文献选编》(上),中央文献出版社2014年版,第668页。
② 《习近平关于全面深化改革论述摘编》,中央文献出版社2014年版,第66页。

起决定性作用，又要更好发挥政府作用。"①"市场在资源配置中起决定性作用，并不是起全部作用。"②"在市场作用和政府作用的问题上，要讲辩证法、两点论，'看不见的手'和'看得见的手'都要用好，努力形成市场作用和政府作用有机统一、相互补充、相互协调、相互促进的格局。"③他还针对政府对市场要少管甚至不管的主张指出："政府要切实履行好服务职能，这是毫无疑义的，但同时也不要忘了政府管理职能也很重要，也要履行好，只讲服务不讲管理也不行，寓管理于服务之中是讲管理的，管理和服务不能偏废，政府该管的不仅要管，而且要切实管好。"④他把这个问题与要不要坚持社会主义制度联系起来看，说："我国经济发展获得巨大成功的一个关键因素，就是我们既发挥了市场经济的长处，又发挥了社会主义制度的优越性。我们是在中国共产党领导和社会主义制度的大前提下发展市场经济，什么时候都不能忘了'社会主义'这个定语。之所以说是社会主义市场经济，就是要坚持我们的制度优越性，有效防范资本主义市场经济的弊端。"⑤他的这一论述，点明了同样在市场经济条件下的社会主义和资本主义两种政府所起作用的本质区别，也用党的初心校准了在处理市场与政府关系这个改革开放核心问题上出现的各种偏差。

三、关于政治体制改革要不要坚持社会主义基本政治制度的问题

进行经济体制改革，不可避免地会涉及政治和行政领域，要求同时进行政治体制改革。其中，最主要的任务是健全法制和扩大民主，核心在于克服官僚主义和权力过分集中的弊病，目的是进一步巩固和完善社

---

① 《习近平关于社会主义经济建设论述摘编》，中央文献出版社 2017 年版，第 57 页。
② 习近平：《关于〈中共中央关于全面深化改革若干重大问题的决定〉的说明》，《人民日报》2013 年 11 月 16 日。
③ 《正确发挥市场作用和政府作用　推动经济社会持续健康发展》，《人民日报》2014 年 5 月 28 日。
④ 《习近平关于全面深化改革论述摘编》，中央文献出版社 2014 年版，第 54 页。
⑤ 《习近平关于社会主义经济建设论述摘编》，中央文献出版社 2017 年版，第 64 页。

会主义制度。对此，邓小平在1980年题为《党和国家领导制度的改革》这一讲话中已经讲清楚了。后来，他还一再指出，政治体制改革"总的目的是要有利于巩固社会主义制度，有利于巩固党的领导，有利于在党的领导和社会主义制度下发展生产力"[①]。然而，国内外敌对势力却把我们进行政治体制改革当成可乘之机，拼命鼓吹西方的"宪政"和所谓"普世价值"，要我们学习三权鼎立、多党轮流执政的政治模式，并不断煽动在中国搞"街头政治"和"颜色革命"。我们一些同志受民主社会主义或社会民主主义思潮影响，也对"党政分工"等原则在理解上产生了某些偏差，一度提出"党政分开"等似是而非的口号，给实际工作造成了一定混乱，也使不少干部的思想出现困惑。

进入新时代，党中央总结政治体制改革的经验，不再提"党政分开"，也不大再使用"政治体制改革"这个概念，而是更多地提出"加强社会主义民主政治制度建设""推进法治中国建设""强化权力运行制约和监督体制"，并把"完善和发展中国特色社会主义制度，推进国家治理体系和治理能力现代化"作为全面深化改革的总目标；同时，针对国内外敌对势力和党内外极少数人要我们改变中国特色社会主义政治制度、取消和削弱党的领导的主张，强调看待政治制度模式的问题，必须坚持马克思主义阶级立场；推进国家治理体系和治理能力现代化，必须完善和发展中国特色社会主义制度；坚持中国特色社会主义，必须坚持中国共产党领导；实现社会和谐稳定和国家长治久安，必须发挥中国特色社会主义制度的优越性。所有这些，都是在用党的初心校准改革开放实践的体现。

（一）关于马克思主义语义下的政治立场

中国共产党是以马克思主义为指导的政党，因此，无论进行政治体制改革还是建设法治国家，都要首先弄清楚马克思主义是怎样看待政治、法律和国家的。恩格斯说："随着法律的产生，就必然产生出维护法律为

[①] 《邓小平文选》第3卷，人民出版社1993年版，第241页。

职责的机关——公共权力，即国家"①，而"国家无非是一个阶级镇压另一个阶级的机器"②。列宁说："政治就是各阶级之间的斗争，政治就是无产阶级为解放而与世界资产阶级进行斗争的关系。"③据此，习近平总书记指出："看待政治制度模式，必须坚持马克思主义政治立场。马克思主义政治立场，首先就是阶级立场，进行阶级分析。"④

这里稍微回顾一下我们党在新中国成立后关于阶级斗争问题的认识过程。社会主义改造基本完成后，由于历史的惯性，我们一度把已经不属于阶级斗争的问题仍然看作是阶级斗争，并在政治运动中沿用过去进行大规模急风暴雨式群众性斗争的方法和经验，进而把党内不同意见的争论也当作阶级斗争的反映，导致阶级斗争严重扩大化，直至提出"以阶级斗争为纲"的口号。在党的十一届三中全会上，我们党停用了这个不适于社会主义社会的口号，但并没有否认社会主义社会还存在阶级斗争。在改革开放后修订的《中国共产党章程》和《中华人民共和国宪法》都明确表述：剥削阶级作为阶级消灭以后，"由于国内的因素和国际的影响，阶级斗争还在一定范围内长期存在，在某种条件下还有可能激化"⑤。1989 年政治风波后，邓小平针对一些同志以为那"只是单纯的对待群众的问题"的错误看法指出："他们是要颠覆我们的国家，颠覆我们的党，这是问题的实质。不懂得这个根本问题，就是性质不清楚。"⑥他这里所说的"实质""性质"，显然指的也都是阶级斗争。我们有些同志在政治体制改革等政治问题上之所以迷失方向，说到底也是因为没有把这个问题的实质、性质看清楚。邓小平还针对主张放弃人民民主专政的言论指出："马克思说，阶级斗争不是他的发现，他的理论最实质的一条就是无产阶级专政。无产阶级作为一个新兴阶级夺取政权，建立社会主义，本身的力量在一个相当长时期内肯定弱于资本主义，不靠专政就抵

---

① 《马克思恩格斯选集》第 3 卷，人民出版社 2012 年版，第 260 页。
② 《马克思恩格斯选集》第 3 卷，人民出版社 2012 年版，第 55 页。
③ 《列宁选集》第 4 卷，人民出版社 2012 年版，第 308 页。
④ 转引自刘世军：《中国政治学研究新时代的到来》，《文汇报》2014 年 6 月 30 日。
⑤ 《十二大以来重要文献选编》(上)，人民出版社 1986 年版，第 65 页。
⑥ 《邓小平文选》第 3 卷，人民出版社 1993 年版，第 303 页。

制不住资本主义的进攻。坚持社会主义就必须坚持无产阶级专政，我们叫人民民主专政。在四个坚持中，坚持人民民主专政这一条不低于其他三条。"①"运用人民民主专政的力量，巩固人民的政权，是正义的事情，没有什么输理的地方。"②

对于这些道理，我们当然要接受"文化大革命"的教训，不必年年讲、月月讲、天天讲。但是，面对敌对势力的进攻和蛊惑，也绝不能闭口不讲。正如习近平总书记所指出的："我国曾经有过政治挂帅、搞'阶级斗争为纲'的时期，那是错误的。但是，我们也不能说政治就不讲了、少讲了，共产党不讲政治还叫共产党吗？"③党的十八大以来，习近平总书记在纪念现行宪法公布实施30周年大会、在庆祝全国人民代表大会成立60周年大会上，在党的十九大等重要场合，凡讲到国体时，总要强调我国是工人阶级领导的、以工农联盟为基础的人民民主专政的国家。虽然只讲这么一句，但它就像定海神针，起到了稳定大局的作用。可见，讲和不讲，结果大不一样。

（二）关于选择政治制度模式的出发点

党的十八大后，习近平总书记针对有人把改革开放定义为往西方"宪政"和"普世价值"的方向改、否则就说成不改革的错误言论，旗帜鲜明地指出：这是曲解我们的改革开放。他强调，一个国家实行什么样的政治制度，取决于这个国家的国情，要清醒认识到引诱我们接受西方"宪政""普世价值"背后的政治图谋和可能出现的政治恶果，不断坚定中国特色社会主义的制度自信。他说："'橘生淮南则为橘，生于淮北则为枳'。我们需要借鉴国外政治文明有益成果，但绝不能放弃中国政治制度的根本……决不能囫囵吞枣、决不能邯郸学步。照抄照搬他国的政治制度行不通，会水土不服，会画虎不成反类犬，甚至会把国家前途命运

---

① 《邓小平文选》第3卷，人民出版社1993年版，第364—365页。
② 《邓小平文选》第3卷，人民出版社1993年版，第379页。
③ 《习近平总书记重要讲话文章选编》，中央文献出版社、党建读物出版社2016年版，第225页。

葬送掉。"①"在政治制度上,看到别的国家有而我们没有就简单认为有欠缺,要搬过来;或者,看到我们有而别的国家没有就简单认为是多余的,要去除掉。这两种观点都是简单化的、片面的,因而都是不正确的。"②针对西方敌对势力和他们的应声虫极力兜售所谓"普世价值",他一针见血地指出:"他们是挂羊头卖狗肉,目的就是同我们争夺阵地、争夺人心、争夺群众,最终推翻中国共产党领导和社会主义制度。如果听任这些言论大行其道,指鹿为马,三人成虎,势必搞乱党心民心,危及党的领导和社会主义国家的政权安全。"③

习近平总书记非常注意在政治体制改革问题上的动向。他说:"中国是一个大国,决不能在根本性的问题上出现颠覆性错误,一旦出现就无法挽回、无法弥补。"④他指出:一些敌对势力和别有用心的人"把改革定义为往西方政治制度的方向改,否则就是不改革。他们是醉翁之意不在酒,'项庄舞剑,意在沛公'。对此,我们要洞若观火,保持政治坚定性,明确政治定位"⑤。他还联系西方敌对势力煽动一些国家反对本国政治制度的后果,告诫人们:"西方国家策划'颜色革命',往往从所针对的国家的政治制度特别是政党制度开始发难,大造舆论,大肆渲染,把不同于他们的政治制度和政党制度打入另类,煽动民众搞街头政治。"⑥但是,"搞了西方的那套东西就更自由、更民主、更稳定了吗?一些发展中国家照搬西方政治制度和政党制度模式,结果如何呢?很多国家陷入政治动荡、社会动乱,人民流离失所。活生生的例子就在眼前,'往者不可谏,来者犹可追。'我们头脑一定要清醒、一定要坚定"⑦。"在政治制度模式上,我们就是要咬定青山不放松,任尔东西南北风。"⑧

党的十八届三中全会后,有人看到我们提出要推进国家治理体系和

---

① 《十八大以来重要文献选编》(中),中央文献出版社2016年版,第60页。
② 《十八大以来重要文献选编》(中),中央文献出版社2016年版,第59—60页。
③ 《习近平关于社会主义文化建设论述摘编》,中央文献出版社2017年版,第27页。
④ 《习近平关于总体国家安全观论述摘编》,中央文献出版社2018年版,第34页。
⑤ 《习近平关于全面深化改革论述摘编》,中央文献出版社2014年版,第19页。
⑥ 《习近平关于社会主义政治建设论述摘编》,中央文献出版社2017年版,第18页。
⑦ 《习近平关于社会主义政治建设论述摘编》,中央文献出版社2017年版,第19页。
⑧ 《习近平关于社会主义政治建设论述摘编》,中央文献出版社2017年版,第8页。

治理能力现代化，以为时机又来了，胡说"现代化就是要西方化"。习近平总书记敏锐地抓住这个问题，针锋相对地指出："推进国家治理体系和治理能力现代化，绝不是西方化、资本主义化。"① 他说："必须完整理解和把握全面深化改革的总目标，这是两句话组成的一个整体，即完善和发展中国特色社会主义制度、推进国家治理体系和治理能力现代化。这里面有前一句和后一句的关系问题。前一句，规定了根本方向，我们的方向就是中国特色社会主义道路，而不是其他什么道路……只讲第二句，不讲第一句，那是不完整、不全面的。"② 由于及时封堵了可能的漏洞，致使一些人拿这个问题大做文章的企图最终未能得逞。

（三）关于坚持中国共产党领导的理论根据

国内外敌对势力攻击我们的政治制度，经常拿出来说事的是中国共产党的领导。对此，习近平总书记从正面回应说："推进改革的目的是要不断推进我国社会主义制度的自我完善和发展，赋予社会主义新的生机活力。这里面最核心的是坚持和完善党的领导、坚持和完善中国特色社会主义制度，偏离了这一条，那就南辕北辙了。"③ 党的十八届四中全会通过《中共中央关于全面推进依法治国若干重大问题的决定》后，他又着重论述了依法治国与党的领导的关系，指出："党和法治的关系是法制建设的核心问题……党的领导是中国特色社会主义最本质的特征，是社会主义法治最根本的保证。"④ "坚持依宪治国、依宪执政，就包括坚持宪法确定的中国共产党领导地位不动摇，坚持宪法确定的人民民主专政的国体和人民代表大会制度的政体不动摇。"⑤ 为了说明党在中国特色社会主义建设中的核心领导地位，他还借用毛主席说过的"工、农、商、学、兵、政、党这七个方面，党是领导一切的"⑥ 这句话，指出："党政军民

---

① 《习近平关于社会主义政治建设论述摘编》，中央文献出版社2017年版，第8页。
② 《习近平关于全面深化改革论述摘编》，中央文献出版社2014年版，第20—21页。
③ 《习近平关于社会主义政治建设论述摘编》，中央文献出版社2017年版，第25—26页。
④ 《十八大以来重要文献选编》（中），中央文献出版社2016年版，第146页。
⑤ 《习近平关于社会主义政治建设论述摘编》，中央文献出版社2017年版，第32页。
⑥ 《毛泽东文集》第8卷，人民出版社1999年版，第305页。

学，东西南北中，党是领导一切的，是最高的政治领导力量。"①

改革开放后，党的领导成为国内外敌对势力攻击的焦点。他们叫嚣"共产党组织要从政府和军队中剥离出去""军队应当国家化"；还说什么"共产党自己都没有进行政党登记，如何依法治国？"言外之意是我们党没有合法性。对此，习近平总书记指出："一个国家的政治制度决定于这个国家的经济社会基础。"②这句话一下子讲到了问题的根本，使问题回到了唯物史观的基本原理，即上层建筑与经济基础的关系上。

马克思主义认为，一个国家实行什么样的政治制度、政党制度，归根结底由这个国家的经济基础所决定。中国实行共产党领导的多党合作、政治协商的政党制度而不实行多党轮流执政，军队由中国共产党领导而不搞"国家化"，这一切最深刻的根源，就在于公有制为主体、多种所有制经济共同发展是中国的基本经济制度，社会主义全民所有制经济是中国国民经济的主导力量。正是这个经济制度，决定了在中国的人民内部根本利益是一致的，并且不允许任何势力破坏这种利益的根本一致性。所以，建立在这种经济基础之上并为之服务的政治制度，只能是工人阶级领导的以工农联盟为基础的人民民主专政，政党制度也只能是由代表最大多数人民根本利益的中国共产党一党执政。

社会主义国家的人民内部当然也有不同利益的矛盾，但公有制的主体地位决定了这种矛盾是受到限制的。就是说，在中国特色社会主义社会，人民内部的矛盾不允许发展到根本利害冲突的程度，更不允许有与人民根本利益相对立的利益集团存在。因此，人民内部不需要有两个政党相互竞争，更不允许有代表特殊利益集团的政党出来同代表最大多数人民整体利益的共产党之间相互竞争、轮流执政。既然如此，军队当然也必须由而且只能由中国共产党绝对领导，而不能实行所谓的"国家化"。否则，不仅共产党的执政地位会被架空，军队还有可能落入野心家之手，沦为少数利益集团和军阀的工具。那样，人民的根本利益如何得到维护？党和人民的团结统一怎么会不遭到破坏？

---

① 《习近平关于社会主义政治建设论述摘编》，中央文献出版社2017年版，第30页。
② 《十八大以来重要文献选编》（中），中央文献出版社2016年版，第62页。

我们党也有犯错误的时候，党的领导层中也会出腐败分子和形形色色的坏人，但这些都没有也不可能改变我们党是代表人民根本利益的工人阶级政党的性质。改革开放后虽然允许发展私营经济，但我们党规定担任公职的党员领导干部不得经商办企业，也不允许私营企业成为掌握国民经济命脉的垄断财团。这就决定了领导干部中尽管有少数腐败分子，尽管有人与私营企业建立了特殊的利益关系，但都不可能像资本主义国家那样，在政策制定上代表私人资本的利益，向垄断财团倾斜；也决定了我们党制定的政策、出台的决定，无论是否完善，都不可能从私人资本的利益出发。因此，不能因为党内出现了少数腐败分子，就认为党的领导不行了，就要削弱甚至取消党的领导。相反，还要通过进一步加强和完善党的领导，以堵塞管理上的各种漏洞，使防范腐败工作做得更好。

至于有人自作聪明地以所谓"中国共产党至今还没有进行政党登记"为由，否定中国共产党领导的"合法性"，那更是荒唐可笑的。前面已经说过，一个国家有什么样的政治和法律的制度，取决于这个国家的经济基础。社会主义的经济基础既然决定了不搞多党制，当然也就用不着搞什么政党登记的法律。但不搞政党登记，绝不等于实行共产党领导就没有法律依据。我国早在1949年制定的具有临时宪法性质的《中国人民政治协商会议共同纲领》就已规定："中华人民共和国为新民主主义即人民民主主义的国家，实行工人阶级领导的，以工农联盟为基础的、团结各民主阶级和国内各民族的人民民主专政。"这里说的实行工人阶级领导，自然意味着实行工人阶级政党——中国共产党的领导；团结各民主阶级，自然意味着团结各民主阶级的政党——各民主党派和无党派民主人士。所以，无论是中国共产党的执政地位，还是拥护共产党的民主党派和无党派民主人士的参政议政资格，都是新中国成立伊始就得到确认的。1954年至1982年的四部《宪法》序言，更加明确地指出，中华人民共和国是中国共产党领导各族人民经过长期革命斗争后建立的，今后各族人民要继续在共产党领导下进行社会主义建设，各民主党派和各人民团体参加的爱国统一战线要继续在共产党的领导下巩固和发展。可见，实行中国共产党领导是中国人民在长期革命斗争中选择的结果，也是社会主义法律明确规定的，具有无可置疑的合法性。以所谓"没进行政党登记"来否定共产党领导的合法性，只能说明持有这种主张的人是在用资本主义国家的政党制度剪裁社会主义国家制度，是自作聪明，其结果只能是搬起石头砸自己的脚，"聪明"反被"聪明"误。

一些人之所以总认为共产党领导"不民主"，其原因也在于是把西方的政党竞选和一人一票的选举制度当成了"普世价值"，拿来作为衡量我国政治制度是否民主的检验标准。然而，现在就连西方学者中也有越来越多的人看清了那种制度，只不过是以金钱为后盾的利益集团尤其垄断财团愚弄选民的游戏，对于大多数选民来说并没有多少实际意义。社会主义民主当然也要有选举，但那只是民主中的一种形式。在我国，更重要的民主形式，是党的各级领导干部经常性的深入群众走访，下到基层调研，同各行各业的群众座谈，和不同阶层的代表相互协商，以及接待和处理群众来信来访，等等。通过这些形式，使执政党与广大群众保持密切联系，确保听到群众特别是基层群众的声音，从而保证政策和决策能从大多数群众的利益出发，能尽可能符合实际情况。可见，实行中国共产党领导不仅不是什么"一党专制"，相反，是人民当家作主的具体体现，是人民民主的实现形式，是比西方以金钱为主的所谓"民主"不知有效多少倍的真正民主。

（四）关于改革和设计政治制度的原则

政治制度是用来调节政治关系、建立政治秩序、推动国家发展、维护国家稳定的。无论对政治制度改革还是设计，都关乎国家和社会的秩序、发展和稳定。只要看看新时代对这方面实践提出的一系列原则就会发现，其中也体现了用党的初心进行校准的精神。

1. 要处理好维稳与维权的关系

随着改革深入，人们的利益关系必然会越来越多地受到调整，从而带来维稳与维权的关系问题。对此，习近平总书记说："从人民内部和社会一般意义上说，维权是维稳的基础，维稳的实质是维权。人心安定，社会才能稳定。对涉及维权的维稳问题，首先要把群众合理合法的利益诉求解决好。单纯维稳，不解决利益问题，那是本末倒置，最后也难以稳定下来。"①这就是说，对于人民群众为维护自身权益的上访和群体事件，不能简单用维稳的思维方式来处理，而应当用正确处理人民内部矛盾的思想来对待，凡是能解决的问题，应当认真及时负责地解决，一时解决不了的，也要做好充分解释和耐心说服工作。总之，在处理这类问题上，同样不能忘了党的初心，不能使党和人民群众对立起来。

2. 要处理好社会治理中的活力与秩序的关系

习近平总书记说："社会治理是一门科学，管得太死，一潭死水不行；管得太松，波涛汹涌也不行。"②具体到民族与宗教工作，他一方面要求把握好党的民族、宗教政策，最大限度地团结各族群众，积极引导宗教与社会主义社会相适应，发挥好宗教界人士和信教群众在促进经济社会发展中的积极作用，依法保障信教群众正常宗教需求，尊重信教群众的习俗；另一方面要求坚决遏制和打击境内外敌对势力利用民族宗教问题进行的分裂、渗透、破坏活动，全力防范和坚决打击暴力恐怖、民族分裂、宗教极端这三股势力。他明确指出：暴力恐怖活动"既不是民族问题，也不是宗教问题，而是各族人民的共同敌人"，"必须采取坚决果断措施，保持严打高压态势，坚决把暴力恐怖分子嚣张气焰打下去"③。针对黄赌毒现象和黑社会性质的犯罪活动，他指示政法部门"露头就要打，不能让它们形成气候"④。正是在这一思想的指导下，近几年新疆开展的职业技能教育培训工作，一些地区对泛清真化的整顿，最近全国范围开展的打黑除恶专项斗争，都对维护社会稳定、确保人民生命财产安全、增强群众安全感切实起到了有效作用，受到人民群众热烈拥护。

3. 要处理好政治性风险和非政治性风险的关系

所谓政治性风险和非政治性风险的区别，就在于前者涉及政权，带有敌我矛盾性质；而后者不涉及政权，属于人民内部矛盾。习近平总书记指出：当前，各种可以预见和难以预见的风险因素明显增多，"要高度重视并及时阻断不同领域风险的转化通道，避免各领域风险产生交

---

① 《习近平关于总体国家安全观论述摘编》，中央文献出版社2018年版，第134页。
② 《习近平关于总体国家安全观论述摘编》，中央文献出版社2018年版，第134页。
③ 《习近平谈治国理政》第1卷，外文出版社2014年版，第203页。
④ 《习近平关于总体国家安全观论述摘编》，中央文献出版社2018年版，第135页。

叉感染，防止非公共性风险扩大为公共性风险、非政治性风险蔓延为政治风险"①。这一论述也为新时代的政治制度改革和设计，提出了重要原则。

四、关于以正面宣传为主还要不要积极开展意识形态领域斗争的问题

"文化大革命"前夕，由于阶级斗争扩大化的影响，对文艺作品、学术观点和文艺界、学术界的一些代表人物，进行了错误的过火的政治批判；对待知识分子问题、教育科学文化问题，发生了越来越严重的"左"的偏差，最终成为"文化大革命"的导火线。改革开放后，我们党总结了教训，恢复了"百花齐放、百家争鸣"的方针，形成了以正面宣传为主的方针，使学术界、文艺界出现了空前活跃和繁荣的景象。然而，与此同时也出现了一些新问题，归结起来，就是邓小平说的意识形态领域精神污染和资产阶级自由化思潮泛滥。1982年，他在关于思想战线不能搞精神污染的讲话中指出："一些人对党中央提出的文艺为人民服务，为社会主义服务的口号表示淡漠，对文艺的社会主义方向表示淡漠，对党和人民的革命历史和他们为社会主义现代化而奋斗的英雄业绩，缺少加以表现和歌颂的热忱，对社会主义事业中需要解决的问题，很少站在党的积极的革命的立场上提高群众的认识，激发他们的热情，坚定他们的信心。相反，他们却热心于写阴暗的、灰色的、以至胡编乱造、歪曲革命的历史和现实的东西。"②"对于西方各种哲学的、经济学的、社会政治的和文艺学术的思潮，不分析、不鉴别、不批判，而是一窝蜂地盲目推崇。对于西方学术文化的介绍如此混乱，以至连一些在西方国家也认为低级庸俗或有害的书籍、电影、音乐、舞蹈以及录像、录音，这几年也输入不少。"③他还说："理论界和文艺界对一些错误倾向是进行了一些马克思主义的批评的，只是效果不够显著。一则批评本身的质量和分量不

---

① 《增强推进党的政治建设的自觉性和坚定性》，《求是》杂志2019年第14期。
② 《邓小平文选》第3卷，人民出版社1993年版，第42—43页。
③ 《邓小平文选》第3卷，人民出版社1993年版，第44页。

够,二则抵抗批评的气势很盛。批评不多,却常被称为'围攻',被说成是'打棍子'。其实倒是批评者被围攻,而被批评者却往往受到同情和保护。"① 对于这种局面,此后历届党中央虽然一直努力设法扭转,但由于缺乏在开放条件下抵御西方敌对势力渗透和资产阶级影响的经验,加上党内存在少数支持资产阶级自由化的人,因此,上述情况不仅没有根本好转,相反有愈演愈烈之势。

意识形态阵地究竟掌握在什么人手里,与人民的民主权利之间有没有关系?对这个问题,毛泽东1959年曾做过十分精辟的论述。他说:"社会主义民主的问题,首先就是劳动者有没有权利来克服各种敌对势力和它们的影响的问题。像报纸刊物、广播、电影这类东西,掌握在谁手里,由谁来发议论,都是属于权利的问题。人民内部有各个派别,有党派性。一切国家机关、一切部队、一切企业、一切文化教育事业掌握在哪一派手里,对于保证人民的权利问题,关系极大。掌握在马克思列宁主义者手里,绝大多数人民的权利就有保证了;掌握在右倾机会主义分子或者右派分子手里,它们就可能变质,人民的权利就不能保证。"② 可见,意识形态阵地掌握在什么人手里,同样事关人民民主权利能否得到保障的问题,是对我们是否牢记党的初心的一个重要检验。

党的十八大后,习近平总书记以前所未有的力度狠抓意识形态领域工作,接连召开了全国全军的宣传工作、军队政治工作、文艺工作、党校工作、新闻舆论工作、哲学社会科学工作等一系列座谈会,2019年初又召开了学校思想政治理论课教师座谈会,并在所有这些会议上发表重要讲话,还时常就意识形态工作作出重要批示、指示。这些也都充分体现出党中央对改革开放的实践,确实是在用党的初心加以校准。

(一)应当如何认识意识形态的重要性

把习近平总书记有关论述归纳起来,可以看出他在这个问题上主要有四个观点。

---

① 《邓小平文选》第3卷,人民出版社1993年版,第46页。
② 《毛泽东读苏联〈政治经济学教科书〉谈话记录选载》,《党的文献》1992年第5期。

1. 事关政权的安危

习近平总书记指出:"一个政权的瓦解往往是从思想领域开始的,政治动荡、政权更迭可能在一夜之间发生,但思想演化是个长期过程,思想防线被攻破了其他防线就很难守住。"①"古今中外,任何政党要夺权和掌握政权,任何政权要实现长治久安,都必须抓好舆论工作。"②"经济总量无论是世界第二还是世界第一,未必就能够巩固住我们的政权。经济发展了,但精神失落了,那国家能够称为强大吗?"③他表示,我们党能不能打仗、能不能搞建设搞发展,这些问题已经被实践说明了,但能不能在日益复杂的国际国内环境下坚持住党的领导、坚持和发展中国特色社会主义,这个问题还需要一代一代共产党人继续作出回答。"做好意识形态工作,做好宣传思想工作,要放到这个大背景下来认识。"④他强调:"当今世界,意识形态领域看不见硝烟的战争无处不在,政治领域没有枪炮的较量一直未停。"⑤"各种敌对势力绝不会让我们顺顺利利实现中华民族伟大复兴,这就是为什么我们要郑重提醒全党必须准备进行具有许多新的历史特点的伟大斗争的一个原因。这些斗争既包括硬实力的斗争,也包括软实力的较量。"⑥"各种敌对势力一直企图在我国制造'颜色革命',妄图颠覆中国共产党领导和我国社会主义制度。这是我国政权安全面临的现实危险。他们选中的一个突破口就是意识形态领域,企图把人们思想搞乱,然后浑水摸鱼、乱中取胜。"因此,"在意识形态领域斗争上,我们没有任何妥协、退让的余地,必须取得全胜"⑦。

当前,国内外敌对势力利用意识形态对我国政权进行颠覆活动的主要手段有哪些呢?从习近平总书记的论述看,大体也有四个:

一是炒作热点难点问题。西方敌对势力一直把我国发展壮大视为对西方价值观和制度模式的威胁,一刻也没有停止对我国进行意识形态渗

---

① 《十八大以来重要文献选编》(上),中央文献出版社2014年版,第465页。
② 《习近平关于社会主义文化建设论述摘编》,中央文献出版社2017年版,第38页。
③ 《做焦裕禄式的县委书记》,中央文献出版社2015年版,第35页。
④ 《习近平关于社会主义文化建设论述摘编》,中央文献出版社2017年版,第32页。
⑤ 《习近平关于社会主义政治建设论述摘编》,中央文献出版社2017年版,第18页。
⑥ 《习近平关于社会主义文化建设论述摘编》,中央文献出版社2017年版,第208页。
⑦ 《习近平关于社会主义文化建设论述摘编》,中央文献出版社2017年版,第37页。

透,千方百计利用一些热点难点问题进行炒作,挑动党群干群对立情绪,企图把人心搞乱。

二是编造谣言。谎言重复一千遍就会变成真理。各种敌对势力就是想利用这个逻辑,把我们党和国家说得一塌糊涂、一无是处,诱使人们跟着他们的魔笛起舞。

三是散布历史虚无主义。古人说:"灭人之国,必先去其史。"国内外敌对势力往往就是拿中国革命史、新中国历史来做文章,竭尽攻击、丑化、污蔑之能事,根本目的就是要搞乱人心。苏联解体和苏共垮台的一个重要原因,就是全面否定了苏联历史、苏共历史,否定了列宁、斯大林,搞历史虚无主义,把思想搞乱了,乱到各级党组织几乎没任何作用了,军队也不在党的领导之下了。最后,苏联共产党偌大一个党就作鸟兽散了,苏联偌大一个社会主义国家就分崩离析了。

四是利用互联网。互联网已经成为舆论斗争的主战场,西方反华势力一直妄图利用互联网"扳倒中国",声称"有了互联网,对付中国就有了办法""社会主义国家投入西方怀抱,将从互联网开始"。从美国的"棱镜""X 关键得分"等监控计划看,他们的互联网活动能量和规模远远超出了世人想象。在互联网这个战场上,我们能否顶得住、打得赢,直接关系到我国意识形态安全和政权安全。

2. 事关国家和民族的命运

习近平总书记认为,文运同国运相牵,文脉同国脉相连。精神是一个民族赖以长久生存的灵魂,唯有精神上达到一定的高度,这个民族才能在历史的洪流中屹立不倒、奋勇向前。一个抛弃了或者背叛了自己历史文化的民族,不仅不可能发展起来,而且很可能上演一幕幕历史悲剧。一个民族、一个国家如果没有共同的核心价值观,莫衷一是,行无依归,那就无法前进。因此,仅仅把经济发展、生活改善作为国家发展的目标是远远不够的。他结合改革开放中出现的问题指出:"改革开放以来,我国经济发展很快,人民生活水平提高也很快。同时,我国社会正处在思想大活跃、观念大碰撞、文化大交融的时代,出现了不少问题。其中比较突出的一个问题就是一些人价值观缺失,观念没有善恶,行为没有底线,什么违反党纪国法的事情都敢干,什么缺德的勾当都敢做,没有国家观念、集体观念、家庭观念,不讲对错,不问是非,不知美丑,不辨香臭,浑浑噩噩,穷奢极欲。现在社会上出现的种种问题病根都在这里。"他说:"这方面的问题如果得不到有效解决,改革开放和社会主义现代化建设就难以顺利推进。"①

3. 事关马克思主义指导地位的巩固

马克思主义是我们党的指导思想,也是我们国家意识形态中占指导地位的思想。如果忽视或放松意识形态工作,马克思主义的指导地位势必受到削弱。关于这种状况,从习近平总书记的分析中也可以看出来。比如他说:现在"有的认为马克思主义已经过时,中国现在搞的不是马克思主义;有的说马克思主义只是一个意识形态说教,没有学术上的学理性和系统性"。更为严重的是,"在有的领域中马克思主义被边缘化、空泛化、标签化,在一些学科中'失语'、教材中'失踪'、论坛上'失声'"②。为此,他提出"要通过一系列有效的改革措施,切实防止出现一些人担心的高校马克思主义研究教学'被边缘化'的问题"③。他还针对有人散布马克思主义政治经济学过时了、《资本论》过时了的观点,强调指出:"这个说法是武断的。远的不说,就从国际金融危机看,许多西方国家经济持续低迷、两极分化加剧、社会矛盾加深,说明资本主义固有的生产社会化和生产资料私人占有之间的矛盾依然存在,但表现形式、存在特点有所不同。国际金融危机发生后,不少西方学者也在重新研究马克思主义政治经济学、研究《资本论》,借以反思资本主义的弊端。"④

4. 事关国际话语权的争夺

从历史上看,先进的价值观念未必一开始就能占据主导地位,落后的价值观念也不会自动退出历史舞台。由于西方长期掌握着"文化霸权",使当代中国价值观念存在太多被扭曲的解释、被屏蔽的真相、被颠倒的事实。同时要看到,我们的阐释技巧、传播力度也不够,使当代中国价值观念的国际知晓率和认同度都不高,有时处于有理没处说、说

---

① 《习近平关于社会主义文化建设论述摘编》,中央文献出版社2017年版,第8页。
② 《习近平关于社会主义文化建设论述摘编》,中央文献出版社2017年版,第29页。
③ 《习近平关于社会主义文化建设论述摘编》,中央文献出版社2017年版,第100页。
④ 《习近平关于社会主义文化建设论述摘编》,中央文献出版社2017年版,第80—81页。

了也传不开的被动境地。针对这种情况,习近平总书记指出:"我国正处在大发展大变革大调整时期,国际国内的形势深刻变化使我国意识形态领域面临着空前复杂的情况,各种思想文化相互激荡,不同文明交流交融交锋更加频繁,进一步凸显了思想文化力量在综合国力竞争中的战略地位。在这样的情况下,如何提高整合社会思想文化和价值观念的能力,扩大主流价值观念的影响力,掌握价值观念领域的主动权、主导权、话语权,是我们必须解决好的重大课题。"①

正是以上这些观点的阐发,促成了十八大以来我们党对意识形态工作高度重视的局面。

(二)应当如何理解"不问姓资姓社"和"不搞争论"

改革开放以来很长一段时间,只要有人批驳媒体上出现的违反四项基本原则的言论,往往会有人以邓小平讲过"改革不问姓资姓社""不搞争论"为由,出来加以阻止。资产阶级自由化等各种错误思潮之所以一度畅行无阻,甚至有关部门对个别明目张胆、连篇累牍攻击我们党、丑化党的历史的报刊、非企业研究机构长期束手无策,与这种情况有很大关系。其实,只要看看《邓小平文选》就会清楚,他所说的"不问姓资姓社""不搞争论",是针对要不要改革的问题,在改革方向的问题上,他不仅从来没有说过"不问姓资姓社""不搞争论",相反,总是提醒人们"在整个四个现代化的过程中都存在一个反对资产阶级自由化的问题"②,甚至说"反对资产阶级自由化,我讲得最多,而且我最坚持"③,还讲过前文已经引用的那句话,即在改革坚持什么方向的问题上"还要继续争论的"④。他还严厉批评党内一些人对资产阶级自由化斗争不力,指出:"自由化的思想前几年有,现在也有,不仅社会上有,我们共产党内也有。"⑤"我们的宣传工作还存在严重缺点,主要是没有积极主动、理直气

---

① 《习近平关于社会主义文化建设论述摘编》,中央文献出版社2017年版,第107页。
② 《邓小平文选》第3卷,人民出版社1993年版,第208页。
③ 《邓小平文选》第3卷,人民出版社1993年版,第181页。
④ 《邓小平文选》第3卷,人民出版社1993年版,第297页。
⑤ 《邓小平文选》第3卷,人民出版社1993年版,第124页。

壮而又有说服力地宣传四项基本原则，对一些反对四项基本原则的严重错误思想没有进行有力的斗争……尤其严重的是，对于这些不正确的观点、错误的思潮，甚至对于一些明目张胆地反对党的领导、反对社会主义的观点，在报刊上以及党内生活中，都很少有人挺身而出进行严肃的思想斗争。"①可见，所谓在意识形态领域"不问姓资姓社""不搞争论"，完全是别有用心的人强加给邓小平的，是对邓小平理论的严重曲解。

进入新时代，习近平总书记继承发扬我们党在宣传思想战线上一贯倡导的"真理必须旗帜鲜明"的战斗风格，对一段时间以来流行的许多有碍批判错误观点的糊涂观念、暧昧做法，给予了澄清和纠正。他明确指出："坚持正面宣传为主，决不意味着放弃舆论斗争。"②不争论也不是说错误言论不批判，对于这些言论"如果我们不及时加以澄清和纠正，就会以讹传讹，反倒让世人觉得我们输了理似的"。他说："对别有用心的人散布的政治谣言和奇谈怪论，我们的党员、干部耳朵根子不要软，不要听风就是雨。同时，我们不能默不作声，要及时反驳，让正确声音盖过它们。这与韬光养晦或不争论是两码事。"③

对于国内国外、网上网下那些贬低中华文化、否定中华民族历史贡献、否定近代以来中国人民奋斗史，以及歪曲中国共产党历史、中华人民共和国历史、歪曲改革开放历史的言论，他强调必须"有的放矢，正面交锋"④，绝不能用所谓"不争论""不炒热""让说话"当成不作为的借口，放弃舆论斗争。针对宣传思想战线一些同志的各种思想顾虑，他要求"所有宣传思想部门和单位，所有宣传思想战线上的党员、干部，都要旗帜鲜明坚持党性原则……不要躲躲闪闪、含糊其辞"⑤。"要当战士、不当绅士，不做'骑墙派'和'看风派'，不能搞爱惜羽毛那一套。""要履行好自己的神圣职责和光荣使命，以战斗的姿态、战士的担

---

① 《邓小平文选》第 2 卷，人民出版社 1994 年版，第 364—365 页。
② 《习近平关于社会主义文化建设论述摘编》，中央文献出版社 2017 年版，第 27 页。
③ 《习近平关于社会主义文化建设论述摘编》，中央文献出版社 2017 年版，第 209 页。
④ 《习近平关于社会主义文化建设论述摘编》，中央文献出版社 2017 年版，第 34 页。
⑤ 《习近平关于社会主义文化建设论述摘编》，中央文献出版社 2017 年版，第 25 页。

当，积极投身宣传思想领域斗争一线。"[1]他还分析了前一阶段错误思潮扩散的原因，指出：正是一些单位和党政干部在重大意识形态问题上含含糊糊、遮遮掩掩，"助长了错误思潮的扩散"[2]。

习近平总书记不仅对宣传思想工作提出要求，而且以身作则，面对意识形态领域的错误思潮和有害言行带头发声，该批判的批判，该引导的引导，给宣传干部做出了示范，也给全党做出了表率。

例如，针对网络空间充斥虚假、诈骗、攻击、谩骂、恐怖、色情、暴力问题，他斩钉截铁地指出："互联网不是法外之地。利用网络鼓吹推翻国家政权，煽动宗教极端主义，宣扬民族分裂思想，教唆暴力恐怖活动，等等，这样的行为要坚决制止和打击，决不能任其大行其道。利用网络进行欺诈活动，散布色情材料，进行人身攻击，兜售非法物品，等等，这样的言行也要坚决管控，决不能任其大行其道。没有哪个国家会允许这样的行为泛滥开来。"[3]

对于文艺界存在的丑化英雄人物、过度渲染社会阴暗面、一味媚俗、低级趣味、粗制滥造、追求刺激、追逐名利、脱离大众、脱离现实等现象，他也直言不讳，尖锐指出："对中华民族的英雄，要心怀崇敬，浓墨重彩记录英雄、塑造英雄，让英雄在文艺作品中得到传扬，引导人民树立正确的历史观、民族观、国家观、文化观，绝不做亵渎祖先、亵渎经典、亵渎英雄的事情。"[4]"文艺不能在市场经济大潮中迷失方向，不能在为什么人的问题上发生偏差，否则文艺就没有生命力。"[5]"人类文艺发展史表明，急功近利，竭泽而渔，粗制滥造，不仅是对文艺的一种伤害，也是对社会精神生活的一种伤害。低俗不是通俗，欲望不代表希望，单纯感官娱乐不等于精神快乐。文艺要赢得人民认可，花拳绣腿不行，投机取巧不行，沽名钓誉不行，自我炒作不行，'大花轿，人抬人'也不

---

[1] 《习近平关于社会主义文化建设论述摘编》，中央文献出版社2017年版，第45页。
[2] 《习近平关于社会主义文化建设论述摘编》，中央文献出版社2017年版，第35页。
[3] 《习近平关于社会主义文化建设论述摘编》，中央文献出版社2017年版，第50页。
[4] 习近平：《在中国文联十大、中国作协九大开幕式上的讲话》，人民出版社2016年版，第8—9页。
[5] 《十八大以来重要文献选编》(中)，中央文献出版社2016年版，第124页。

行。"①"广大文艺工作者要做真善美的追求者和传播者……不让廉价的笑声、无底线的娱乐、无节操的垃圾淹没我们的生活。"②

作为全党的最高领导人，习近平总书记这些铿锵有力的发声，不啻为各级党委和宣传部门负责人树立的榜样。

（三）应当如何看待党对意识形态工作的领导责任

在意识形态斗争中，各级宣传部门固然处于第一线，但"指挥部"是各级党委，党委主要负责同志尤其应当肩负起第一责任人的担子。在这一问题上，习近平总书记也作了大量论述。归纳起来，主要有以下三个观点：

1. 各级党委必须担负起意识形态工作的政治责任和领导责任

他指出：现在存在对意识形态工作不想抓、不会抓、不敢抓的问题，而"看一个领导干部是否成熟、能否担当重任，一个重要方面就是看他重不重视、善不善于抓宣传思想工作"。他要求党委主要负责同志要带头抓意识形态工作，带头阅看本地区本部门主要媒体的内容，带头把住本地区本部门媒体的导向，带头批评错误观点和错误倾向，选好配强领导班子，对不适合、不适应的坚决做出调整，"确保宣传思想工作领导权牢牢掌握在忠于党和人民的人手里"③。他还强调："对政治性、原则性、导向性问题，必须旗帜鲜明、敢抓敢管，对出现偏差和错误的要严肃批评、严肃处理，对发出正义声音而受到围攻的媒体和新闻舆论工作者要坚决力挺。"④他说："宣传思想阵地，我们不去占领，人家就会去占领。"⑤"在事关坚持还是否定四项基本原则的大是大非和政治原则问题上，我们必须增强主动性、掌握主动性、打好主动仗。"⑥

对于高校的意识形态工作和文化体制的改革，习近平总书记明确要

---

① 《十八大以来重要文献选编》（中），中央文献出版社2016年版，第124页。
② 习近平：《在中国文联十大、中国作协九大开幕式上的讲话》，人民出版社2016年版，第17页。
③ 《习近平关于社会主义文化建设论述摘编》，中央文献出版社2017年版，第33页。
④ 《习近平关于社会主义文化建设论述摘编》，中央文献出版社2017年版，第49—50页。
⑤ 《习近平关于社会主义文化建设论述摘编》，中央文献出版社2017年版，第30页。
⑥ 《习近平关于社会主义文化建设论述摘编》，中央文献出版社2017年版，第27页。

求，高校、院（系）党组织书记、行政负责人要认真落实意识形态工作责任制，做到敢抓敢管、敢于亮剑、守土有责、守土负责、守土尽责。"如果有人以所谓'学术自由'为名诋毁马克思主义、否定马克思主义指导地位，那就应该旗帜鲜明予以抵制。"① 文化体制改革则要把握好意识形态属性和产业属性、社会效益和经济效益的关系，始终坚持社会主义先进文化前进方向，始终把社会效益放在首位。"无论改什么、怎么改，导向不能改，阵地不能丢。"②

2. 党委必须管好意识形态工作主管部门和内部人

习近平总书记指出：现在在一些单位和一些人那里，党的意识淡漠了，党性原则讲得少了。有的对党的政治纪律、宣传纪律置若罔闻，有的专门挑那些党已经明确规定的政治原则来说事，口无遮拦，毫无顾忌，受到敌对势力追捧，不以为耻、反以为荣。他说："党的宣传思想阵地不为党服务，党的宣传工作者不愿意甚至不敢坚持党性原则，岂非咄咄怪事？如果在坚持党性这个根本问题上没有明确观点和立场，那就是政治上不合格，就没有做党的宣传思想工作最起码的资格。"③ "各级党委和宣传思想部门、组织部门、教育部门要加强领导和管理，党报党刊党网、党政干部院校、大专院校要强化政治意识、责任意识，在重大问题上与党中央保持高度一致，绝不允许与中央唱反调，绝不允许吃共产党的饭、砸共产党的锅。"④

针对近些年来少数人把党性与人民性割裂和对立的观点，习近平总书记尖锐指出："党和政府主办的媒体是党和政府的宣传阵地，必须姓党，必须抓在党的手里，必须成为党和人民的喉舌，'党报党刊一定要无条件地宣传党的主张'。无论时代如何发展、媒体格局如何变化，党管媒体的原则和制度不能变。"⑤ 他说："党性和人民性从来都是一致的、统一的。我们党是全心全意为人民服务、代表中国最广大人民根本利益、来自人

---

① 《习近平关于社会主义文化建设论述摘编》，中央文献出版社2017年版，第55页。
② 《习近平关于社会主义文化建设论述摘编》，中央文献出版社2017年版，第185页。
③ 《习近平关于社会主义文化建设论述摘编》，中央文献出版社2017年版，第24—25页。
④ 《习近平关于社会主义文化建设论述摘编》，中央文献出版社2017年版，第36页。
⑤ 《习近平关于社会主义文化建设论述摘编》，中央文献出版社2017年版，第41页。

民为了人民的马克思主义政党。从本质上说，坚持党性就是坚持人民性，坚持人民性就是坚持党性，党性寓于人民性之中，没有脱离人民性的党性，也没有脱离党性的人民性。党性和人民性都是整体性的政治概念，党性是从全党而言的，人民性也是从全体人民而言的，不能简单从某一级党组织、某一部分党员、某一个党员来理解党性，也不能简单地从某一个阶层、某部分群众、某一个具体人来理解人民性。只有站在全党的立场上、站在全体人民的立场上，才能真正把握党性和人民性。把党性和人民性割裂开来、对立起来、搞碎片化，在理论上是错误的，在实践上也是有害的。"① 为了切实防止意识形态阵地成为错误思想观点的传播渠道，他还要求认真落实意识形态工作责任制，把它纳入巡视工作安排，加强对意识形态阵地的管理，落实谁主管谁主办和属地管理，防止给错误思想观点传播提供渠道。

3. 党管媒体必须包括新媒体

有人说，当下中国存在"两个舆论场"，一个是以党报党刊党台、通讯社为主体的传统媒体舆论场，一个是以互联网为基础的新媒体舆论场。还有人说，现在是"资本为王"的"资本媒体""商业媒体"时代，是"人人都有麦克风"的自媒体时代，再提坚持党管媒体没有意义。还有人说，坚持党管媒体，主要是对党和政府主办的重点新闻媒体而言的，对其他媒体并不适用。对于这些错误看法，习近平总书记也给予了批斥。他指出："网络已是当前意识形态斗争的最前沿。掌握网络意识形态主导权，就是守护国家的主权和政权。各级党委和党员干部要把维护网络意识形态安全作为守土尽责的重要使命，充分发挥制度体制优势，坚持管用防并举，方方面面齐动手，坚决打赢网络意识形态斗争，切实维护以政权安全、制度安全为核心的国家政治安全。"② 他要求深入开展网上舆论斗争，严密防范和抑制网上攻击渗透行为，组织力量对错误思想观点进行批驳，依法加强网络社会管理，加强网络新技术新应用的管理，确保互联网可管可控。他说："做这项工作不容易，但再难也要做。天下无难事，

---

① 《习近平关于社会主义文化建设论述摘编》，中央文献出版社 2017 年版，第 23 页。
② 《习近平关于社会主义文化建设论述摘编》，中央文献出版社 2017 年版，第 36 页。

只怕有心人。不要怕别人说什么。网上负面言论少一些,对我国社会发展、社会稳定、人民安居乐业只有好处没有坏处。"①

他还多次告诫大家,过不了互联网这一关,就过不了长期执政这一关。他指出:"党管媒体,不能说只管党直接掌握的媒体。"②"管好用好互联网,是新形势下掌握新闻舆论阵地的关键,重点要解决好谁来管、怎么管的问题。""要把党管媒体的原则贯彻到新媒体领域,所有从事新闻信息服务、具有媒体属性和舆论动员功能的传播平台都要纳入管理范围,所有新闻信息服务和相关业务从业人员都要实行准入管理。有关部门要认真研究,拿出管用的办法。"③

近些年来,通过用党的初心校准改革开放中的意识形态工作,思想宣传战线形势发生了很大变化,不仅报刊对错误思潮、错误观点的批判多了,就连过去长期解决不了的个别"老大难"问题也得到了解决。事实告诉我们,对于错误的东西,就要像毛泽东说得那样,"鬼是怕不得的。越怕鬼就越有鬼,不怕鬼就没有鬼了"④。只要我们旗帜鲜明、态度坚决,加上讲究方法,在党的领导下就没有解决不了的难题。

党的十八大后制定的《中国共产党纪律处分条例》明确规定:"通过网络、广播、电视、报刊、传单、书籍等,或者利用讲座、论坛、报告会、座谈会等方式,公开发表坚持资产阶级自由化立场、反对四项基本原则,反对党的改革开放决策的文章、演说、宣言、声明等的,给予开除党籍处分。"⑤党的十八届六中全会通过的《关于新形势下党内政治生活的若干准则》也强调:"对在大是大非问题上没有立场、没有态度、无动于衷、置身事外,在错误言行面前不抵制、不斗争,明哲保身、当老好人等政治不合格的坚决不用,已在领导岗位的要坚决调整,情节严重的要严肃处理。"⑥这些说明,作为共产党员,今后凡是公开发表与党的路

---

① 《习近平关于社会主义文化建设论述摘编》,中央文献出版社 2017 年版,第 29—30 页。
② 《习近平关于社会主义文化建设论述摘编》,中央文献出版社 2017 年版,第 42 页。
③ 《习近平关于社会主义文化建设论述摘编》,中央文献出版社 2017 年版,第 42—43 页。
④ 《毛泽东文集》第 8 卷,人民出版社 1999 年版,第 51 页。
⑤ 《中国共产党纪律处分条例》,人民出版社 2018 年版,第 19 页。
⑥ 《关于新形势下党内政治生活的若干准则》,人民出版社 2016 年版,第 12 页。

线、方针对立的言论,或者面对错误言论回避斗争的行为,都是对党规党纪的违反,都要受到党纪处分或组织处理。这显然也是用党的初心校准改革开放实践所取得的重大进展。

五、关于否定了"无产阶级专政下继续革命的理论"还要不要继续革命的问题

改革开放以来的历届党中央都十分重视党的建设,在十八大之前的34年里,先后进行过1984年整党,1990年党员登记,1999年"三讲",2004年"党员先进性教育",2008年"科学发展观教育"等四五次整风活动。然而,党风问题不仅一直没有从根本上扭转,相反有愈演愈烈之势,不少地方出现以权谋私、贪污受贿、跑官要官、官商勾结之风,甚至拉票贿选、充当裸官、烧香拜佛、买官卖官,搞得政治生态乌烟瘴气。问题之所以如此严重,一个重要原因就在于我们党摒弃"文化大革命"中宣传的"继续革命"理论后,有些人对于我们党执政后还是不是革命党、还要不要继续革命的问题,在思想上发生了动摇。所以,党的十八大以来,习近平总书记紧紧抓住这个问题,用党的初心校准党建方面的偏差,澄清对革命的各种糊涂观念,明确表示我们党虽然执政了,但还是要继续革命的。

(一)坚持共产主义理想信念就要把革命工作做到底

改革开放后,资产阶级自由化的鼓吹者趁我们党总结"文化大革命"教训之机,抛出"告别革命"的理论,一时甚嚣尘上。受这个理论的影响,有人又抛出我们党应当"由革命党转变为执政党"的主张,一时颇有市场。然而,这个主张是一个伪命题。不错,我们党早已成为执政党,但这并不等于说我们党就不再是革命党了。因为,革命的概念有多种含义,有的指生产力领域的革命,如产业革命、科技革命;有的指社会领域的革命,如一个阶级推翻另一个阶级的统治,组织和建设新的社会经济制度(这是社会主义革命完成后特有的);有的指精神层面的革命,如革命精神、革命干劲,等等。因此,革命不仅仅指一个阶级推翻另一

阶级。我们党现在虽然是执政党，但它不是一般意义的执政党，尤其不是资本主义国家里那种执政党，而是革命的执政党或执政的革命党。我们党执政后，并不意味着革命任务的结束，而是开始了新的革命，这个革命就是在执政条件下保持和群众的密切联系，全心全意为人民服务，带领人民建设社会主义，继续为共产主义事业奋斗。另外，选择走社会主义道路，这本身相对于世界资本主义秩序来说也是革命。习近平总书记反复强调"革命理想高于天"，他说的"革命理想"，指的就是共产主义远大理想和中国特色社会主义共同理想；他说的"高于天"，也是指坚定这一理想对于共产党人来说高于一切。所以，要我们党"由革命党转变为执政党"，要害就在于把"执政"与"革命"相互割裂和对立了。这在理论上完全站不住脚，在实践上也是十分有害的。

　　"无产阶级专政下继续革命"本来是一个正确的概念，但"文化大革命"赋予了它"特定的含义"，这就是"五一六"通知中所说的无产阶级夺取政权后，仍然要进行一个阶级推翻另一个阶级的革命。这种"继续革命"的理论当然是错误的，应当否定，而且在党的十一届三中全会后已经被否定。但否定这种特定含义的"继续革命"，并不意味否定了本来意义的继续革命。党中央在《关于建国以来党的若干历史问题的决议》（以下简称《历史决议》）中，对此曾用很大篇幅做过阐述，指出纠正这一理论的错误，"绝对不是说革命的任务已经完成，不需要坚决继续进行各方面的革命斗争。社会主义不但要消灭一切剥削制度和剥削阶级，而且要大大发展社会生产力，完善和发展社会主义的生产关系和上层建筑，并在这个基础上逐步消灭一切阶级差别，逐步消灭一切主要由于社会生产力发展不足而造成的重大社会差别和社会不平等，直到共产主义的实现。这是人类历史上空前伟大的革命。我们现在为建设社会主义现代化国家而进行的斗争，正是这个伟大革命的一个阶段"①。可见，"文化大革命"中说的"继续革命"理论被否定，不能成为我们党不再是革命党的根据。

　　党的十六大报告中有一段话："我们党历经革命、建设和改革，已经从领导人民为夺取全国政权而奋斗的党，成为领导人民掌握全国政权并

---

① 《三中全会以来重要文献选编》（下），人民出版社1982年版，第844—845页。

长期执政的党；已经从受到外部封锁和实行计划经济条件下领导国家建设的党，成为对外开放和发展社会主义市场经济条件下领导国家建设的党。"①这段话能不能成为党中央已经认同了"由革命党转变为执政党"的根据呢？同样不能。因为，前面引用过的《历史决议》说得很清楚，对于我们党来讲，掌握全国政权，领导国家建设，也是新的历史时期的革命任务。而且，就在党的十六大报告那段话后面紧接着说道：我们党必须准确把握时代特点和党的任务，研究和解决推动中国社会进步和加强党的建设问题，使党的事业不断从胜利走向胜利。如果说党的革命任务已经完成，不再需要革命了，那么，不断由胜利走向胜利的事业又是什么事业呢？另外，党的十六大报告中要求加强"军队革命化建设""培育当代革命军人核心价值观"。既然我们党领导的军队还是革命军队，怎么能说我们党不是革命党了呢？这在逻辑上也讲不通。可见，党的十六大报告中那段话，同样不能成为我们党已"由革命党转变为执政党"的根据。

究竟应当如何看待这个问题？最近出版的《习近平关于"不忘初心、牢记使命"重要论述摘编》一书披露了他在2018年初专门就此讲过的一段话，把这个问题讲得再清楚不过了。他指出："有人说，我们党现在已经从'革命党'转变成了'执政党'。这个说法是不准确的。我们党的正式提法是，我们党历经革命、建设、改革，已经从领导人民为夺取全国政权而奋斗的党，成为领导人民掌握全国政权并长期执政的党；已经从受到外部封锁和实行计划经济条件下领导国家建设的党，成为对外开放和发展社会主义市场经济条件下领导国家建设的党。这里面并没有区分'革命党'和'执政党'，并没有把革命和执政当作两个截然不同的事情……我们党是马克思主义执政党，但同时是马克思主义革命党，要保持过去革命战争时期的那么一股劲、那么一股热情、那么一种拼命精神，把革命工作做到底。"②

我们党究竟是否应当"由革命党转变为执政党"，这个问题的实质在于我们党还要不要以共产主义作为党的最终的奋斗目标。改革开放以来，

---

① 《十六大以来重要文献选编》（上），中央文献出版社2005年版，第9页。
② 《习近平关于"不忘初心、牢记使命"重要论述摘编》，中央文献出版社、党建读物出版社2019年版，第299—300页。

主张我们党不要再以共产主义作为奋斗目标的人，曾提出过各种借口和理由，但绕来绕去，目的就是一个。例如，20世纪80年代初有人打着便于吸引外资的幌子，提出中国共产党最好改个名字，叫人民党或社会党，等等。陈云听到这个议论后就说："共产党的名字表明了他的奋斗目标，改名字怎么能行！延安时期，就有人提过让共产党改名的建议，毛主席说：'什么名字好？国民党的名字最好，可惜人家已经用了。'"[①] 还有人提出，共产主义遥遥无期，今后要不提或少提共产主义，只讲社会主义就行了。陈云听说后也当即表示："这个观点是不对的，应当说，共产主义遥遥有期，社会主义就是共产主义的第一阶段。"仅一字之差，却点出了两种思想的区别所在。

党的十八大后，习近平总书记针对这些议论作出了进一步回应。他指出："国内外各种敌对势力，总是企图让我们党改旗易帜、改名换姓，其要害就是企图让我们丢掉对马克思主义的信仰，丢掉对社会主义、共产主义的信念。而我们有些人甚至党内有的同志却没有看清这里面暗藏的玄机，认为西方'普世价值'经过了几百年，为什么不能认同？西方一些政治话语为什么不能借用？接受了我们也不会有什么大的损失，为什么非要拧着来？有的人奉西方理论、西方话语为金科玉律，不知不觉成了西方资产阶级意识形态的吹鼓手。"[②] 他在2015年纪念陈云同志诞辰110周年座谈会上的讲话中，还特意引用了陈云关于"共产主义遥遥有期"那句话，并且紧接着说："对马克思主义、共产主义的信仰，对社会主义的信念，是共产党人精神上的'钙'。没有理想信念，理想信念不坚定，精神上就会得'软骨病'，就会在风雨面前东摇西摆。"[③] 可见，在我们党要不要坚守共产主义这个最高理想的问题上，习近平总书记和老一辈无产阶级革命家的认识和意志，是同样清醒和坚定的。

为什么共产党人必须坚守共产主义的理想信念？对此，习近平总书记也用党的初心给予了回答。他说："我们党以马克思主义为立党之本，

---

① 朱佳木：《论陈云》，中央文献出版社2010年版，第6页。
② 习近平：《在全国党校工作会议上的讲话》，人民出版社2016年版，第8页。
③ 习近平：《在纪念陈云同志诞辰110周年座谈会上的讲话》，《人民日报》2015年6月13日。

以实现共产主义为最高理想,以全心全意为人民服务为根本宗旨。这就是共产党人的本。没有了这些,就是无本之木。我们整个道路、理论、制度的逻辑关系就在这里。"①"我们依据共产主义和社会主义理想确立了中国特色社会主义道路、理论、制度,这样整个逻辑才成立。如果前提都不要了,就完全变成了实用主义。要回到我们的本源上去认识。"②

既然共产主义距离我们还很遥远,那为什么必须坚守共产主义理想信念呢?对于这个问题,他同样用党的初心给予了回答,他说:"共产主义决不是'土豆烧牛肉'那么简单,不可能唾手可得、一蹴而就,但我们不能因为实现共产主义理想是一个漫长的过程,就认为那是虚无缥缈的海市蜃楼,就不去做一个忠诚的共产党员……最高理想是需要一代又一代人接力奋斗的。如果大家都觉得这是看不见摸不着的东西,没有必要为之奋斗和牺牲,那共产主义就真的永远实现不了了。我们现在坚持和发展中国特色社会主义,就是向着最高理想所进行的实实在在的努力。"③在2015年中央政治局"三严三实"专题民主生活会上,他还就这个问题深刻指出:"我们现在做的是社会主义初级阶段的事情,但不能忘记初衷,不能忘了我们的最高奋斗目标。在这个问题上,不要含糊其辞、语焉不详。含糊其辞、语焉不详是理想信念模糊甚至动摇的一种表现,好像这个东西太遥远,我们也拿不准,所以就不愿提及了。眼前的事情,我们看得到,所以敢提,社会主义初级阶段敢提,'两个一百年'敢提,全面建成小康社会二〇二〇年就能实现了,看得挺准,更敢提。我觉得,作为党章明确规定的内容,作为我们党一贯明确坚持的理念理想,我们要坚定信念,坚信它是科学性的。如果觉得心里不踏实,就去钻研经典著作,《共产党宣言》多看几遍。"④

---

① 《习近平关于协调推进"四个全面"战略布局论述摘编》,中央文献出版社2015年版,第138页。
② 《习近平总书记重要讲话文章选编》,中央文献出版社、党建读物出版社2016年版,第133页。
③ 《习近平谈治国理政》第2卷,外文出版社2017年版,第142—143页。
④ 《习近平总书记重要讲话文章选编》,中央文献出版社、党建读物出版社2016年版,第338页。

（二）从严治党就要保持自我革命的精神

夺取政权后，共产党人之所以必须保留革命精神，除了要用这种精神继续为实现共产主义而奋斗外，还有一个重要原因，就是要用这种精神对待自己，也就是说，要有自我革命的精神。党的十八大以来，党中央提出要全面从严治党，以敢于刀刃向内和刮骨疗毒的勇气向党内顽瘴痼疾开刀；要以抓到底的钉钉子精神，把管党治党的要求落实落细。如果没有自我革命的精神，这些是做不到的。

从习近平总书记的论述看，我们党的自我革命精神主要应当体现在以下三个方面：

1. 从严治党必须严明党的纪律

他指出："我们当前主要挑战还是党的领导弱化和组织涣散、纪律松弛……十八大之前有很多党内的同志和广大人民群众有所担忧，也就是在这里。"[①] 为什么会出现这种局面呢？他认为"一个重要原因是讲'认真'不够"[②]，"执行纪律失之于宽、失之于松、失之于软"[③]。在这个总体判断下，党中央陆续出台了"八项规定"，整治了形式主义、官僚主义、享乐主义和奢靡之风，实现了中央和省级党委巡视全覆盖，坚持反腐败"无禁区、全覆盖、零容忍"，"老虎""苍蝇"一起打，使一大批违法违纪的领导干部纷纷落马，也使群众身边的不正之风和腐败问题得到了不同程度的遏止。这时，有人又提出，对党员、干部的要求是否过严了。对此，他明确答复："现在的主要倾向不是严了，而是失之于宽、失之于软，不存在严过头的问题。"[④]

在纪律问题上失之于宽松软，与一段时间以来对改革开放的错误认识有关，与消极总结"文化大革命"的教训也有关。早在改革开放初期，这类问题就已经存在了。那时，全国曾掀起严厉打击沿海走私等严

---

① 《习近平关于严明党的纪律和规矩论述摘编》，中央文献出版社2016年版，第67页。
② 《十八大以来重要文献选编》（上），中央文献出版社2014年版，第351页。
③ 《习近平关于严明党的纪律和规矩论述摘编》，中央文献出版社2016年版，第123页。
④ 习近平：《在党的群众路线教育实践活动总结大会上的讲话》，人民出版社2014年版，第23页。

重经济犯罪活动的斗争，有人担心这样搞会影响改革开放。陈云听说后讲："怕这怕那，就是不怕亡党亡国。"① 那时，还有人认为党的纪律不利于改革开放，建议在纪律问题上给干部"松绑"。陈云就此批示："党性原则和党的纪律不存在'松绑'的问题。没有好的党风，改革是搞不好的。"② 党的十二大前夕，陈云审阅中央报告稿，特别提议要加一段话，主要意思是提倡是就是是、非就是非的精神。他说：目前在党风乃至整个社会风气中一个很大的问题，就是是非不分。"有些同志在是非面前不敢坚持原则，和稀泥，做老好人，而坚持原则的人受孤立。这种情况，在'文化大革命'以前也有，但现在比那时要严重得多。过去受'左'的指导思想影响，过分强调斗争哲学，不该斗的也斗，动不动就上纲到路线是非。现在又出现了另一种倾向，即怕矛盾，怕斗争，怕得罪人。"③

党的十八大之前，这种是非不分、怕矛盾、怕斗争的情况，比起十二大之前，可以说有过之而无不及。正如习近平总书记所说：对坏人坏事，"有的领导干部不敢抓不敢管，抱着'鸵鸟心态'，唯恐得罪人、丢选票"④。他正义凛然地指出："人民把权力交给我们，我们就必须以身许党许国、报党报国，该做的事就要做，该得罪的人就得得罪。不得罪腐败分子，就必然会辜负党、得罪人民。是怕得罪成百上千的腐败分子，还是怕得罪十三亿人民？不得罪成百上千的腐败分子，就要得罪十三亿人民。这是一笔再明白不过的政治账、人心向背的账！"⑤ 他深刻指出，中央提出抓"四风"问题，实际上是"提出了一个夯实党执政的群众基础的切入点。全党同志一定要从这样的政治高度来认识这个问题，从思想警醒起来，牢记'两个务必'"⑥。显而易见，这些论述都是要我们不忘党的初心，用党的初心校准改革开放条件下的党建工作。

---

① 朱佳木：《论陈云》，中央文献出版社2010年版，第66页。
② 《陈云文选》第3卷，人民出版社1995年版，第375页。
③ 《陈云文选》第3卷，人民出版社1995年版，第274页。
④ 《习近平关于严明党的纪律和规矩论述摘编》，中央文献出版社2016年版，第123页。
⑤ 《习近平关于全面深化改革论述摘编》，中央文献出版社2014年版，第145页。
⑥ 《习近平关于全面深化改革论述摘编》，中央文献出版社2014年版，第126页。

2. 严明纪律最重要的是严明党的政治纪律

过去在很长一段时间里,一些部门认为在干部监督问题上,只要没有腐败问题,其他可以忽略不计;有的干部也认为,只要自己没有腐败问题,其他都不在话下。受这种观念的支配,一些人无视党的政治纪律和政治规矩,任人唯亲,排斥异己,封官许愿,阳奉阴违,野心膨胀,结党营私,目无一切,口无遮拦,有的甚至到了肆无忌惮、胆大妄为的地步。对此,习近平总书记指出:"不能只讲腐败问题,不讲政治问题。干部在政治上出问题,对党的危害不亚于腐败问题,有的甚至比腐败问题更严重。"① "政治纪律是最重要、最根本、最关键的纪律……党的各级纪律检察机关要把维护党的政治纪律放在首位,确保全党在思想上政治上行动上同党中央保持高度一致。"②

为什么要这么重视党的政治纪律呢?他解释说:"一个政党,不严明政治纪律,就会分崩离析。苏联解体前,在所谓'公开性'、'民主化'的口号下,苏共放弃了民主集中制原则,允许党员公开发表与组织决议不同的意见,实行所谓各级党组织自治原则,一些苏共党员甚至领导层成员成了否定苏共历史、否定社会主义的急先锋,成了传播西方意识形态的大喇叭,苏共党内从思想混乱演变到组织混乱。最后,这样一个有着九十多年历史、连续执政七十多年的大党老党就哗啦啦轰然倒塌了。人们曾经提出一个问题,苏共早年在有二十万党员时能够夺取政权,在有二百万党员时能够打败法西斯侵略者,而在有近二千万党员时却丢了政权、丢失了自己,这是为什么?我看,很重要的一个原因是政治纪律被动摇了,谁都可以言所欲言、为所欲为,那还叫什么政党呢?那是乌合之众了。"③

3. 严明纪律首先要从党的各级领导干部严起

改革开放以来,党风问题之所以长期解决不好,一个重要原因是各级领导特别是中央一级领导没有率先垂范。1986年,中央书记处提出北京市的党政军机关要在党风和社会风气根本好转中做表率。陈云知道后,结合当时刮起的一股基层单位给领导人送进口汽车的歪风,在一份文件

---

① 《习近平关于严明党的纪律和规矩论述摘编》,中央文献出版社2016年版,第23页。
② 《十八大以来重要文献选编》(上),中央文献出版社2014年版,第764页。
③ 《十八大以来重要文献选编》(上),中央文献出版社2014年版,第133—134页。

上批示:"我建议,做表率首先从中央政治局、书记处和国务院的各位同志做起。凡是别人(或单位)送的和个人调换的汽车(行政机关配备的不算),不论是谁,一律退回,坐原来配备的车。在这件事上,得罪点人,比不管而让群众在下面骂我们要好。"① 从这个批示也可以看出,解决党风问题的关键在上层,而上层的关键在中央。此后,党中央三番五次告诫全党要保持党的光荣传统和优良作风、防止脱离群众,在每次党的代表大会都重申这个问题,并多次通过中央全会作出关于加强党风廉政建设的决定,但成效都不大。可见,我们这样一个以民主集中制为根本制度的政党,凡事不由中央带头,是很难奏效的。

党的十八大后,党中央汲取以往的经验教训,在解决党风问题上,首先制定和落实了中央政治局关于改进工作作风、密切联系群众的八项规定,明确要求改进调查研究、精简会议活动、精简文件简报、规范出访活动、改进警卫工作、改进新闻报道、严格文稿发表、厉行勤俭节约。习近平总书记指出:"八项规定既不是最高标准,更不是最终目的,只是我们改进作风的第一步,是我们作为共产党人应该做到的基本要求。'善禁者,先禁其身而后人。'各级领导干部要以身作则、率先垂范,说到的就要做到,承诺的就要兑现。"② 正因为整顿党风从中央政治局抓起了,做到了正人先正己,使"四风"问题、贪腐问题得到了迅速而有力的整治,过去一度笼罩在我们党头顶上的乌烟瘴气被一扫而空,党的优良传统和作风得到了较大程度的恢复和发扬,党的形象和威信也有了一定程度的改善和提升。

(三)顺应当今时代发展趋势就要继续做革命者

习近平总书记在新时代不仅反复强调"革命理想高于天",还反复提出"不要忘记我们是革命者"。他之所以一再突出"革命"二字,与他对时代性质的深刻认识有着直接关联。

前一时期,有人提出现在是"和平与发展的时代",言外之意是,现

---

① 《陈云文集》第3卷,中央文献出版社2005年版,第543—544页。
② 《习近平谈治国理政》第1卷,外文出版社2014年版,第387页。

在已不再是资本主义向社会主义过渡的时代,更不是帝国主义与社会主义革命的时代了。这种看法显然是对马克思主义理论的亵渎,也是对党中央精神的篡改。关于时代问题,改革开放后的历届党中央的提法都是讲,和平与发展是当今时代的问题、主题、课题、特征,从来没有说过现在不再是资本主义向社会主义(即共产主义的第一阶段)过渡的时代,也没有说过现在不再是帝国主义和社会主义革命的时代。时代特征与时代性质是两个完全不同的概念,如果说时代性质变了,社会主义还有前途吗?坚持中国特色社会主义还有时代依据吗?

习近平总书记在2017年9月中央政治局集体学习时指出:"尽管我们所处的时代同马克思所处的时代相比发生了巨大而深刻的变化,但从世界社会主义500年的大视野来看,我们依然处在马克思主义所指明的历史时代。"[①]在2018年纪念马克思诞辰200周年的"五四"讲话中,他又指出:"尽管世界社会主义在发展中也会出现曲折,但人类社会发展的总趋势没有改变,也不会改变。"显然,他所说的马克思主义指明的历史时代,只能是马克思、恩格斯指明的资本主义和资本主义向共产主义过渡的时代,以及列宁、毛泽东指明的帝国主义和社会主义革命的时代;他所说的人类社会发展的总趋势,也只能是社会主义取代资本主义的趋势。2013年,他在"一·五"讲话中还说过:"马克思、恩格斯关于资本主义社会基本矛盾的分析没有过时,关于资本主义必然灭亡、社会主义必然胜利的历史唯物主义观点也没有过时。这是历史发展不可逆转的总趋势,但道路是曲折的。"[②]正因为当今仍然处在这样的时代,人类社会发展总趋势仍然没有改变,我们坚持中国特色社会主义、坚定共产主义理想信念才有依据,为社会主义、共产主义奋斗才有前途,强调"革命理想高于天""不要忘记我们是革命者"才有必要。

反复强调"革命理想高于天",是习近平新时代中国特色社会主义思想的一大要义和特色。这一思想对于共产党人挺起自己的精神脊梁,以更加高昂的革命精神面对当前和今后复杂艰巨的国际国内斗争形势,抵

[①] 《习近平谈治国理政》第2卷,外文出版社2017年版,第66页。
[②] 《十八大以来重要文献选编》(上),中央文献出版社2014年版,第117页。

御各种风险和挑战，经受长期执政、市场经济、对外开放的考验，具有特别重要的现实意义和深远意义。

习近平总书记在庆祝中国共产党成立95周年大会上讲："一切向前走，都不能忘记走过的路；走得再远、走到再光辉的未来，也不能忘记走过的过去，不能忘记为什么出发。面向未来，面对挑战，全党同志一定要不忘初心、继续前进。"[①] 以上五个方面，就是新时代用党的初心校准改革开放实践，不忘过去、面向未来、继续前进的具体表现。这种校准工作当然不限于这五个方面，在其他方面，例如在科技创新、军事改革、外交布局等领域也有表现。目前，这一校准工作有的已初见成效，有的还在进行，有的则遇到这样或那样的阻力。但无论前面有多少困难，关键在于用党的初心校准改革开放实践的进程已经开启。只要我们沿着习近平新时代中国特色社会主义思想指明的方向继续前进，一个更能体现党的初心、更受人民群众欢迎的改革开放新天地，一定会呈现在世人面前。

[原载《马克思主义研究》2019年第11期]

---

① 《十八大以来重要文献选编》（下），中央文献出版社2018年版，第345页。

新中国 70 年的变与不变

朱佳木

新中国与近代中国相比,仅仅经过 70 年、大约三代人的时间,便由一个经济落后、四分五裂、战乱频仍、备受欺凌的半殖民地半封建的农业国,一跃成了独立统一、社会稳定、经济总量位居世界第二、具有中期工业化水平和国际舞台上举足轻重地位的社会主义的制造业大国。对于这个变化,现在可以说已经没有多少人怀疑了。但仍然有那么一些人,对于这个变化是否会持续,会朝什么方向变化,抑或中国继续强大后是否会称霸等问题,抱有这样或那样的怀疑。说穿了,无非是怀疑中国会不会"变色",会不会"崩溃",会不会"威胁"别国。产生这些怀疑的原因固然有很多,但有一个原因不能不看到,就是这些人只注意了新中国 70 年来的变化,而对 70 年始终没有变的东西却注意不够,或者注意了却没有在意。然而,上述问题的答案,恰恰就在这变与不变的关系之中。

一

中国共产党作为无产阶级政党,首先是为代表被压迫被剥削的工人阶级和劳苦大众的利益而成立的。但是,由于它身处半殖民地半封建的社会,而这个社会中的资产阶级,一部分与封建势力有着密切的关联性,对帝国主义有着巨大的依附性;另一部分又具有天生的软弱性,所以,争取民族解放和独立的重任，不能不历史地落在了自己肩上。和其他主张中国工业化的政治力量不同，它认为要实现工业化，首先必须打倒挡在工业化道路上的帝国主义、封建势力和官僚买办资产阶级，并且为此领导中国人民进行了28年艰苦卓绝的斗争，直至推翻了这"三座大山"，建立了人民当家作主的新中国。

新中国成立前夕，以毛泽东同志为核心的党的第一代中央领导集体鉴于当时的近代工业仅占国民经济的10%不到，而且财政严重匮乏，人才极其缺少，不具备开展大规模工业化建设的条件，所以，一度决定在新中国建立后，先用一个较长时间实行新民主主义政策，利用民族资本主义的力量，着重发展轻工业和农业，以便积累资金和物质，同时培养工业化所需的技术和管理人才。然而，1950年爆发的朝鲜战争，凸显了优先发展重工业的紧迫性；苏联答应全面援助中国以发展重工业为重点的第一个五年计划建设，又使优先发展重工业具有了现实可能性。于是，党中央改变了原先的设想，决定立即开展大规模工业化基础建设，并提前向社会主义过渡，争取用三到五个五年计划的建设，实现国家的工业化。

在第一个五年计划提前完成后，党中央为加快工业化建设步伐，提出"以钢为纲"和"以粮为纲"的口号，并为此发动了"大跃进"和人民公社化运动，试图走出一条低投入高速度建设社会主义的路子。然而，由于背离了客观经济规律，加之遇上连年自然灾害，结果事与愿违，不仅未能实现预期目标，相反，使国民经济遭受严重困难，从而不得不进行政策和经济结构、重大比例关系的调整，导致第二个五年计划推迟了三年才完成。

在第二个五年计划即将完成之时，周恩来总理又根据毛泽东主席的提议，在三届全国人大一次会议上改变了过去只讲工业化的目标，提出到20世纪末要实现工业、农业、国防和科学技术四个现代化，并且第一步先在1980年以前建成独立的比较完整的工业体系和国民经济体系。随后，我国用了三个五年计划的时间，终于如期实现了四个现代化的第一步目标。

20世纪80年代初，以邓小平同志为核心的党的第二代中央领导集体根据当时国内经济的实际情况，在原有"两步走"战略目标的基础上，又提出了"三步走"战略,即第一步先用10年,使人民生活达到温饱水平;第二步再用10年,到20世纪末使人民生活达到小康水平;第三步再用50年,在21世纪中叶使人均国民生产总值达到中等发达国家水平,基本实现现代化。邓小平说,经济发展分三步走,"这就是我们的战略目标,这就是我们的雄心壮志"[①]。随后,我国用了四个五年计划的建设,果然胜利实现了现代化建设"三步走"战略的第一步和第二步目标,使人民生活总体上达到了小康水平。

21世纪初,党中央鉴于已经达到的小康还是低水平的、不全面的、发展很不平衡的小康,经济、社会还存在不少问题,又提出到21世纪中叶之前,再分两步走,第一步先用20年时间全面建成惠及十几亿人口的更高水平的小康社会,基本实现工业化,并且提出要走出一条信息化带动工业化、工业化促进信息化的新型工业化路子。

党的十八大之后,以习近平同志为核心的党中央鉴于全面建成小康社会的目标在2020年即将实现,又通过综合分析国际国内形势和我国发展条件,在党的十九大上提出,到21世纪中叶前的30年,再分两步走,第一步用15年基本实现现代化,然后再用15年,到21世纪中叶,即新中国成立一百年时,基本实现现代化,把我国建成富强、民主、文明、和谐、美丽的社会主义现代化强国。

毛泽东在1962年说过:在我国,要用"五十年内外到一百年内外,建设起强大的社会主义经济"[②]。从新中国70年的历程可以看出,在国家发展目标的具体提法上,我们虽然有过这样和那样的变化,但是,要用50年到100年左右的时间,在中国实现工业化、现代化这个大目标,却始终没有变过,并且,一代又一代人在围绕着这个大目标而不懈奋斗着。

二

中国共产党是用马克思主义武装、以实现共产主义为最高理想的党,

---

① 《邓小平文选》第3卷,人民出版社1993年版,第251页。
② 《毛泽东文集》第8卷,人民出版社1999年版,第302页。

但由于中国自身的特殊国情，没有采取俄国十月革命那样一种从一开始便直接进行社会主义革命的做法，而是将革命分为了两步，第一步先进行新民主主义革命，然后才进行社会主义革命。但当新民主主义革命胜利后，由于前面已经说过的原因，我们并没有马上就转变到社会主义革命，而是实行了几年的新民主主义政策，直至20世纪50年代初，才开始进行大规模工业化建设，并相应地对资本主义工商业进行社会主义改造。然而，这时我国资金和物资匮乏、人才和经验不足的问题不仅没有解决，相反，与大规模工业化建设之间的矛盾更趋尖锐。为解决这个矛盾，以毛泽东同志为核心的党的第一代中央领导集体运用马克思关于社会主义经济有计划按比例发展的理论，并且借鉴苏联工业化建设的成功经验，选择了能集中使用有限资金、物资、人才的计划经济体制，同时，对粮食、棉花等主要农产品实行了统购统销政策。

生产资料实行单一公有制和经济运行实行高度集中的计划经济体制，对于在较短时间内建成独立、完整的工业体系和国民经济体制，为以后的工业和经济发展打下坚实基础，起到了必要的和历史性的作用。但是，也因此给经济带来管理死板、活力不足、反应迟钝、产品单一的弊病。针对这个问题，党中央曾设想在坚持国家和集体经营、国家计划生产、国家统一市场这三个主体的前提下，允许个体经营、自由生产、自由市场作为三个补充。然而，由于种种原因，这一设想不仅未能实行，相反，在管理上统得比过去更死了。不过，人民公社化运动中以社为核算单位的做法，却逐渐降到了大队，又由大队降到了小队，起到了调动农民积极性的正面作用。

20世纪70年代末，以邓小平同志为核心的党的第二代中央领导集体通过对国际形势和我国生产力水平的冷静分析，认识到当前世界面临的主要问题是和平和发展，我国的社会主义社会也还处于并将长期处于初级阶段，因此，决定抓住机遇，集中精力，加快经济发展，并实行了改革开放总方针，在公有制为主体、国有经济占主导地位的前提下发展个体、私营经济，在坚持农村土地集体所有制的前提下允许农民包产到户和土地承包，在计划经济的框架内增加市场调节部分，在计划中减少指令性、增加指导性，在优先发展重工业的同时加大对轻工业、服务业的投入，在按劳分配为主的原则下允许发放奖金，在坚持自力更生为主的前提下鼓励外商直接投资和举办经济特区、开放沿海城市，等等。

20世纪90年代初，我国随着工农业生产的发展和市场情况的改善，逐步取消了对农副产品和日用轻工业品供应的限制；又随着经济规模和体制改革的不断深入，对外开放的不断扩大，农民工的大量进城，以及企业普遍实行股份制，使资本、产权、技术、劳动力、证券、期货等市场逐渐形成。于是，党中央决定将计划经济体制转变为社会主义市场经济，让市场在国家宏观调控下对资源配置起基础性作用，并且确立了公有制为主体、多种经济成分共同发展的基本经济制度和按劳分配为主体、多种分配形式并存的基本分配制度，允许和鼓励技术、管理、资本等生产要素按贡献参与分配。

党的十八大后，以习近平同志为核心的党中央鉴于世界经济复苏乏力，贸易保护主义、单边主义明显抬头，我国经济中结构性问题和深层次矛盾凸显、经济下行压力持续加大的实际情况，提出并坚持稳中求进的工作总基调，把握引领经济发展新常态，着力推进供给侧结构性改革。鉴于社会主义市场经济体制建立20多年来，生产要素市场的发展仍然滞后，要素闲置和大量有效需求得不到满足并存，部门保护主义和地方保护主义大量存在，市场竞争不充分，阻碍优胜劣汰和结构调整等问题仍然没有解决好，党中央又提出将市场在资源配置中的作用由"基础性"改为"决定性"；同时，强调更好发挥政府作用和社会主义制度集中力量办大事的优越性。鉴于城乡区域发展和收入分配差距依然较大，群众就业、教育、医疗、居住、养老等方面面临不少难题，党中央强调要把为人民服务的宗旨贯彻到全面深化改革的战略布局中，以促进公平正义、增进人民福祉作为改革的出发点和落脚点，通过改革给人民群众带来更多获得感。

1987年，邓小平在会见香港特别行政区基本法起草委员会委员时，针对一些人只关注中国的开放政策变不变的现象指出："中国的政策基本上是两个方面，说不变不是一个方面不变，而是两个方面不变。人们忽略的一个方面，就是坚持四项基本原则，坚持社会主义制度，坚持共产党领导。人们只是说中国的开放政策是不是变了，但从来不提社会主制度是不是变了,这也是不变的嘛!"① 从新中国 70 年的历程可以看出,在经济建设的方针、政策和经济体制、政治体制上,我们确有许多变化,但是,坚持社会主义的基本制度,由社会主义向共产主义前进的大方向,以及一切从实际出发、最大限度地调动人民群众积极性的指导思想,却始终没有变过,并且,一旦出现偏差,总能及时加以纠正。

三

夺取政权以后,如何使人民真正当家作主,使执政党不脱离群众,是以毛泽东同志为核心的党的第一代中央领导集体在全国胜利前夕就开始考虑的问题。为此,新中国建立之初,我们党结合中国国情,借鉴第一个社会主义国家苏联的做法,创立了人民代表大会制度、共产党领导的多党合作和政治协商制度、民族区域自治制度,从而在根本的和基本的政治制度上,以及生产资料的全民所有制和集体所有制等基本经济制度上,保证了社会主义民主的实行和党与人民群众的联系。

为了防止党的干部在党取得全国政权后蜕化变质、以权谋私、当官做老爷,以毛泽东同志为核心的党的第一代中央领导集体大力倡导"两参一改三结合"(即干部参加劳动,工人参加管理,工人群众、领导干部和技术人员三结合),树立领导干部的好榜样焦裕禄等先进典型,还决定高级干部降低工资级别、军队取消军衔制,并接连进行了"三反"(即反贪污、反浪费、反官僚主义)、"四清"(即清政治、清经济、清组织、清思想)等整党整风运动。

此后,为吸取苏联出现赫鲁晓夫修正主义集团背叛共产主义事业的教训,我们党又开展了反修防修斗争,直至 20 世纪 60 年代中期提出"无产阶级专政下继续革命"的理论,发动"文化大革命",让各级领导干部到"群众运动"中经受"锻炼"和"考验",并从工农兵中直接提拔领导干部。这种做法严重混淆了是非和敌我,加之被林彪、"四人帮"反革命集团所利用,使大批被扣上"走资本主义道路的当权派"和"反动

---

① 《邓小平文选》第 3 卷,人民出版社 1993 年版,第 251 页。

学术权威"等帽子的干部、知识分子遭到迫害，使大批造反起家的"三种人"窃取了党和国家各级领导岗位，使社会主义事业蒙受重大损失。

改革开放后，以邓小平同志为核心的党的第二代中央领导集体为克服官僚主义和权力过分集中的问题，不再采用过去那种急风骤雨式的运动方式，而是着重从制度上入手，启动了政治体制改革。同时，针对市场经济和多种所有制经济共同发展、多种分配形式并存的实际情况，规定商品交换的原则不得进入政治领域，担任公职的党员干部不得经商办企业，重申矿藏等自然资源和土地属于国家或集体所有，严格防止私人资本掌握国民经济命脉、干扰国家政策的制定。

为使广大党员和干部经受长期执政、改革开放、市场经济和外部环境的考验，从20世纪80年代初到21世纪头10年的30年间，我们党先后进行了80年代中期的整党和90年代初期、后期的党员重新登记、"三讲"教育，以及21世纪初期的"保持共产党员先进性教育""科学发展观教育"等主题教育活动，开展了打击严重经济犯罪的斗争和反对资产阶级自由化的斗争，并明确提出："执政党的党风问题是有关党的生死存亡的问题""党性原则和党的纪律不存在'松绑'的问题。"①

党的十八大以来，以习近平同志为核心的党中央针对党所面临的脱离群众和消极腐败危险的尖锐性、严峻性，提出并推动全面从严治党，出台中央八项规定，严厉整治形式主义、官僚主义、享乐主义和奢靡之风，改变管党治党宽松软的状况，坚持反腐败无禁区、零容忍，并在全党范围和县处级以上干部中分别开展了党的群众路线教育实践活动和"三严三实"专题教育，目前还在进行"不忘初心、牢记使命"主题教育。同时，逐步健全党和国家的监督体系，实现中央和省级党委巡视全覆盖，反复提醒全党必须保持党同人民群众的血肉联系，增强群众观念、群众感情，不断厚植党执政的群众基础。

习近平总书记指出："我们党来自人民、植根人民、服务人民，党的根基在人民、血脉在人民、力量在人民。失去了人民拥护和支持，党的

---

① 《陈云文选》第3卷，人民出版社1995年版，第273、275页。

事业和工作就无从谈起。"[①] 从新中国 70 年的历程可以看出,在执政党自身建设的具体形式、做法上,确实存在不少变化,但是,坚持全心全意为人民服务的宗旨,坚持人民当家作主、党的领导、依法治国的有机统一,坚持党与人民群众的血肉联系,坚持从严治党的方针,却始终没有变过,并且,注重总结经验与教训,以期在不妨碍经济建设这个中心的前提下,使党的建设不断得到加强。

四

近代中国有着被帝国主义长期侵略的历史,中华人民共和国成立后又长期遭受帝国主义的军事威胁、经济封锁、贸易禁运。这个经历决定了新中国必然奉行独立自主的和平外交政策,必然积极争取世界的进步与和平,必然支持被压迫民族的正义斗争,必然主张和不同社会制度的国家和平共处,必然不惜一切代价捍卫自身的领土完整、主权独立,维护国家的统一和安全。

正因如此,新中国刚一成立即宣布站在当时的社会主义阵营一边;当美国出兵侵占台湾海峡并把战火烧到中朝边境时,虽然我国当时尚处于长期战争之后的经济恢复时期,中美两国在经济军事实力上存在巨大差距,但中国人民志愿军毅然投入抗美援朝战争。

新中国成立之初,以毛泽东同志为核心的党的第一代中央领导集体为粉碎帝国主义制造"西藏独立"的阴谋,作出和平解放西藏的决策,并明确表示西藏现行政治制度可以暂时不变。然而,当西藏上层反动集团于 1959 年发动武装叛乱后,党中央不仅下令坚决迅速彻底地予以平息,而且改变了原有政策,在西藏进行了彻底的民主改革,废除了黑暗的农奴制度。为促进祖国和平统一,以毛泽东同志为核心的党的第一代中央领导集体一方面通过炮击金门,严惩蒋介石集团对大陆的骚扰;另一方面通过特殊管道,向蒋氏父子表示,只要台湾肯回归祖国,除外交

[①]《习近平总书记重要讲话文章选编》,中央文献出版社、党建读物出版社 2016 年版,第 42 页。

统一于中央外，其他均可保持现状，从而为后来的"一国两制"构想提供了最初蓝本。

面对20世纪五六十年代风起云涌的民族民主解放运动和来自帝国主义的战争威胁，以毛泽东同志为核心的党的第一代中央领导集体又根据马克思主义关于时代问题的理论，作出不是战争引起革命、就是革命制止战争的论断，并同亚非拉民族独立、人民革命运动相互鼓舞、相互支持。当美苏两个超级大国为争夺霸权而进行冷战时，毛泽东及时调整外交战略，先后提出"两个中间地带"和"一条线""一大片""三个世界划分"等主张和理论，表示反对任何形式的霸权主义，中国永远不称霸，并借此打开了长期僵持的中美关系，为同资本主义世界开展经济往来铺平了道路；同时，指导我国大力加强"三线"建设和战备措施，避免了可能遭受的核袭击。

20世纪80年代初，邓小平根据国际形势的新变化，改变了前一时期关于战争已迫在眉睫的观点，提出和平和发展是当今时代两个主要问题的论断。同时，我们党把反对霸权主义、维护世界和平、加强同第三世界团结合作，仍然作为新时期的基本外交政策，全方位地发展对外友好关系。1989年政治风波过后，以美国为首的西方国家对我国实施所谓制裁，对此，邓小平尖锐指出："要维护我们独立自主、不信邪、不怕鬼的形象。"[①] 当东欧剧变、苏联解体时，他又提出对国际形势要冷静观察、稳住阵脚、沉着应对、韬光养晦、善于守拙、决不当头的方针，使我国平稳度过了世界大变动、大动荡的历史关头。

而且，我们党领导全国军民进行了捍卫领土完整、维护国家主权和安全的一系列政治斗争和军事斗争，正式提出了"一国两制"的构想，与台湾方面达成了"九二共识"，实现了"三通"，收回了港澳主权，并在两地分别实行了港人治港、澳人治澳、高度自治的方针。我们党还准确把握了大发展、大变革、大调整的时代特点，顺应世界求和平、谋发展、促合作的时代潮流，作出"大国是关键、周边是首要、发展中国家是基础、多边是重要舞台"的总体外交布局，先后与有关国家一起启动

---

① 《邓小平文选》第3卷，人民出版社1993年版，第320页。

了中国—东盟自贸区，组成上海合作组织、金砖国家组织、亚太经合组织，建立中非定期协商机制和合作平台，加入世界贸易组织和二十国集团，推动建设和谐世界。

党的十八大后，以习近平同志为核心的党中央坚持和平与发展仍然是时代主题的判断，同时指出，世界面临的不稳定性不确定性正日益突出，强调当今依然处在马克思主义所指明的历史时代，资本主义必然消亡、社会主义必然胜利是社会历史发展不可逆转的总趋势，要求干部深刻认识资本主义社会的自我调节能力和西方发达国家在经济科技军事方面占据优势的客观现实，认真做好两种社会制度长期合作和斗争的各方面准备。在对时代性质和特征保持清醒认识的前提下，习近平总书记鲜明提出构建人类命运共同体的理念，在积极参与已有国际对话和合作平台的基础上，倡议和促进"一带一路"建设；明确表示中国既不认同"国强必霸"的陈旧逻辑，也不会吞下损害自身利益的苦果，推动国际秩序和经济全球化朝更加公平、合理及合作、共赢的方向发展，全面推进中国特色大国外交，形成全方位、多层次、立体化的外交布局，使中国越来越多地成为国际组织、国际会议、国际行动的发起者、倡导者、组织者，国际影响力、感召力、塑造力不断提升，从而日益走近世界舞台的中央。

面对中国特色社会主义新时代的新形势，以习近平同志为核心的党中央创造性地提出了新时代的总体国家安全观，把安全问题由国际、治安等传统领域，延伸到政治、经济、文化、社会、科技、网络、生态、资源、太空、深海、极地、生物及海外利益等领域，鲜明地提出对意识形态领域的斗争必须敢抓敢管、敢于亮剑，必须防范和打击各种敌对势力的渗透、颠覆、破坏活动，正确把握好党的民族和宗教政策，对暴力恐怖、民族分裂、宗教极端势力绝不能手软，从而进一步维护了国家的统一和安全，也使人民群众的生命财产得到了进一步保障。

习近平总书记强调："中国决不会以牺牲别国利益为代价来发展自己，也决不放弃自己的正当利益。""必须全面准确贯彻'一国两制'、'港人治港'、'澳人治澳'、高度自治的方针。""发展壮大爱国爱港爱澳力量，增强香港澳门同胞的国家意识和爱国精神。""一个中国原则是两岸关系的政治基础。""我们有坚定的意志、充分的信心、足够的能力挫败任何形式的'台独'分裂图谋。"① 从新中国70年的历程可以看出，在国际问题、对外关系和维护祖国统一、领土完整的具体提法、做法上，我们也有不少变化，但是，顺应时代发展趋势、争取和维护世界和平、捍卫自身核心利益、永远不称霸的决心，却始终没有变过，并且，随着形势的不断发展而日益坚定。

当前，新中国仍然在日新月异地向前发展，未来的变化会更多更大。但只要了解了过去的变与不变，对新中国在70年里为什么会有如此大的变化，这种变化能否持续，中国今后会不会"变色"，会不会"崩溃"，会不会"威胁"别国等问题，也就不言自明了。

习近平总书记在庆祝中华人民共和国成立70周年大会的讲话中指出，70年前新中国的成立，"彻底改变了近代以后100多年中国积贫积弱、受人欺凌的悲惨命运，中华民族走上了实现伟大复兴的壮阔道路。70年来，全国各族人民同心同德、艰苦奋斗，取得了令世界刮目相看的伟大成就"②。今后的前进征途上，我们将会继续"坚持中国共产党领导，坚持人民主体地位，坚持中国特色社会主义道路，全面贯彻执行党的基本理论、基本路线、基本方略，不断满足人民对美好生活的向往，不断创造新的历史伟业"。他还说："中国的昨天已经写在人类的史册上，中国的今天正在亿万人民手中创造，中国的明天必将更加美好。"③ 这一对新中国的过去、今天、未来的扼要概述，无疑是关于新中国变与不变问题的最权威最有力的回答。

[原载《井冈山干部学院学报》2020年第1期]

---

① 习近平：《决胜全面建成小康社会　夺取新时代中国特色社会主义伟大胜利——在中国共产党第十九次全国代表大会上的报告》，《人民日报》2017年10月28日。
② 习近平：《在庆祝中华人民共和国成立70周年大会上的讲话》，《人民日报》2019年10月2日。
③ 习近平：《在庆祝中华人民共和国成立70周年大会上的讲话》，《人民日报》2019年10月2日。

坚持党的思想路线是坚持党的基本路线的根本

邱 霞

党的十八届六中全会强调,全党必须把坚持党的思想路线贯穿于执行党的基本路线全过程。这一论断揭示了坚持党的思想路线对于坚持党的基本路线的重要性,只有始终坚持党的思想路线,才能在改革实践中坚持党的基本路线,坚持党的思想路线是坚持党的基本路线的根本。这对于我们在新形势下毫不动摇地坚持党的基本路线,具有重要的理论价值和指导意义。

一

一切从实际出发,理论联系实际,实事求是,在实践中检验真理和发展真理,是我们党在长期的革命和建设实践中确立的思想路线,是我们党认识、分析和处理问题所遵循的最根本的指导原则和思想基础。领导和团结全国各族人民,以经济建设为中心,坚持四项基本原则,坚持改革开放,自力更生,艰苦创业,为把我国建设成为富强民主文明和谐的社会主义现代化国家而奋斗,是我们党在社会主义初级阶段的基本路线,是党和国家的生命线、人民的幸福线。回顾党的基本路线形成以来30年的历程,其确立和贯彻执行都离不开坚持党的实事求是的思想路线。

中华人民共和国成立初期，社会主义改造完成以后，党的八大制定了关于社会主义建设的正确路线、方针、政策。但是后来由于实事求是的思想路线没有坚持下来，在社会主义建设的实践中走了一条超越阶段、脱离实际的发展道路，对社会主义建设的探索一度遭遇曲折、出现失误。党的十一届三中全会以后，我们党开始全面拨乱反正。思想路线的拨乱反正是各方面拨乱反正的前提和先导，随着"实践是检验真理的唯一标准"在全党达成共识，实事求是的思想路线在全党重新确立。正是在正确的思想路线指导下，我们党能够坚持真理、修正错误，果断地把党和国家的工作重心转移到经济建设上来；也正是在正确的思想路线指导下，我们党对基本国情的认识不断深化，逐渐明确了我国处于并将长期处于社会主义初级阶段，并制定了党在社会主义初级阶段的基本路线。在贯彻执行党的基本路线的过程中，由于始终自觉地坚持了正确的思想路线，解放思想、实事求是、与时俱进、求真务实，我们党因此能够破除一切干扰，既反对各种否定马克思主义的错误倾向，又摒弃对马克思主义教条式的理解；既坚决抵制抛弃社会主义的各种错误主张，又自觉纠正超越阶段的错误观点和政策措施，从而能够坚持以经济建设为中心，坚持四项基本原则，坚持改革开放，走出一条中国特色社会主义的道路，取得了举世瞩目的伟大成就。

二

经过近 40 年的改革发展，我国的经济社会面貌发生了历史性的变化，出现了许多新情况，显示出一系列新的阶段性特征，但是，我们处于社会主义初级阶段的基本国情没有变。如何在新的复杂形势下，继续坚定不移地贯彻执行党的基本路线？从根本上说，仍然离不开坚持党的思想路线。

一方面，我国的基本国情没有变，这是当代中国最大的实际。我国是在一个很低的起点上进行社会主义实践的，在很多方面都需要一个长期的"补课"过程。改革开放以来，我国经济社会的发展进入一个快车道，经过近 40 年的不懈努力，我国的综合国力大幅提升，人民生活水平不断提高，国际影响力也越来越大。但我们也要看到，我国的生产力水平还不高，自主创新能力还不强，区域发展还不平衡，结构性矛盾依然突出；影响发展的体制机制障碍依旧存在；政治体制改革仍需要进一步完善，文化、社会、生态文明建设仍然面临着诸多新课题，一些固有的矛盾和问题仍然存在。正如习近平总书记所指出的，我国仍处于并将长期处于社会主义初级阶段的基本国情没有变，人民日益增长的物质文化需要同落后的社会生产之间的矛盾这一社会主要矛盾没有变，我国是世界上最大发展中国家的国际地位没有变。这是我们谋划发展的基本依据。

另一方面，我国经济社会的发展又站在新的历史起点上，这也是一个实际。这个新起点，正如习近平总书记在2016年杭州G20峰会上深刻阐释的，是中国全面深化改革、增加经济社会发展新动力的新起点，是中国适应经济发展的新常态、转变经济发展方式的新起点，是中国同世界深度互动、向世界深度开放的新起点。必须重视我国经济社会发展在新的历史阶段表现出来的新特点，准确把握我国不同发展阶段的新变化新特点，使主观世界更好符合客观实际，按照实际决定工作方针，任何落后于实际、无视深刻变化着的客观现实，因循守旧、故步自封的做法都要坚决纠正。

只有始终坚持党的思想路线，才能全面深刻地认清当前我国国情这两个基本实际。既要看到社会基本矛盾的相对稳定性，认清社会主义初级阶段的长期性；又要看到具体发展时期的阶段性特征，认清社会主义初级阶段内涵的丰富性。两个方面都不能偏颇，更不能刻意回避，这样才能在现阶段始终如一地全面理解和正确贯彻党的基本路线。习近平总书记强调，既要看到社会主义初级阶段基本国情没有变，也要看到我国经济社会发展每个阶段呈现出来的新特点。任何脱离实际、超越阶段，急于求成、急躁冒进的倾向都要努力避免。但是，我们也不能无所作为，而是要立足实际，解放思想，实事求是，与时俱进，求真务实，更好地发挥主观能动性，创造性地推动中国特色社会主义事业的发展。

三

党在社会主义初级阶段的基本路线是关系党和国家发展全局的大原

则，直接影响着中国特色社会主义发展的基本方向和战略选择。习近平总书记多次强调，党的基本路线是国家的生命线、人民的幸福线，我们要坚持把以经济建设为中心作为兴国之要、把四项基本原则作为立国之本、把改革开放作为强国之路，不能有丝毫动摇。但是在实际贯彻执行的过程中，仍然存在着一些违背、歪曲、否定党的基本路线的错误言行。有的人认为中国已经是世界第二大经济体了，可以不再以经济建设为中心了；有的人主张马克思主义已经不灵光了，四项基本原则应该改一改了；有的人把近年来改革发展中出现的一些问题和矛盾归咎于改革开放，不是认为改革偏离了社会主义方向，就是认为改革不彻底，甚至认为只有突破公有制为主体的社会主义基本经济制度才算是改革到位；还有些人主张从根本上否定党的领导，否定社会主义制度，否定中国特色社会主义。这些错误的言行之所以存在，从思想根源上看，就是由于没有坚持一切从实际出发，背离了党的实事求是的思想路线。如何在实践中把坚持党的思想路线贯穿于执行党的基本路线的全过程？这就需要我们在实际工作中着重把握好以下四个方面。

（一）深入学习贯彻习近平总书记系列重要讲话精神

习近平总书记系列重要讲话，集中了全党和全国人民的智慧，深刻回答了新的历史条件下党和国家发展的一系列重大理论和现实问题，深化了对共产党执政规律、社会主义建设规律、人类社会发展规律的认识，提出了许多富有创见的治国理政新理念新思想新战略，为我们党在新的历史起点上实现新的奋斗目标提供了基本遵循。习近平总书记系列重要讲话精神，最根本的一点，就是坚持实事求是的思想路线。实事求是是马克思主义的根本观点，是中国共产党人认识世界、改造世界的根本要求，是我们党的基本思想方法、工作方法和领导方法。实践反复证明，坚持实事求是，就能兴党兴国；违背实事求是，就会误党误国。习近平总书记强调，坚持实事求是，最基础的就是了解实际、掌握实际，而了解实际、掌握实际，最重要的是要清醒认识和准确把握我国社会主义初级阶段的基本国情。深入学习贯彻习近平总书记系列重要讲话精神，特别是关于党的思想路线、关于社会主义初级阶段的基本国情、关于社会主义初级阶段的基本路线以及贯穿其中的马克思主义的辩证唯物主义和历史唯物主义的立场、观点和方法，是在实践中把坚持党的思想路线贯穿于执行党的基本路线全过程的首要问题。

（二）始终坚持一切为了群众、一切依靠群众，从群众中来、到群众中去的群众路线

群众路线是党的根本工作路线，它与党的思想路线相辅相成，具有统一不可分割的关系，两者在本质要求上是完全一致的。只有坚持了党的群众路线，才能真正做到坚持党的思想路线。群众路线是党的思想路线的认识基础和实践基础。正如习近平总书记指出的，人民群众是历史的真正创造者，人民的伟大实践是认识的真正源泉。只有切实尊重人民的首创精神，倾听人民的呼声，反映人民的意愿，及时发现、总结、概括人民创造的新鲜经验，才能获得正确反映客观规律的真理性认识，才能制定出符合客观规律的科学决策。也只有把从群众中得来的意见、办法，再拿回群众中去实践和验证，才能使之为群众所掌握，成为人民改造世界的思想武器。群众的实践是最丰富最生动的实践，群众中蕴藏着巨大的智慧和力量；要解决矛盾和问题，就要深入基层，深入群众，拜群众为师，深入调查研究；坚持一切从人民利益出发，使各项决策和各方面工作符合实际情况、符合客观规律、符合人民意愿。始终坚持党的群众路线，是在实践中把坚持党的思想路线贯穿于执行党的基本路线全过程的根本问题。

（三）遵守新形势下党内政治生活的若干准则，开展严肃认真的党内政治生活，注重发挥党内政治生活的重要作用

《关于新形势下党内政治生活的若干准则》（以下简称《准则》）强调，办好中国的事情，关键在党，关键在党要管党、从严治党。党要管党必须从党内政治生活管起，从严治党必须从党内政治生活严起。开展严肃认真的党内政治生活，对于党的自身建设以及党在各个历史时期中心任务的完成有着重要的作用。历史实践已经证明，一旦党内政治生活出现问题，党的团结和集中统一就会遭受严重破坏，党内政治生态和党

的形象就会受到严重损害，党和人民的事业发展就会受到严重影响。党内政治生活基本规范的第一条就是实事求是，党员、干部特别是高级干部要带头做到实事求是。实事求是就一条，那就是认清我们处于并将长期处于社会主义初级阶段这个最大的实际，坚决捍卫党的基本路线。《准则》提出，考察识别干部特别是高级干部必须首先看其是否坚定不移地贯彻党的基本路线。那些在大是大非问题上缺乏立场、对错误言行不抵制不斗争，明哲保身、当老好人的党员干部，在政治上是不合格的，在实际工作中危害极大。这样的党员干部坚决不用，已在领导岗位的要坚决调整，情节严重的要严肃处理。严肃党内政治生活，发挥党内政治生活的重要作用，是在实践中把坚持党的思想路线贯穿于执行党的基本路线全过程的关键问题。

（四）聆听时代的声音，回应时代的呼唤，不断推进理论创新

理论创新是我们党的优良传统。我们党在不断发展变化着的革命、建设和改革的实践中，始终坚持党的思想路线，不断推动马克思主义基本原理与中国具体实际相结合，不断进行着理论创新，而理论创新又反过来不断推动着各项实践的发展。当前，我国的基本国情没有变，同时我们又处在新的历史起点上。全面理解和正确贯彻执行党的基本路线，实现"两个一百年"的奋斗目标、实现中华民族伟大复兴的中国梦，统筹推进"五位一体"总体布局和协调推进"四个全面"战略布局，有效应对前进道路上可以预见和难以预见的各种困难和风险，都迫切需要科学理论的回应和指导。习近平总书记指出，理论上不彻底，就难以服人。要使党和人民的事业不停顿，首先理论上不能停顿。时代变化和我国发展的广度、深度远远超出了马克思主义经典作家当时的想象，而我国的社会主义只有几十年实践，还处在初级阶段。事业越发展新情况新问题就越多，也就越需要我们在实践上大胆探索、在理论上不断突破。我们必须坚持解放思想、实事求是、与时俱进，不断研究新情况、总结新经验、解决新问题，在实践中实现理论创新，实现马克思主义中国化的新发展。只有聆听时代的声音，回应时代的呼唤，认真研究解决重

大而紧迫的问题,才能真正把握住历史脉络、找到发展规律,推动理论创新。立足中国实际,坚持理论创新,不断推进马克思主义中国化,是在实践中把坚持党的思想路线贯穿于执行党的基本路线全过程的核心问题。

[原载《红旗文稿》2017年第14期]

全面看待我国社会主要矛盾的变化

邱 霞

习近平总书记在党的十九大报告中对当前我国社会主要矛盾做了新的表述，明确提出"中国特色社会主义进入新时代，我国社会主要矛盾已经转化为人民日益增长的美好生活需要和不平衡不充分的发展之间的矛盾"。这一重大论断，符合改革开放40年来我国已经变化了的客观社会实际，是解放思想、实事求是、与时俱进、求真务实的科学理论判断，是中国特色社会主义进入新时代的重要标志。

一、客观社会实际的变化决定了社会主要矛盾的变化

1981年，党的十一届六中全会通过《关于建国以来党的若干历史问题的决议》，将我国社会主要矛盾概括为"人民日益增长的物质文化需要同落后的社会生产之间的矛盾"。这一表述是根据当时阶段我国经济社会发展水平不高、社会生产力相对落后的客观社会实际作出的。此后，从党的十二大到党的十八大，我们长期沿用了这一表述。围绕解决这对主要矛盾，我们坚持不懈进行了全方位的改革开放。到2017年，改革开放已近40年，我国经济社会已经发生了翻天覆地的变化。党的十九大报告对我国社会主要矛盾表述的变化，客观地反映了现阶段我国社会需求和社会生产两方面的实际变化。

从社会生产一侧讲，经过近40年的改革开放，我国经济社会高速发

展,经济总量稳居世界第二;民生和高端科技领域重大成果不断问世,领衔全球;十几亿人的温饱问题已经解决,总体上实现小康,不久将全面建成小康社会。当前再用"落后"一词,已经不能准确反映中国的社会生产状况了。从社会需求一侧讲,随着生活水平的不断提高,人民群众的需要不再仅仅是物质文化方面的,而是日益广泛的、多层次的、复杂化的。人们对物质文化生活提出更高要求的同时,对民主、法治、公平、正义、安全、环境等方面的要求也日益增长。人民希望得到更好的教育、更优质的医疗卫生服务、更稳定的工作、更可靠的社保、更舒适的居住条件以及人文社会和自然环境,等等,这些要求概括起来就是人民群众对美好生活的向往。

客观社会实际的变化决定了社会主要矛盾的变化,沿用了近40年的关于我国社会主要矛盾的旧表述已经不适合当前我国社会变化了的新情况。当前,与人民日益增长的美好生活需要相对应,发展的不平衡不充分成为主要的问题。党的十九大报告对社会主要矛盾的新表述更加符合现阶段我国社会发展的客观实际,反映了我们党勇于理论创新的优秀品格。

二、社会主要矛盾的变化并不必然决定社会主义社会发展阶段的变化

一直以来,人们习惯地认为,社会主要矛盾是社会主义社会发展阶段的决定性因素。实际上,这种认识是不全面的。社会主要矛盾并不是决定社会主义社会发展阶段的唯一因素。并不是社会主要矛盾变化了,社会主义社会所处的发展阶段就一定会变化,前者并不必然决定后者。社会主义社会发展阶段的变化取决于多重因素的共同作用,包括社会生产力的状况、生产关系的状况、分配关系的状况、劳动环境的状况以及人的自由而全面发展的状况,等等。判断我国社会主义所处的历史阶段,需要全局的眼光,要全面考虑经济、政治、文化、社会、生态文明和党的建设等各方面因素。

目前,综合考察上述各方面因素,都尚未发生跨阶段性的质的变化。

一些固有的矛盾和问题仍然存在：生产效率还不高，自主创新能力还不强，服务行业还有不少短板，区域发展、城乡发展还不平衡，结构性矛盾依然突出；影响发展的体制机制障碍依旧存在；与发达国家相比，生产能力总体上还处于中等水平；政治体制改革仍需要推进，文化、社会、生态文明建设以及党的建设等仍然面临着诸多新课题。以经济领域的"产能过剩"现象为例，其实我国并不是真正的产能过剩，而是一种"结构性产能过剩"。当前我们的很多企业还只能从事某些低端产业的生产，如钢铁、水泥、电解铝、汽车等行业，而无法涉足高端产业。产业结构不合理的背后，还是生产能力的低下。党的十九大报告中提出的"不平衡不充分的发展"，实质上还是社会生产能力相对落后的表现。

也正是因此，党的十九大报告中明确指出："必须认识到，我国社会主要矛盾的变化，没有改变我们对我国社会主义所处历史阶段的判断，我国仍处于并将长期处于社会主义初级阶段的基本国情没有变，我国是世界最大发展中国家的国际地位没有变。""全党要牢牢把握社会主义初级阶段这个基本国情，牢牢立足社会主义初级阶段这个最大实际，牢牢坚持党的基本路线这个党和国家的生命线、人民的幸福线。"

要预防有些别有用心的人，利用我们关于社会主要矛盾表述的变化，把矛头指向对我国所处社会主义社会发展阶段的质疑，进而达到否定党在社会主义初级阶段的基本路线的目的。我们党在社会主义初级阶段的"一个中心，两个基本点"的基本路线，是关系党和国家发展全局的大原则，直接影响着中国特色社会主义发展的基本方向和战略选择。习近平总书记多次强调："党的基本路线是国家的生命线、人民的幸福线，我们要坚持把以经济建设为中心作为兴国之要、把四项基本原则作为立国之本、把改革开放作为强国之路，不能有丝毫动摇。"

三、在"变"与"不变"的辩证统一中回应新时代的发展新要求

中国特色社会主义进入新时代，社会主要矛盾发生了变化，我国处于并将长期处于社会主义初级阶段的基本国情没有变，我国是世界最大

发展中国家的国际地位没有变。在新的历史方位，我们必须准确把握这种"变"与"不变"的唯物辩证法，在"变"与"不变"的对立统一中回应新时代的发展新要求。我们既要深刻认识我国社会主要矛盾的阶段性变化，又要深刻认识社会主义初级阶段的长期性和相对稳定性。任何脱离实际、超越阶段、急于求成、急躁冒进的倾向都要努力避免。同时又要看到，在社会主义初级阶段这一很长的历史进程中，每一个历史时期又有不同的阶段性特征。社会主要矛盾会随着社会的发展而发生变化，因而社会主义初级阶段的内涵才是丰富的。

党的十九大报告关于社会主要矛盾和社会主义初级阶段"变"与"不变"的新论述，既客观地反映了改革开放近40年来我国社会需求和社会生产两方面的实际变化，又准确判断出这种变化是在我国社会主义初级阶段这个历史进程中发生的变化。因此，我们仍然要坚持以经济建设为中心，但要更加注重全面发展。要以统筹推进中国特色社会主义事业"五位一体"总体布局和"四个全面"战略布局为抓手，协调处理好发展中的各种重大关系。要继续发展国家经济实力，同时重视让人民共享发展成果。只有这样，才能完成党的十九大报告中提出的新时代的发展新要求："在继续推动发展的基础上，着力解决好发展不平衡不充分的问题，大力提升发展质量和效益，更好地满足人民在经济、政治、文化、社会、生态等方面日益增长的需要，更好地推动人的全面发展、社会全面进步。"

[原载《中国社会科学报》2018年3月22日]

当前对待马克思主义的几个误区

邱 霞

习近平总书记在党的十九大报告中指出,中国特色社会主义进入了新时代,"我们比历史上任何时期都更接近、更有信心和能力实现中华民族伟大复兴的目标"。他同时也指出:"中华民族伟大复兴,绝不是轻轻松松、敲锣打鼓就能实现的。"[①] 在意识形态领域,马克思主义的一元指导地位在新的历史条件下得到空前巩固,但同时也面临着新的挑战。马克思主义作为我们立党立国的根本指导思想,是社会主义意识形态的旗帜和灵魂。我们要坚决反对一切削弱、歪曲、否定党的领导和我国社会主义制度的言行,首要的就是坚持正确对待马克思主义。但是,当前在对待马克思主义的问题上,不同于以往直白的"过时论""空洞论",有几个更为隐蔽的误区,必须澄清。

一、"虚名化"马克思主义

马克思主义是关于无产阶级和全人类解放的学说,是关于自然、社会和思维发展的规律性认识,具有自己的科学理论内核和完整的逻辑体系。正确对待马克思主义,必须要从马克思主义经典著作入手,认真研

[①] 习近平:《决胜全面建成小康社会 夺取新时代中国特色社会主义伟大胜利——在中国共产党第十九次全国代表大会上的报告》,载《中国共产党第十九次全国代表大会文件汇编》,人民出版社2017年版,第12页。

读，真正理解和掌握马克思主义的基本原理。同时，把马克思主义基本原理与中国实际相结合，分析具体问题，得出正确结论。然而，有一些人不重视基本原理，也不联系实际，专门热衷于打着马克思主义的旗号从事各种专业活动，动辄冠以"马克思主义"之名。当前社会上有许多奇奇怪怪的所谓"马克思主义"，如有机马克思主义、生态马克思主义、儒家马克思主义、西方马克思主义、新马克思主义，等等。这些"马克思主义"的实质与作为我们党的指导思想的真正的马克思主义的科学内涵相去甚远，其实是一种对马克思主义的"虚名化"。

所谓"虚名化"，就是空冠以马克思主义的虚名，实际上与马克思主义毫不相干，甚至本身就是反马克思主义的，是故意涂的保护色。以"有机马克思主义"为例，它的哲学基础是怀特海的唯心主义过程哲学，与马克思主义的历史唯物主义哲学完全相悖。但所谓的"有机马克思主义者"声称，马克思对资本主义的批判实际上是对现代化负效应的批判，怀特海过程哲学的着眼点也是对现代性的解构，因此两者是有共性的。其实他们的真实意图是，通过打着马克思主义的旗号"修正"马克思主义，诱导马克思主义放弃人类关怀而关注环境等非人类对象。他们表面上"劝说"中国放弃现代化，进入"后现代"，实际上是希望中国放弃国家利益、人民利益，减少碳排放，回到前现代。近几年来，"有机马克思主义"已经被学界有些人奉为融通"中""西""马"研究的新范式，也广为大众追捧认可。可见其迷惑性、危害性之大。

"虚名化"马克思主义的人，有的是别有用心，有的是好心办坏事。他们对待马克思主义的共同特点是选择性利用，对我有利，对我论证问题、认识问题有帮助的，我就用，甚至夸大；对我无用、没有益处的，就忽略、撇弃，或者反对。这样的做法，是对马克思主义的肢解和曲解，容易使人们过多地注意一些枝节的问题，而忽略了马克思主义的本质，甚至走向马克思主义的反面。马克思主义是我们党的指导思想，如果随意一种观点都可以说成马克思主义的，那势必会使意识形态陷入混乱。有些青年学者，主观上愿意靠近马克思主义，但是客观上走到了马克思主义的反面。有的自然科学界的青年研究人员发表类似"马克思主义在北京市臭氧检测及分析中的应用"这样的学术文章，这其实是一种在政治上还不够成熟的表现。

不去探讨根本性的问题，只是在具体研究中挂一个"马克思主义"的名号，非但不利于马克思主义的传播，更是在动摇马克思主义存在的基石。这其中有一些政治投机分子，对他们要严厉打击，绝不能任由这些人打着响亮的政治口号混迹于严谨的学术界。对于青年学者，应当告诫他们，要以马克思主义为指导，坚持马克思主义的世界观和方法论，坚持马克思主义基本原理和具体实际相结合，踏踏实实地从事艰苦的科学研究。

二、贬低"马克思主义理论学科"

中央提出加强马克思主义理论学科建设的要求已经十多年，在实施马克思主义理论研究和建设工程的大背景下，2005年教育部正式设立马克思主义理论一级学科。设立这一学科的目的是，通过加强马克思主义理论研究与学科建设，推动中国化马克思主义理论进大学教材、进大学课堂、进大学生头脑，从而巩固马克思主义在意识形态领域和高校学科建设中的指导地位。目前，马克思主义理论学科建设本身在教材、教师、教法、教研、马克思主义学院建设等方面都取得了斐然的成绩。但是，有一些人看起来对马克思主义理论学科建设非常拥护，实际上是"拥护"降低马克思主义的指导地位，把马克思主义视同为一般学科来研究和建设，美其名曰减少"意识形态性"而增加"科学性"。其导致的后果是，马克思主义在高校教学和研究中的指导地位得不到完全确立，"以马克思主义为指导"对于有些学科只是一句空话，有的学科是淡化马克思主义，有的甚至是完全西化的。

强调加强马克思主义理论学科建设，并不意味着马克思主义在高校学科建设中的指导地位的降低。只有坚持马克思主义的指导地位，才能保证高校学科建设不受非主流意识形态的干扰。如果把"马克思主义理论学科"视同一般学科，并以此作为反对坚持马克思主义指导地位的依据，那么势必会给非主流意识形态以可乘之机，使之对高校产生严重侵蚀。当前，已经有不少西方理论成功地渗透到中国学术界，特别是西方经济学理论、社会学理论、法学理论等。在一些人看来，让他们占据高校讲台向大学生灌输西方学术思想、宣扬西方意识形态就是"自由"，在中国的大学以马克思主义为指导、加强马克思主义教育就是"钳制自由"。这些学者往往不是从中国的实际出发开展学术研究并提出自己的学术创见，而是一味地顶礼膜拜西方理论。要知道，西方学科的建立是适应西方社会的需求和特点而产生的，我们可以借鉴其中有益的部分，尽可能地为我们所用，但是不能盲目崇拜，全盘接受。更为严重的是，一些高校、一些学科的教学方针、教师队伍、教学内容、考试方式等都存在严重的西化倾向，甚至某些决策层在制定和出台政策时都有着明显地受西方理论影响的痕迹。

高校学科建设对于国家和社会有着特殊重要的意义，影响的是几代人。马克思主义理论学科建设的根本目的是推进中国化马克思主义的教育普及，用马克思主义理论武装头脑、教育青年，使广大青年坚定共产主义信仰。青年时代是人的价值观形成的关键时期，如果不能建立起正确的价值观，就会被错误的价值观所主导。西方高校教育和学术研究也同样重视引导学生价值观的形成。美国大学入学考试 SAT（Scholastic Assessment Test）也有《独立宣言》、美国宪法等内容，也不是价值中立的。马克思主义理论学科不同于一般学科，它的重要功能就是体现主流意识形态在高校学科建设中的指导地位。高校的主要任务是教育、培养青年人才，而学科是高校教学、科研的基础。抓好高校学科建设，就抓住了青年人才、社会主义后备力量培养的主动权。正因如此，学科建设是我国意识形态建设的前沿阵地，是西方对我实行"和平演变"的重要领域，关系重大而深远。在高校学科建设中，坚持马克思主义的指导地位是重中之重，任何"借口"都不能成为削弱马克思主义指导地位的理由。对于青年学生，我们要引导他们认识马克思主义的科学性和真理性，使他们从思想上保持对主流意识形态的认同，构筑起思想"防火墙"，自觉抵制西方价值观的浸染。同时，也应强调，坚持以马克思主义为指导，不是搞"思想专制"，而是坚持指导思想一元化，抵制对指导思想的矮化、西化和分化，增强主流意识形态自信。

三、将"马克思主义"混同为"宗教"

中央反复强调，牢牢掌握意识形态工作的领导权，最根本的是推进马克思主义中国化、时代化、大众化。这一观点已经深入人心。多年来我们党紧跟时代步伐，紧贴中国国情，始终坚持进行艰辛的理论探索，不断取得重大理论创新。习近平新时代中国特色社会主义思想是马克思主义中国化时代化的最新成果。但是如何把马克思主义中国化时代化的最新成果推向大众，实现马克思主义大众化的任务，还有一些问题需要解决。当前，在推进马克思主义大众化的过程中一种比较突出的错误倾向是，认为马克思主义在某种意义上就是"宗教"，所以要像信仰宗教那样信仰马克思主义。这种错误认识，表面上看是支持信仰马克思主义，为大众信仰马克思主义找到了"合理化"的理由，但实际上是对马克思主义科学性真理性的抹黑。

有些人提出，马克思主义要回答的问题无非是：世界的本原是什么？世界是怎样运动的？人的本质是什么？世界和人的归宿又是什么？这些问题也是宗教要回答的。基督教认为，世界是上帝创造的，运动变化是上帝推动的，人也是上帝创造的，人的归宿是天堂。马克思主义认为，世界的本原是物质的，推动物质世界发展的力量是生产力，人是一切社会关系的总和，世界的归宿是共产主义。由此可见，"马克思主义与基督教的观点虽然不同，但是宗教属性是一致的"。还有些人提出，犹太教的内在精神结构可以归纳为"五大要素"，即上帝、选民、救世主、善恶决战、天国降临。马克思主义的内在精神结构也可归纳为"五大要素"与之一一对应，即"物质"对"上帝"、"无产阶级"对"选民"、"共产党"对"救世主"、"阶级斗争"对"善恶之战"、"共产主义"对"天国降临"。由此可见，"马克思主义与犹太教的内在结构完全统一"。因此，他们主张用宗教的方式推进和实现马克思主义大众化，希望能有更多的人信奉马克思主义。

事实上，用宗教的方式推行马克思主义是一种将马克思主义庸俗化的做法，是反科学的，是不利于马克思主义大众化的。马克思主义是科学的信仰，它的哲学基础是辩证唯物主义和历史唯物主义。它本身就是人类认识世界和改造世界的科学，而共产主义运动本身就是认识和改造世界的科学实践的体现。马克思主义不是宗教，恰恰相反，马克思主义要取代宗教。正如科学取代迷信一样，宗教的迷信终究是要消亡的，而马克思主义的科学的信仰终究是要随着共产主义的建立而普遍建立的。

陷入这种宗教思维或者宗教怪圈之中，深层次反映出的是马克思主义与宗教之间的斗争，唯物史观与唯心史观之间的斗争，无神论与有神论之间的斗争。有些极端的声音直接叫嚣，共产主义实际上具备亚伯拉罕宗教的一切特征，包括"救世主""终极之战"，企图在人间建立"天国"，等等，其更类似邪教而不是正常宗教，因此一定要使它灭亡。也有些人从宗教的角度质疑马克思主义大众化的可能性，他们认为古今中外没有一种科学学说曾经实现过大众化，能够大众化的只能是某种伦理体系。这些错误认识都是有极大危害的，马克思主义不是教化工具。在马克思主义大众化的过程中，我们一定要划清马克思主义和宗教的界限，避免把共产主义的理想信念庸俗化、神秘化。

我们党是马克思主义的政党，马克思主义从党创立之日起就写在党的旗帜上。正是马克思主义及其在中国的发展，使我们党能够带领全国人民，跨过一道又一道沟坎，取得一个又一个胜利。坚持马克思主义，正确对待马克思主义，时刻不能放松。2018年是马克思主义诞生170周年。1848年《共产党宣言》第一次公开出版，标志着马克思主义的诞生。马克思、恩格斯在《共产党宣言》中发出振聋发聩的呐喊："过去的一切运动都是少数人的或者为少数人谋利益的运动。无产阶级的运动是绝大多数人的、为绝大多数人谋利益的独立的运动。"[①] 这是马克思主义和共产党人的初心和使命。正因如此，在近代中国内忧外患、民族危亡之际，历史和人民选择了马克思主义和中国共产党。今天，我们坚持马克思主义，就要坚持马克思主义和共产党人的初心。正确对待马克思主义最根本的一条，就是抓住"为绝大多数人谋利益"这个马克思主义最核心的命题。正如习近平总书记在党的十九大报告中所说："中国共产党人的初心和使命，就是为中国人民谋幸福，为中华民族谋复兴。这个初心和使命是激励中国共产党人不断前进的根本动力。"[②]

[原载《红旗文稿》2018年第7期]

---

① 《马克思恩格斯选集》第1卷，人民出版社1995年版，第283页。
② 《中国共产党第十九次全国代表大会文件汇编》，人民出版社2017年版，第1页。

发挥知史爱国、凝聚力量的重要作用

邱 霞

历史的珍贵在于她是国家存在的证明，又是国家发展的镜鉴。龚自珍在《古史钩沉论》中提出"灭人之国，必先去其史"，是以反证法，用"去史灭国"来刺痛人们的神经，使人们能够深刻地认识到历史对于国家存在和发展的意义。正因如此，我们怎样重视历史和历史研究都不为过。2019年1月3日，中国社会科学院中国历史研究院成立，习近平总书记代表党中央致信表示热烈祝贺，这说明了以习近平同志为核心的党中央对历史和历史研究的高度重视。贺信中说："历史是一面镜子，鉴古知今，学史明智。"中国历史研究院的成立是当代中国凸显和发挥历史和历史研究重要作用的一个新的开端。以此为契机，我们应当明确历史研究在当代中国的首要任务，即对于全部历史而言要发挥"知史爱国"的作用，以及特别地对于当代中国史而言要发挥"存史护国"的作用。这样才能最大限度地实现历史在当代中国的价值，最大限度地发挥历史研究在当代中国的现实作用。

一、为什么要重视历史和历史研究

历史是国家存在的证明，又是国家发展的镜鉴。正像记忆是每个人存在的证明一样，历史承载着整个国家和民族的记忆，没有历史，何以证明国家的存在？历史为国家和民族提供了一种集体认同，因而能够产生一种凝聚力，使人们在回顾集体的过去时能感受到与国家和民族有着共同的命运，从而愿意以整体的力量来面对现实和未来。中华民族几千年生生不息，中华文明世世代代相传，与中国人重视历史的传统息息相关。这正是习总书记贺信中所说的，"重视历史、研究历史、借鉴历史是中华民族5000多年文明史的一个优良传统"。

一个国家如果不重视历史和历史研究，一旦集体失忆，整个国家和民族在前行中就会迷失方向。福楼拜曾说，我们对历史的无知使我们诽谤我们自己的时代，人们总是如此。钱穆在《国史大纲》开篇便提出，应当相信每一国家一定要等到其国民备具对本国以往历史有一种温情与敬意者，至少不会对其本国以往历史抱一种偏激的虚无主义者的数量渐多，其国家乃再有向前发展之希望。当前，历史虚无主义甚嚣尘上，以各种方式将恶毒的攻击强加在中华民族5000多年的历史之上，特别是对党史和当代中国史，其目的就是通过"去史"而颠覆我国当前的社会主义制度和党领导下社会主义国家政权。事实上，古往今来一切文明的民族和国家没有不重视自己的历史的，世界上没有哪一个民族和国家是背弃自己的历史而走向辉煌的。

二、对于全部历史而言，在当代中国的首要任务是发挥知史爱国、凝聚力量的作用

历史的功能作用包括：认知作用，即历史知识在人们认识和改造客观世界过程中所起的作用；借鉴作用，即为人们的实践活动和领导者治国安邦提供历史经验和教训；教化作用，即运用真实具体的历史形象和历史事件以及客观公正的历史评价，通过潜移默化的方式对人们的世界观和人生观发生积极的影响。对个人而言，历史能够启迪智慧，使人能够明辨是非、惩恶扬善。就历史学科而言，由于它的基础性学科属性，因而与相当广泛的学科有着密切联系，是许多学科发展的依托。在历史和史学的诸多社会功能中，我们应当明确，在当代中国，对于全部历史而言，包括中国古代史、中国近代史、世界历史、边疆史、考古等，首要的任务是发挥知史爱国、凝聚力量的作用。中国历史研究的各项业务

工作，包括研究、编纂和宣传，都应当在唯物史观的指导下围绕实现这一首要任务展开。

这是因为，在当代中国，当前我们面临的形势和任务需要最大限度地凝聚全党全国全民族的力量，而历史正是从思想上凝聚力量最有效的工具，即由知史而爱国。党的十九大报告中指出，经过长期努力，中国特色社会主义进入了新时代，这是我国发展新的历史方位。中华民族自近代以来久经磨难，终于在当代中国新的历史方位上，迎来了从站起来、富起来到强起来的伟大飞跃，迎来了实现中华民族伟大复兴的光明前景。但是同时我们也要清醒地看到，当前我们仍然面临着复杂的国际国内形势。以美国挑起对华贸易战为代表，世界现有的经济强国对我国的制约因素在不断加剧；国内发展不平衡、不充分的一些突出问题尚未解决，意识形态领域斗争激烈，国家安全面临新的情况。面对这样的现实，当代中国必须要凝聚共识、增强自信、团结一致，把挑战和压力转化为机遇和动力。历史所应发挥的首要作用也应在于此。借助历史，让大众了解中华文明源远流长、博大精深，中华民族精诚团结、顽强不屈，中国共产党和中国特色社会主义道路是历史和人民的选择，以此调动最广大人民的爱国之心、报国之情、强国之志。

三、对于当代中国史而言，首要的任务在于发挥存史、护国的作用

在全部历史当中，具有特殊性质的是当代中国史，即中华人民共和国史。当代中国史研究的宗旨是为国家写史、为人民立传，因此这段历史除具有一般史学性质外，还有着特殊的政治性与人民性。对于这段历史的研究、编纂和宣传，要与一般历史研究相区别，要特别重视和突出发挥其存史、护国的作用。所谓存史，这里指站在党、国家和人民的立场上客观公正地书写这段历史；所谓护国，这里指坚决抵制和批驳一切丑化、歪曲党和国家历史的言论。

留存怎样的历史，事关重大。当代中国史的研究和编纂必须坚持以唯物史观为指导，要站在马克思主义的立场上，从党和国家的大局、全

局和人民的最高利益、长远利益出发,客观公正地对待新中国成立以来70年包括改革开放前后两个历史时期党和国家的历史;要坚持唯物史观的科学方法论,全面地、发展地、联系地看待和研究国史事件和国史人物,实事求是地分析国史研究中的重点、难点、热点问题,力求得出合乎历史真实、反映客观规律的结论,从而真实地反映、记载共和国的历史和全党、全国人民在党的领导下建设、发展中国特色社会主义的伟大实践。只有留存这样的历史,才能捍卫中国共产党的执政地位和中国特色社会主义制度。在存史的同时,当代中国史研究还要在现实中积极发挥护国作用。以历史虚无主义为代表的唯心史学和各种社会思潮,有着明显的政治诉求,它们片面引用史料,不尊重历史事实,任意曲解历史,公开反对马克思主义和唯物史观的指导地位,在社会上产生了十分消极的影响。当代中国史领域是它们的主战场,党史、国史事件和人物是它们的主要攻击目标,其危害不可小觑,苏共亡党亡国与此大有关联就是前车之鉴。当代中国史研究首先必须敢于向这些错误思潮亮剑,勇于坚持主流意识形态话语权,对于党史、国史上的重大事件、人物的评价,坚持以党的两个历史决议为根本遵循,旗帜鲜明地捍卫党和国家的历史形象,确保国家意识形态安全。

[原载《中国社会科学报》2019年7月16日]

后 记

习近平总书记在2020年新年贺词中说:"2019年,最难忘的是隆重庆祝新中国成立70周年。我们为共和国70年的辉煌成就喝彩,被爱国主义的硬核力量震撼。"在新中国建设和发展的伟大历史进程中,党领导人民艰苦创业、艰辛探索、砥砺奋进,开创、坚持和发展中国特色社会主义,不断把对中国特色社会主义规律的认识提高到新的水平,不断开辟当代中国马克思主义发展新境界。党和人民的事业根源于马克思主义基本原理,蕴藏着探求治国理政的政治智慧、政治立场、科学的思想方法,需要国史理论学科将党史、新中国史、改革开放史、社会主义发展史融会贯通起来,以深刻揭示新中国建设和发展的历史逻辑、政治逻辑、理论逻辑和实践逻辑。

当代中国研究所理论研究室成立于2010年7月,专事研究中华人民共和国历史理论、学科理论与方法。从学科建设来说,该室起初着重于"中华人民共和国史研究概论"的研究和编写,现集中开展"中华人民共和国史研究的理论与方法"研究工作。该室挂靠有当代中国研究所"新中国历史经验研究中心",并自2012年起承办中国社会科学院马克思主义史学理论论坛。该论坛自2016年改名为中国社会科学院马克思主义当代中国史理论论坛,主席为中国社会科学院原副院长、中华人民共和国国史学会会长朱佳木研究员,副主席为近代史研究所原所长张海鹏研究员、世界历史研究所原所长于沛研究员、当代中国研究所原副所长武力研究员,秘书长、副秘书长分别为当代中国研究所理论研究室主任宋月红研究员、副主任王爱云研究员。理论研究室成立10年来，参与研究编纂《中华人民共和国史稿》第五卷（原副所长张星星教授主编），出版著作《中华人民共和国史研究的理论与方法》，承担并完成中国社会科学院重点课题"中华人民共和国史史料整理与研究"等。现有科研人员7人，皆拥有博士学位，其中博士后2人。这里日渐成为国史理论学科研究和建设的一个基地。

本书由当代中国研究所理论研究室组织编辑，宋月红主编。理论研究室副研究员邱霞承担了大量编辑工作，王爱云、储著武、孙钦梅、章舜粤、冯维等同仁，也大力支持并积极参与本书的编辑出版工作，在此一并表示衷心感谢。

由于水平有限，本书在编辑中多有不足之处，请读者予以指正！

编者

2020年2月于北京